EPISTEMOLOGIAS DIVERGENTES
TEORIAS E PRÁTICAS CONTRA-HEGEMÔNICAS

Editora Appris Ltda.
1.ª Edição - Copyright© 2025 dos autores
Direitos de Edição Reservados à Editora Appris Ltda.

Nenhuma parte desta obra poderá ser utilizada indevidamente, sem estar de acordo com a Lei nº 9.610/98. Se incorreções forem encontradas, serão de exclusiva responsabilidade de seus organizadores. Foi realizado o Depósito Legal na Fundação Biblioteca Nacional, de acordo com as Leis nos 10.994, de 14/12/2004, e 12.192, de 14/01/2010.

Catalogação na Fonte
Elaborado por: Dayanne Leal Souza
Bibliotecária CRB 9/2162

E644e 2025	Epistemologias divergentes: teorias e práticas contra-hegemônicas / Mériti de Souza (org.). – 1. ed. – Curitiba: Appris, 2025. 217 p. ; 23 cm. – (Geral).
	Vários autores. Inclui referências. ISBN 978-65-250-7242-5
	1. Psicologia. 2. Epistemologia. 3. Pesquisa. I. Souza, Mériti de. II. Título. III. Série.
	CDD – 120

Livro de acordo com a normalização técnica da ABNT

Appris editorial

Editora e Livraria Appris Ltda.
Av. Manoel Ribas, 2265 – Mercês
Curitiba/PR – CEP: 80810-002
Tel. (41) 3156 - 4731
www.editoraappris.com.br

Printed in Brazil
Impresso no Brasil

Mériti de Souza
(org.)

EPISTEMOLOGIAS DIVERGENTES
TEORIAS E PRÁTICAS CONTRA-HEGEMÔNICAS

Appris
editora

Curitiba, PR
2025

FICHA TÉCNICA

EDITORIAL	Augusto Coelho
	Sara C. de Andrade Coelho

COMITÊ EDITORIAL E CONSULTORIAS

- Ana El Achkar (Universo/RJ)
- Andréa Barbosa Gouveia (UFPR)
- Antonio Evangelista de Souza Netto (PUC-SP)
- Belinda Cunha (UFPB)
- Délton Winter de Carvalho (FMP)
- Edson da Silva (UFVJM)
- Eliete Correia dos Santos (UEPB)
- Erineu Foerste (Ufes)
- Fabiano Santos (UERJ-IESP)
- Francinete Fernandes de Sousa (UEPB)
- Francisco Carlos Duarte (PUCPR)
- Francisco de Assis (Fiam-Faam-SP-Brasil)
- Gláucia Figueiredo (UNIPAMPA/ UDELAR)
- Jacques de Lima Ferreira (UNOESC)
- Jean Carlos Gonçalves (UFPR)
- José Wálter Nunes (UnB)
- Junia de Vilhena (PUC-RIO)
- Lucas Mesquita (UNILA)
- Márcia Gonçalves (Unitau)
- Maria Margarida de Andrade (Umack)
- Marilda A. Behrens (PUCPR)
- Marília Andrade Torales Campos (UFPR)
- Marli C. de Andrade
- Patrícia L. Torres (PUCPR)
- Paula Costa Mosca Macedo (UNIFESP)
- Ramon Blanco (UNILA)
- Roberta Ecleide Kelly (NEPE)
- Roque Ismael da Costa Güllich (UFFS)
- Sergio Gomes (UFRJ)
- Tiago Gagliano Pinto Alberto (PUCPR)
- Toni Reis (UP)
- Valdomiro de Oliveira (UFPR)

SUPERVISORA EDITORIAL	Renata C. Lopes
PRODUÇÃO EDITORIAL	Bruna Holmen
REVISÃO	Katine Walmrath
DIAGRAMAÇÃO	Andrezza Libel
CAPA	Carlos Pereira
REVISÃO DE PROVA	Jibril Keddeh

SUMÁRIO

INTRODUÇÃO 7
Mériti de Souza

A EMPATIA TESTEMUNHADA NO CINEMA, NA PSICANÁLISE E NOS SONHOS 17
Jaquelina Maria Imbrizi

ESCUTAS NÃO HEGEMÔNICAS EM PSICANÁLISE: OUTRAS LEITURAS E INTERPRETAÇÕES 43
Andrieli Barbosa Gomes
Mara Coelho de Souza Lago

ASSÉDIO MORAL NO TRABALHO: DO INDIVIDUAL AOS DETERMINANTES SÓCIO-ORGANIZACIONAIS 67
Suzana da Rosa Tolfo
Thiago Soares Nunes
Julia Gonçalves

ESTRATÉGIAS PARA PRODUÇÃO DE CONHECIMENTO EM PSICANÁLISE: A HIPÓTESE DO INCONSCIENTE COMO PRESSUPOSTO DE PESQUISA .. 91
Gustavo Angeli
Pedro Valentim Eccher
Fernanda Albrecht
Mériti de Souza

PERSPECTIVAS EPISTEMOLÓGICAS SOBRE O CINEMA DO AMANHÃ .. 117
Alexandre Busko Valim
Naiara Leonardo Araújo

EPISTEMOLOGIA MARXISTA: UM ENCONTRO COM LENIN E PIAGET PARA ABRIR UM PERCURSO EPISTEMOLÓGICO 139
Marta Bellini

ÉTICA NA PESQUISA COM SERES HUMANOS: REFLEXÕES NO ÂMBITO DA PESQUISA EM EDUCAÇÃO 153
Maria Raquel Barreto Pinto
Diana Carvalho de Carvalho
Patrícia Laura Torriglia

UM SABER SE INVENTA: SOBRE A INVENÇÃO E A ARTE DE DIZER NO CAMPO PSICANALÍTICO 173
Ana Lúcia Mandelli de Marsillac

O SUJEITO DA POLÍTICA PÚBLICA DE ASSISTÊNCIA SOCIAL: LEITURAS A PARTIR DA DESCONSTRUÇÃO 187
Mônica Machado Cunha e Mello
David Tiago Cardoso
Joseane de Oliveira Luz
Lucas de Oliveira Alves
Mériti de Souza

SOBRE OS AUTORES 205

ÍNDICE REMISSIVO 213

INTRODUÇÃO

Mériti de Souza

    A tradição que acompanha as sociedades ocidentais acerca da produção e transmissão do conhecimento carrega diversos pressupostos que sustentam teorias sobre a constituição subjetiva, configuração da natureza e organização das sociedades. Essas teorias ganham hegemonia e passam a serem consideradas universais, verdadeiras e únicas. Em outras palavras, os pressupostos modernos ganham hegemonia no mundo ocidental contemporâneo e passam a ancorar teorias que defendem a concepção de que a subjetividade e o conhecimento necessitam para sua efetivação exclusivamente da razão e da consciência adjacentes ao sujeito moral e cognoscente que supostamente conhece e controla o outro, a si mesmo e a natureza. Ainda, a partir desses pressupostos temos a elaboração do método moderno compreendido como sendo o único capaz de produzir acesso à realidade, ao subjetivo, à sociedade. Ato contínuo, ocorre a disseminação da concepção que desqualifica métodos amparados em pressupostos divergentes, que sustentam teorias e métodos sobre o psiquismo, a realidade, a natureza, para além da tradição moderna.

    De forma específica, os pressupostos que ganham hegemonia no cenário contemporâneo trabalham exclusivamente com as categorias da identidade, universal, lógica formal, linearidade, não contradição, substância. Ou seja, temos a predominância de teorias sobre o humano e a natureza calcadas prioritariamente nesses pressupostos, o que gera a concepção da diferença restrita à *mesmidade* e a oposição binária e hierárquica entre os considerados idênticos; a consciência reduzida à razão pela exclusividade da categoria analítica do universal, do linear e da substância. Temos, assim, a desqualificação ou a exclusão dos conceitos da diferença, singular, contradição, negativo, inconsciente, devir, na elaboração de teorias e métodos sobre a subjetividade e o conhecimento (Foucault, 1999, 2006, 2008; Derrida, 2001, 2008; Chaui, 2000; Prigogine, 1996). Nesse cenário, como referência para o conhecimento, o denominado método moderno cartesiano ganha hegemonia e os demais métodos que também se propõem a produzir e transmitir conhecimentos são desqualificados ou excluídos da maioria das universidades, institutos de pesquisa, órgãos de financiamento, entre outros.

É possível verificar que o trabalho com pressupostos excluídos ou desqualificados da tradição hegemônica moderna é realizado a partir da sua associação a matrizes teórico-metodológicas, entre as quais podemos citar o pós-estruturalismo, a psicanálise, o materialismo histórico e dialético. Por seu turno, essas matrizes se associam a específicas estratégias de produção e transmissão do conhecimento que na coletânea em questão são nominadas como epistemologias divergentes e teorias contra-hegemônicas.

Conforme já defendemos em trabalhos anteriores, entendemos que toda matriz teórica e epistêmica carrega uma concepção de sujeito, conhecimento, realidade, ética. Ato contínuo, esse entendimento pressupõe a existência de diversos métodos que também envolvem opções políticas e análises sobre a economia, cultura, economia, subjetividade (Souza, 2021). Ou seja, as epistemologias divergentes abarcam um amplo leque de teorias contra-hegemônicas críticas aos modos de conhecer e de subjetivar dominantes. Assim, as teorias contra-hegemônicas analisam a constituição psíquica e o conhecimento problematizando: a adesão exclusiva à modalidade denominada sujeito; os limites da pessoa para conhecer a si mesma, ao outro e ao seu entorno; a condição da ética em contraponto à moral; a adesão exclusiva ao universal em contraponto à incorporação do singular; a concepção da linguagem reduzida ao signo bipartido entre significante e significado; entre outros aspectos (Peters, 2000; Butler, 2008; Derrida, 2008).

Dessa forma, na presente coletânea *Epistemologias divergentes: teorias e práticas contra-hegemônicas* reunimos autores e autoras que recorrem a leituras e análises sobre diversas teorias acerca do sujeito, da realidade, do conhecimento, bem como utilizam diferentes métodos, estratégias de produção e transmissão do conhecimento, os quais trabalham com o social e o político como adstritos à subjetividade e ao conhecimento entendendo que a igualdade se opõe a desigualdade e a diferença, a identidade. Assim temos nesta coletânea trabalhos de profissionais de áreas como Psicologia, História, Educação, Psicanálise, Saúde Pública, que apresentam análises críticas, intervenções, relatos de pesquisas, envolvendo diversas situações e contextos, focando a perspectiva do pós-estruturalismo, da psicanálise, do materialismo histórico e dialético.

No capítulo **A empatia testemunhada no cinema, na psicanálise e nos sonhos**, a autora Jaquelina Maria Imbrizi pergunta: o que o cineasta László Nemes (1977-atual) e o psicanalista Sándor Ferenczi (1876-1933) teriam em comum? Além do fato de que os dois são húngaros, há a constatação de que ambos estão preocupados em testemunhar em suas obras a ideia de que seres humanos podem desenvolver a capacidade empática. A empatia, então, pode ser favorecida — por um roteiro fílmico que destaque um acontecimento que produz uma mudança na posição subjetiva do protagonista — e pode ser engendrada no ambiente construído pelo analista para acolher o/a analisante. Há o risco de romantizar e/ou moralizar a capacidade empática de todo ser humano e, em vista de escaparmos desse fascínio, foram apresentados autores e autoras que discutem as forças contrárias ao exercício dessa habilidade: o modo como a organização capitalista coisifica as relações entre as pessoas e tem o modelo do Estado de Exceção como expressão máxima de violência legitimada contra a população considerada em situação de vulnerabilidade social em determinados momentos históricos. Como exemplo, há a literatura de testemunho sobre experiências de pessoas que viveram nos campos de concentração no período nazifascista. Não obstante os limites reais ao exercício da capacidade empática dos seres humanos, há escritores, filósofos, cineastas e psicanalistas que insistem em testemunhar e sonhar com um mundo no qual as pessoas sejam mais empáticas. O objetivo deste capítulo é o de apresentar as ideias desses autores e artistas que estão preocupados com a capacidade empática do ser humano e articulá-las com a experiência de um dispositivo grupal em psicanálise, intitulado Roda de Conversa sobre Sonhos, vinculado a um projeto de extensão da Universidade Federal de São Paulo coordenado pela autora do capítulo. Nessa atividade foram disparadas redes associativas que favoreceram, em cada um dos participantes, a capacidade de "sentir com" e "se colocar no lugar do outro".

As autoras Andrieli Barbosa Gomes e Mara Coelho de Souza Lago, no capítulo **Escutas não hegemônicas em psicanálise: outras leituras e interpretações**, propõem um diálogo entre a escuta em psicanálise e a materialidade do racismo na clínica, tendo como base epistemológica autorias negras e a teoria lacaniana. O racismo é entendido como a produção e reprodução da colonização e, consequentemente, um problema que está entranhado no Brasil, fazendo parte de nosso cotidiano, estando presente nas relações pessoais, nas instituições, ou seja, nas diversas camadas da sociedade. As elaborações construídas tiveram como proposta interrogar o quanto uma escuta em psicanálise, que se pretende neutra, pode estar sendo conivente com o racismo. Para tal, foram utilizados trechos de entrevistas com dois psicanalistas, sendo uma psicanalista negra e um psicanalista branco. As falas das pessoas entrevistadas se tornaram referências, conjuntamente com a leitura de importantes intelectuais como Lélia Gonzalez, Silvio Almeida, Isildinha Baptista e outras(os), entrelaçadas com ensinamentos contidos em alguns dos livros que compõem o Seminário de Jacques Lacan. Essas leituras, interpretações e entrevistas propuseram outros olhares para pensar a importância das discussões raciais nos espaços de psicanálise, ressaltando que essa articulação contra-hegemônica é uma potente aposta na tentativa de subverter a ideia de neutralidade na clínica psicanalítica.

Por seu turno, Suzana da Rosa Tolfo, Thiago Soares Nunes, Julia Gonçalves, no capítulo **Assédio moral no trabalho: do individual aos determinantes sócio-organizacionais**, partem do pressuposto de que o Assédio Moral no Trabalho passou a ser objeto de estudos desde as últimas décadas do século XX. Trata-se de ações e atitudes que imputam constrangimentos, humilhações e desqualificações continuadas e repetitivas que atentam contra a dignidade de trabalhadores. Inicialmente os pesquisadores privilegiavam um nível de análise individual, de tal modo que a compreensão estava na relação interpessoal entre assediado e assediador, e características narcísicas desse último. Posteriormente, o assédio passou a ser relacionado a características da cultura e da gestão de organizações, como práticas estratégicas com fins de abuso de poder sobre o(s) assediado(s), bem como a condicionantes sociais. Ao se considerar as organizações, verifica-se a predominância de práticas de gestão preponderantemente funcionalistas, nas quais os fins justificam os meios e os assédios são "disfunções" em subsistemas organizacionais. Na produção em psicologia das organizações e do trabalho, enfatizaram-se as contribuições das clínicas do trabalho, em especial a psicodinâmica do trabalho e a psicossociologia, nas quais estudiosos, como Dejours e Gaulejac, privilegiam epistemes interpretativistas e humanistas radicais, demonstrando a crítica ao trabalho na perspectiva hegemônica na contemporaneidade.

No capítulo **Estratégias para produção de conhecimento em psicanálise: a hipótese do inconsciente como pressuposto de pesquisa**, de autoria de Gustavo Angeli, Pedro Valentim Eccher, Fernanda Albrecht, Mériti de Souza, é proposta a construção de um debate em torno da pesquisa em psicanálise, em especial problematizando a hipótese do inconsciente como categoria analítica. Selecionaram-se recortes de três pesquisas realizadas no Programa de Pós-Graduação em Psicologia da Universidade Federal de Santa Catarina, desenvolvidas pelos primeiros autores desse manuscrito e orientadas pela última autora. As análises sobre as especificidades da pesquisa em psicanálise são apresentadas em um primeiro momento para permitir em um segundo tempo a construção de diálogos sobre a supervisão, a entrevista e a linguagem, utilizadas como estratégias de produção do conhecimento adeptas da hipótese do inconsciente e atravessadas por críticas à concepção hegemônica de ciência. Ao sustentar a relação transferencial do pesquisador com o que se pesquisa, concebe-se um saber produzido na relação transferencial e pela formulação de questões, impelindo à possibilidade de investigação em cenários e contextos diversos, ou seja, contexto social e econômico, linguagem, subjetividade, documentos, rede social, entre outros. Dessa forma, os autores questionam as cristalizações cartesianas sobre o sujeito da consciência, traçam percursos singulares e produzem efeitos nos contextos que se propõem a escutar, ressaltando que falhas, incoerências e contradições próprias desse sujeito constituído por aspectos singulares e universais são consideradas na pesquisa em psicanálise. Nesse sentido, as três pesquisas exploradas nesse capítulo apresentam pressupostos que: criticam a racionalidade positivista, especialmente na concepção dos saberes e na articulação dos conceitos, bem como visam à abertura de possibilidades de interpretações e de análise, sustentadas em referências clássicas e contemporâneas, sem fixar os saberes como a-históricos e transcendentais.

Alexandre Busko Valim e Naiara Leonardo Araújo apresentam o capítulo **Perspectivas epistemológicas sobre o cinema do amanhã**, no qual afirmam que o final do século XX e início do XXI foram marcados por um intenso debate sobre uma suposta crise de identidade do cinema. Tal crise teria sido impulsionada, sobretudo, pelo surgimento de novas tecnologias. Entre os resultados desse processo, estava uma disrupção epistemológica no cinema, que levou ao questionamento se estaríamos diante de uma fratura na trajetória do cinema como um ícone da modernidade, especialmente com a consolidação da tecnologia digital. Partindo da premissa de que o cinema é um produto social que gera outros produtos sociais, discutimos de forma preliminar como e por quais caminhos o cinema se adapta e responde às novas realidades sociais e tecnológicas. Para tanto, abordamos um conjunto de filmes e autores que nos permitem tecer perspectivas provisórias acerca dos debates em torno do futuro do cinema. Premido por mudanças tecnológicas de grande envergadura, o cinema constitui-se em uma arte moderna que não apenas representa, mas também questiona as mudanças sociais de nosso tempo.

A autora Marta Bellini, no capítulo **Epistemologia marxista: um encontro com Lenin e Piaget para abrir um percurso epistemológico**, buscou em Lênin e sua obra sobre Hegel, e em Piaget as bases da epistemologia marxista, que traz a dialética como marco desse debate. Como disse Henry Lefebvre, Lênin não foi um filósofo no sentido clássico da palavra, mas sua leitura dos *Cadernos sobre a dialética* de Hegel revelou um leitor e militante vigoroso que renovou o socialismo científico. Pela obra de Hegel, as aspirações filosóficas à unidade e à verdade, ao universal e ao concreto, foram retomadas e expressas por Lênin levando-nos a apreender o concreto e a abstração. Esse mesmo movimento fez Piaget indicando um processo e método interno-externo de pensamento. Toda elaboração do pensamento procede de elaborações precedentes — eis a razão do método interno-externo: ultrapassar os dois métodos, tradicionais e opostos. O método puramente interno quando o filósofo se torna passivo; e o método externo, o método do moralista que julga, omite o tempo e a história e descobre apenas uma confirmação de nossas pressupostas ideias.

A preocupação com o tema da ética é abordada no capítulo **Ética na pesquisa com seres humanos: reflexões no âmbito da pesquisa em Educação**, de autoria de Maria Raquel Barreto Pinto, Diana Carvalho de Carvalho, Patrícia Laura Torriglia. As autoras analisam um tema que tem preocupado os pesquisadores na área da Educação nos últimos anos: a participação nos Comitês de Ética em Pesquisa com seres humanos, cujas normas e regulações da pesquisa são oriundas da área biomédica e que se distanciam, na maioria das vezes, dos referenciais teóricos que orientam as pesquisas nas áreas de Ciências Humanas e Sociais. De certa forma, examinar essa questão permite revisitar um debate filosófico clássico que se coloca sobre o método no campo da pesquisa científica e que nem sempre parece ter sido suficientemente entendido por pesquisadores, que tendem a considerá-lo como mera definição dos procedimentos da investigação.

Em um primeiro momento, o texto analisa a instalação dos comitês de ética de pesquisa e o debate que se estabelece entre o sistema CEP/Conep e os pesquisadores das áreas de Ciências Humanas e Sociais, especialmente acerca das normas e resoluções que regulam a pesquisa com seres humanos. A análise realizada utiliza documentos reunidos no âmbito da Comissão de Ética da Associação Nacional de Pesquisa e Pós-

-Graduação em Educação (ANPEd), que identificam que, mesmo tendo havido alguns avanços, a resolução aprovada não atende às necessidades das pesquisas nas áreas de Ciências Humanas e Sociais. Nas considerações finais, são apresentadas algumas questões teóricas sobre o método e a ética na pesquisa, buscando refletir sobre as diferentes esferas sociais que compõem a produção e a reprodução do conhecimento.

No capítulo denominado **Um saber se inventa: sobre a invenção e a arte de dizer no campo psicanalítico**, a autora Ana Lúcia Mandelli de Marsillac apresenta elementos da teoria, da clínica e da experiência psicanalítica, visando ampliar saberes sobre os temas da invenção e da imaginação articulados ao conceito de sinthoma, enquanto um saber--fazer singular. Nessa via, aborda a epistemologia freudo-lacaniana da subjetividade e da direção do tratamento psicanalítico. De modo geral, a autora afirma que sustenta a leitura freudo-lacaniana a concepção de que o saber se distingue da verdade, sendo a verdade associada ao inconsciente e configurando o que nos escapa, ao passo que o saber diz respeito à ordem da invenção, do que se inventa a partir do buraco que o Real produz. Assim, na clínica, na brincadeira, no lúdico, na arte, e mesmo na subjetividade, o humano procura lidar com a invenção de si e do outro, a partir do processo de recordar, repetir e elaborar. A vida, assim como o trabalho analítico, oferece testemunho de que o saber sobre si e sobre o outro não se traduzem em garantias para a felicidade e a exclusão da tristeza e da ilusão, porém, busca o caminho da invenção e da plasticidade face ao inelutável do cotidiano.

A análise da concepção de sujeito presente no Sistema Único de Assistência Social (Suas) é realizada por Mônica Machado Cunha e Mello, David Tiago Cardoso, Joseane de Oliveira Luz, Lucas de Oliveira Alves, Mériti de Souza, no capítulo **O sujeito da política pública de assistência social: leituras a partir da desconstrução**. O Sistema Único de Assistência Social (Suas), estabelecido a partir da Constituição de 1988, visa organizar ações, programas e serviços para garantir os direitos sociais das cidadãs e dos cidadãos brasileiros, enfrentando a desigualdade social no país. Psicólogas(os) estão inseridos nesse contexto a partir da aproximação das populações vulneráveis nos serviços de Assistência Social. Esse capítulo propõe uma análise do "sujeito vulnerável" como um conceito moderno que orienta as ações do Suas, buscando repensar políticas públicas baseadas em um sujeito universal em detrimento da singularidade. Utilizando a perspectiva pós-estruturalista da desconstrução, são examinados os

Cadernos de Orientações Técnicas sobre o Paif — Volume 1 e 2 — à luz da proposta de Jacques Derrida. Conforme a análise desconstrutivista é identificado um esforço para delimitar identidades a serem protegidas, como famílias, mães, adolescentes, visando à autonomia do sujeito vulnerável. As(os) profissionais do Suas são encarregados de agir como agentes ativos para promover a autonomia das(os) usuárias(os), baseando-se em nexos causais que preveem que certas ações levem à construção da autonomia e à saída da condição de vulnerabilidade social. No entanto, essa abordagem reflete pressupostos modernos que podem negligenciar as singularidades além das identidades previstas nas políticas públicas. Defendemos que o universal precisa estar aberto, contestado e contingente para permitir o desenvolvimento de práticas profissionais que considerem tanto o contexto social quanto as experiências singulares dos sujeitos. Reconhecemos que negligenciar a singularidade não é exclusivo do Suas, mas uma tradição do modo de conhecer e subjetivar moderno. Portanto, defendemos a reorganização das políticas públicas para oferecer escuta tanto ao universal quanto ao singular do sujeito.

A partir dos trabalhos apresentados nesta coletânea, é possível considerar a necessidade de pensar e sustentar novos modelos e paradigmas para a elaboração de teorias e métodos que estejam atentos e conectados com a diversidade epistemológica e cultural presente no cenário contemporâneo, particularmente no Brasil. Nessa perspectiva, a diferença, singularidade, devir, negativo, inconsciente, contradição, trabalhados como categorias analíticas, e principalmente como aspectos que constituem o humano e a natureza, podem ser considerados na intervenção e na pesquisa realizadas por profissionais das mais diferentes áreas do conhecimento. Espera-se otimizar o trabalho realizado e, principalmente, oferecer condições éticas que ultrapassem as restrições teóricas e metodológicas associadas aos pressupostos hegemônicos geralmente vinculadas a práticas reducionistas individualizadas em relação à concepção subjetiva e epistêmica. Assim, a disseminação e pertinência do trabalho profissional e de pesquisa poderá reverberar com mais acurácia na qualidade de vida das pessoas e na preservação da natureza e da vida societária.

Referências

BUTLER, J. *Problemas de gênero*: feminismo e subversão da identidade. Rio de Janeiro: Civilização Brasileira, 2008.

CANGUILHEM, G. *Ideologia e racionalidade nas ciências da vida*. Portugal: Edições 70, 1977.

CHAUI, M. *Convite à Filosofia*. São Paulo: Ática, 2000.

DERRIDA, J. *Posições*. Belo Horizonte: Autêntica, 2001.

DERRIDA, J. *Gramatologia*. São Paulo: Perspectiva, 2008.

FOUCAULT, M. *As palavras e as coisas*: uma arqueologia das ciências humanas. São Paulo: Martins Fontes, 1999.

FOUCAULT, M. *Ditos e escritos*: estratégia poder-saber. Rio de Janeiro: Forense Universitária, 2006.

FOUCAULT, M. *Nascimento da biopolítica*. São Paulo: Martins Fontes, 2008.

PRIGOGINE, I. *O fim das certezas*: tempo, caos e as leis da natureza. São Paulo: Editora da Universidade Estadual Paulista, 1996.

PETERS, M. *Pós-estruturalismo e filosofia da diferença*. Belo Horizonte: Autêntica, 2000.

SOUZA, M. O Vírus como metáfora: linguagem, subjetividade, conhecimento. *In*: SOUZA, M. (org.). *Desigualdade, diferença, política*: análises interdisciplinares em tempos de pandemia. Curitiba: Editora Appris, 2021, p. 61-85.

A EMPATIA TESTEMUNHADA NO CINEMA, NA PSICANÁLISE E NOS SONHOS

Jaquelina Maria Imbrizi

> *Há um quadro de Klee que se chama Angelus Novus. Nele está desenhado um anjo que está na iminência de se afastar de algo que ele encara fixamente. [...]. Seu semblante está voltado para o passado. Onde nós vemos uma cadeia de acontecimentos, ele vê uma catástrofe única, que acumula incansavelmente ruína sobre ruína e as arremessa a seus pés. Ele gostaria de deter-se para acordar os mortos e juntar os fragmentos. Mas uma tempestade sopra do paraíso e prende-se em suas asas com tanta força que o anjo não pode mais fechá-las. Essa tempestade o impele irresistivelmente para o futuro, ao qual ele volta, enquanto o amontoado de ruínas diante dele cresce até o céu. É a essa tempestade que chamamos progresso.*
> (Benjamin, 2012a, p. 245-246)

Introdução

O que o diretor László Nemes (1977-atual) e o psicanalista Sándor Ferenczi (1876-1933) teriam em comum? Além do fato de que os dois são húngaros, há a constatação de que ambos estão preocupados em testemunhar em suas obras a ideia de que seres humanos podem desenvolver a capacidade empática. A empatia, então, pode ser favorecida — por um roteiro fílmico que destaque um acontecimento que produz uma mudança na posição subjetiva do protagonista — e pode ser engendrada no ambiente construído pelo analista para acolher o/a analisante. Neste capítulo, visamos não romantizar e/ou moralizar a capacidade empática de todo ser humano, mas apresentar, além do cineasta e do psicanalista, autores e autoras que não minimizam as forças contrárias ao exercício dessa habilidade: o modo como a organização capitalista coisifica as relações entre as pessoas e tem o modelo do Estado de Exceção como expressão máxima de violência legitimada contra a população considerada em situação de vulnerabilidade social em determinados momentos históricos. Não obstante os limites reais ao exercício da capacidade empática dos seres humanos, há escritores, filósofos, cineastas e psicanalistas que insistem em testemunhar e sonhar com um mundo no qual as pessoas sejam mais empáticas. Para finalizar o escrito, apresentamos um dispositivo grupal em psicanálise, intitulado Roda de Conversa sobre Sonhos, vinculado a um projeto de extensão da Universidade Federal de São Paulo (Imbrizi, 2020), no qual foram disparadas redes associativas que favoreceram, em cada um dos integrantes do grupo, a capacidade: de "sentir com", de "se colocar no lugar do outro".

O despertar da capacidade empática no filme *O filho de Saul* do diretor László Nemes

Nas produções cinematográficas do diretor László Nemes, podemos destacar o filme *O filho de Saul* (2015), cujo protagonista é Saul Ausländer (interpretado por Géza Röhrig), um deportado no campo de concentração de Auschwitz, ocupando a função de Kapo: entre os judeus capturados pela perseguição nazista, havia aqueles recrutados para fazerem os trabalhos sujos: encaminhar os recém-chegados ao campo para a câmera de gás, selecionar seus pertences, limpar o local, cavar e preparar a terra para as valas comuns. Segundo Nestrovski (2000, n.p.):

> "Kapo" vem do italiano "capo" (cabeça ou chefe). Era o funcionário mais baixo da hierarquia nazista: um judeu convidado ou compelido a chefiar os outros, nos guetos e nos campos de concentração. [...] são lembrados com um misto de repulsa (pelas violências infligidas) e vergonha (pelo caráter colaboracionista).

Antes das primeiras imagens do filme, que nos chegam sem foco e embaçadas, há a apresentação de um texto que define para os espectadores o significado da expressão alemã "*Sonderkommando*" utilizada para denominar os deportados "com status especial", também chamados de "Portadores do Segredo". Os membros do *sonderkommando* eram separados do resto. E eram mortos após alguns meses de trabalho" (*O filho...*, 2015). Nos primeiros dez minutos da película, o personagem Saul é um desses, faz seu trabalho de modo minucioso e impassível e permanece indiferente às dores dos seus semelhantes. A câmera cinematográfica, muitas vezes posicionada atrás da nuca de Saul, mostra imagens sobrepostas como se o diretor nos convidasse a ver as atrocidades, ora tendo o corpo do ator de costas para a câmera como anteparo à nossa percepção, ora através dos olhos do protagonista; por vezes o fundo está embaçado e só vemos partes de corpos caídos no chão. Ouvimos em excesso: os gritos de horror daqueles que percebem o que está acontecendo antes de morrerem asfixiados; as ordens de comando dos oficiais nazistas; os diferentes idiomas que são falados nos campos, os apitos etc. O que muda tudo na indiferença, no estranhamento e alheamento do protagonista Saul Ausländer diante das atrocidades de um campo de concentração, cuja função colabora para manter a engrenagem por meio da crueldade de suas ações contra seus semelhantes; é o momento no qual ele avista um menino, entre 7 e 8 anos, que insiste em sobreviver e ainda respira entre os cadáveres amontoados que deverão ser retirados da câmera de gás. Um médico é chamado e ausculta o coração da criança, que persevera em respirar, mas ela morre, em seguida, ao ser asfixiada pelo doutor. Um dos comandantes nazistas solicitou autópsia. O profissional de saúde indica o local para onde o corpo deverá ser levado. Saul se adianta e leva a criança em seu colo. O médico também fala húngaro e entende que Saul tem alguma relação com o infante e promete que o deixará entrar à noite para ver pela última vez o menino. Em conversa com seus colegas de trabalho, Saul ficou sabendo que o trem vinha de outro campo e que alguns passageiros eram húngaros; são seus conterrâneos que foram para a câmera de gás e, pior, o menino poderia ser seu filho. Há um deslocamento das energias pulsionais, uma travessia em curso na posição do personagem, um giro da indiferença para a identificação com todos os demasiado humanos personificados naquela criança. O que se desenrola desse ponto é a busca por um enterro digno para o menino, que, de agora em diante, é tratado como se fosse filho do protagonista; por esse motivo o título do filme: *O filho de Saul*. Este é o mote do roteiro: o voltear na posição subjetiva do protagonista, de indiferente carrasco intermediador dos mandos e desmandos dos chefes nazistas, agindo contra o seu próprio povo, a defensor de um enterro digno para um menino judeu tomado como filho que precisa de sua proteção, nem que seja no processo de velar o seu corpo. Como se o acontecimento tivesse a capacidade de despertar a sua humanidade, perdida na desumanização do campo, na luta pela sobrevivência e na indiferença diante da dor do outro, a dele e a nossa: somos todos pais e mães das crianças que insistem em (sobre)viver apesar das atrocidades das guerras repetidas à exaustão. Somos todos crianças que vivem no espaço interior de cada adulto. Podemos dizer que a produção cinematográfica dá testemunho de um giro subjetivo possível na vida de qualquer pessoa aberta aos acontecimentos viabilizadores de encontrar a empatia perdida, o exercício de nos colocarmos no lugar do outro. O diretor realiza uma obra da sétima arte que nos mobiliza a testemunhar a vulnerabilidade humana: por meio do protagonista, confrontado com o horror do nazismo e terror da morte. Primeiro, ele colabora com a banalidade do mal e, depois, desenvolve empatia para com essa criança morta que, independentemente de consanguinidade, representa toda a comunidade humana, necessitada de um momento para que velem seu corpo, um enterro digno, cerimônias religiosas ou um tempo delimitador da passagem entre os dois planos, dos vivos e dos mortos. O golpe derradeiro da narrativa fílmica é o fato de que, depois de atravessar vários percalços com o corpo do menino carregado nas suas costas até um lugar menos perigoso para realizar a cerimônia, o suposto rabino encontrado no campo não consegue recitar o Kadish dos Enlutados. Esse é o momento decisivo no qual caem por terra todos os esforços na tentativa de oferecer ao menino um enterro digno. O protagonista parece expressar as nossas clivagens psíquica e social, pois a sua perseguição aos semelhantes como única estratégia de sobrevivência aparece também como performance, pois ele está colocando em ação um plano de fuga com os seus companheiros também *kapos*. Saul habita uma zona cinzenta na qual perseguidor e perseguido ocupam o mesmo espaço, por suposto, um lugar bem estreito. No final do filme, é a imagem de outra criança (o delator do esconderijo no qual estão os fugitivos) que aparece à vista de Saul. Essa miragem é capaz de suscitar o último esboço de sorriso no rosto do nosso protagonista. Quem sabe uma oportunidade de se reencontrar com a linguagem da ternura de sua própria criança interior?

A capacidade de "sentir com" na obra do psicanalista húngaro Sándor Ferenczi

Sándor Ferenczi, contemporâneo e amigo de Sigmund Freud, em sua obra, enfatiza outra posição subjetiva para os analistas — menos neutralidade, interpretação e racionalidade — no sentido de propor a elasticidade da técnica criada de acordo com as características e singularidades do caso, calcada na empatia, e no compartilhamento da vulnerabilidade humana (Ferenczi, 1928/2011b, 1930/2011d, 1931/2011e; Gondar, 2017a, 2017d). Considerado um especialista em casos difíceis, o psicanalista húngaro, diante do indizível e do irrepresentável da dor humana, aposta no acolhimento às impressões e aos afetos das pessoas que procuravam a sua clínica de psicanálise. Ele era uma voz dissonante nos anos iniciais de constituição da psicanálise como teoria e prática clínica, àquela época ainda muito centrada na autoridade do analista, na aplicação sem questionamentos da técnica recém-criada por Sigmund Freud, cujos profissionais ainda orbitavam ao redor de seu mentor. É Ferenczi ([1934] 2011g) também quem inaugura as discussões sobre as neuroses de guerra e os sonhos traumáticos.

Sobre as neuroses traumáticas, o psicanalista húngaro irá enfatizar os choques que acontecem no mundo externo e seus impactos sobre a realidade psíquica de quem sofreu a violência. Na construção da cena traumática, para além da binariedade agressor e vítima, haveria uma terceira personagem (Ferenczi, [1934] 2011g), aquela que pode desacreditar da cena e, por consequência, desautorizar o ser que a vivenciou. Há também a possibilidade desse terceiro reconhecer a cena em toda a sua intensidade e, assim, favorecer que o sujeito possa exprimir sua dor, raiva e revolta. Da perspectiva da vítima, quando desacreditada pelas figuras de autoridade, o efeito está associado à clivagem narcísica, duas partes do Eu que não se comunicam entre si, uma parte que tudo sabe e a outra que tudo sente. Transformada em cena mitológica para exemplificar a constituição subjetiva de uma pessoa que sofreu um trauma desestruturante, esse modo de figurar também é representado pela confusão de línguas entre o adulto e a criança, entre as linguagens da ternura e da paixão. Há o processo de identificação com o agressor e, em alguns casos, a introjeção do sentimento de culpa e da vergonha (que deveriam ser do agressor, mas é o padecente que toma esses sentimentos para si). Há uma zona cinzenta que se refere ao fato de que a agressão e a violência advêm de pessoas de confiança, vinculadas ao ambiente afetivo e de cuidados da criança. Ou seja, é a quebra da confiança e esperança no outro que está em jogo na cena traumática e que interfere, sobremaneira, no processo analítico. Nesse sentido, há uma passagem do seu *Diário Clínico* (Ferenczi, [1932] 1990) na qual há a comparação entre a posição do analista e a do "agente das pompas fúnebres", na perspectiva de que nos processos analíticos seria necessário também momentos de silenciamento, aqueles necessários para velar as partes do Eu que morreram junto com alguns objetos introjetados e perdidos pelo sujeito, uma resposta aos choques e às catástrofes humanitárias dos nossos tempos.

Essas reflexões sobre o trauma se referem a textos tardios de Ferenczi ([1933] 2011f, [1934] 2011g), mas que também dão continuidade aos seus estudos sobre a neurose traumática dos soldados que voltavam das trincheiras após a Primeira Guerra Mundial. Sabemos que essas investigações no campo da clínica provocaram a revisão da Teoria do Sonho em psicanálise, que são também investigadas por Freud no texto *Além do princípio do prazer* (1920/2010). Trata-se da forma como as violências cotidianas atravessam e modificam o trabalho do sonho: a deformação dos sonhos consequente da transformação do conteúdo latente em conteúdo manifesto é substituída por uma literalidade do conteúdo que revela a invasão dos vestígios do dia no material onírico. É a repetição dos gestos, afetos, impressões e imagens da cena de horror que desencadeou o trauma, figurada em impressões e imagens no sonho, que interessa ao psicanalista húngaro. Trata-se muito mais de enfatizar um trabalho de ligação dos excessos suscitados pelos choques do que de realização de desejos. O psicanalista húngaro pressupõe uma função do sonhar, que não é só a de realização de desejos inconscientes deformados infantis; mas a tentativa de elaboração de acontecimentos traumáticos: a função traumatolítica do sonho, pois: "todo e qualquer sonho, ainda o mais desagradável, é uma tentativa de levar acontecimentos traumáticos a uma resolução" (Ferenczi, [1934] 2011g, p. 112). Ou, como afirma Peter Gay (1989, p. 113), os sonhos traumáticos: "[...] encarnam o desejo de dominar o trauma, elaborando-o".

Para Ferenczi (1929/2011c), um analista capaz de empatizar com o seu analisante é aquele "capaz de sentir com" a pessoa que se esforça por exprimir sua dor de viver. O profissional atento aos elementos dispostos na cena traumática é capaz de cuidar dos ambientes físico e interpsíquico em que o atendimento acontece com vistas a modificá-lo para que seus próprios atos não reproduzam aquilo que significou o choque e o horror. Uma das formas de não reprodução é a de o analista interferir no *setting* terapêutico de modo a criar com o analisante interações que se afastem do protótipo da cena que desencadeou o trauma desestruturante no sujeito que busca por ajuda e cuidado. Autoritarismo; hierarquização nas relações; desautorização da verdade do analisante; descréditos de toda ordem e desmentidos culturais e sociais são evitados na busca de uma matriz horizontal no "entre", no encontro, ainda que assimétrico, construído entre analista e analisante. Daí a segunda regra criada pelo psicanalista húngaro que deve ser respeitada *pari passu* a primeira delas (a associação livre do analisante acompanhada da atenção flutuante do analista): a importância da análise pessoal do analista, a fundamental passagem pelo processo de uma análise que evidencie os seus pontos frágeis e fraturados para estar atento às contratransferências e suportar e manejar as transferências negativas, muitas vezes vinculadas aos ódios provocados pelo processo de regressão desencadeado no analisante ao remontar a cena traumática. O analista compartilha o que sente e o que percebe na sessão, ao reconhecer na dor do seu analisante, precipitados da sua própria, e esse é o ponto disparador da construção de uma confiança mútua. Ao compartilhar vulnerabilidades, testemunha o desamparo e o desalento humano diante das violências de toda ordem que assolam o nosso modo de nos organizarmos em sociedade. Trata-se de uma postura do profissional que testemunha as agruras do seu tempo e se mostra empático à vulnerabilidade humana. No texto *Análise de crianças com adultos*, Ferenczi ([1931] 2011e) propõe um modo empático de agir com o analisante que é o de diminuir a distância entre a técnica utilizada com adultos e aquela empregada com crianças, o desafio sendo o de se aproximar da criança interior. Ou seja: a possibilidade ímpar que analistas têm de se abeirar da singularidade da atmosfera infantil (o pudor, a ingenuidade, a ternura) através do jogo, do humor e da brincadeira. O infante que ainda não tem palavras para dizer dos ataques que sofreu, às vezes só alimentadas de impressões visuais e auditivas, precisa que as figuras de referência suportem sua incapacidade de descrever e narrar algumas cenas, mas que essas impressões e esses afetos possam ser partilhados em presença. Assim, como alerta Gondar (2017c, p. 197), o analista como testemunha é aquele que suporta escutar a fala claudicante do sujeito traumatizado e evita interpretações a favor de um acompanhamento das "variações afetivas" e de um "deixar-se sensibilizar por elas, engajando-se em um jogo em que os lugares e as palavras possam ser revezados". Mais do que isso, na clínica do traumático, em determinados contextos, a técnica interpretativa pode soar para o analisante como uma atitude suspeita (Gondar, 2017b), por cavoucar o suposto latente no conteúdo manifesto, o que pode ser adoecedor para esse tipo de analisante, pois se trata, nesses casos, da busca pela restauração das relações de confiança.

As forças contrárias à nossa capacidade de empatizar na obra dos Teóricos Críticos da Sociedade: o reconhecimento da vulnerabilidade humana na obra de Walter Benjamin

A capacidade empática pode estar vinculada à nossa habilidade em nos reconhecermos vulneráveis: a vulnerabilidade em nós e a vulnerabilidade no outro. O que se refere à nossa condição humana: divididos, não senhores em nossa própria casa, desamparados e desalentados. Walter Benjamin (2012c, p. 123-124, grifo próprio) afirma:

Não, está claro que as ações da experiência estão em baixa, e isso numa geração que entre 1914 e 1918 viveu uma das mais terríveis experiências da história universal. Talvez isso não seja tão estranho como parece. Na época, já se podia notar que os combatentes voltavam silenciosos dos campos de batalha. Mais pobres em experiências comunicáveis, e não mais ricos. Os livros de guerra que inundaram o mercado literário dez anos depois continham tudo menos experiências transmissíveis de boca em boca. Não, o fenômeno não é estranho. Porque nunca houve experiências mais radicalmente desmentidas do que a experiência estratégica pela guerra de trincheiras, a experiência econômica pela inflação, a experiência do corpo pela fome, a experiência moral pelos governantes. **Uma geração que ainda fora à escola num bonde puxado por cavalos viu-se sem teto, numa paisagem diferente em tudo, exceto nas nuvens, e em cujo centro, num campo de forças e explosões destruidoras, estava o frágil e minúsculo corpo humano.**

Benjamin (1892-1940) foi um filósofo próximo ao grupo de pensadores da Teoria Crítica da Sociedade, teve o apoio de Theodor Adorno (1903-1969) e Max Horkheimer (1895-1973), para tentar escapar da perseguição nazista, mas sucumbiu ao suicídio como última estratégia frente ao horror. Os três filósofos foram judeus perseguidos pelo nazifascismo, só que Benjamim não conseguiu escapar a despeito das tentativas de ajuda vindas dos outros dois amigos exilados, à época, nos Estados Unidos da América. Eles são teóricos, vinculados à chamada Escola de Frankfurt, que, além de se perguntarem: "Por que a humanidade foge da possibilidade de sua própria liberdade?", articulam as contribuições de Sigmund Freud (1856-1939), Karl Marx (1818-1883) e outros autores da filosofia para criticarem a ideia de progresso. Atentos aos malefícios das novas tecnologias de informação, eles apontam as transformações nas formas de intercambiar e transmitir experiências (Benjamin, 2012b; Horkheimer; Adorno, 1985) para desembocar na ideia de que, mesmo com a nossa subjetividade desacostumada a pensar e refletir, a humanidade marcha para a frente com medo de olhar para trás e intencionada a não deixar rastros. O que faz ressonância com a leitura magistral de Walter Benjamin, da figurabilidade exposta na imagem do anjo de Paul Klee, cuja epígrafe abre este capítulo. Instado a competir, o sujeito é impelido a ocupar o lugar de quem não pode olhar para o seu passado. Assim, enclausurado em seu presente, transfigura-se em *self made man*, cuja ideia basilar está na luta constante em ser melhor que os outros, que inculca em si duas imposições: ocupar o lugar do dominador ou o do dominado. Há uma introjeção pelo Eu dos mecanismos de dominação que permeiam sua luta por autoconservação.

Como pudemos ver, trata-se de um filósofo que também está preocupado com os traumas da guerra e percebe o emudecimento dos soldados que voltavam das trincheiras da Primeira Guerra Mundial, mais pobres em experiências que pudessem ser transmitidas. O horror da vivência sem nome, o inenarrável, que não tinha recursos simbólicos para ser testemunhado. Ou seja, os combatentes voltavam mais pobres de repertório cultural diante da fixidez e sideração das energias psíquicas diante do horror. A despeito do impossível de testemunhar, foram poucos os que conseguiram escutar o balbucio de quem atravessou grandes catástrofes humanitárias. Os seres dominados pelo silêncio mortífero e por um falar fragmentado.

Gagnebin (2009) tem produzido leituras e escritas sobre a obra benjaminiana inspiradoras para as nossas pesquisas sobre sonho e testemunho. Ela nos convida a refletir sobre o testemunhar, não relacionado a quem teve a experiência direta ou quem viu com os próprios olhos, mas a:

> [...] aquele que não vai embora, que consegue ouvir a narração insuportável do outro e que aceita que suas palavras levem adiante, como num revezamento, a história do outro não por culpabilidade ou por compaixão, mas porque somente a transmissão simbólica, assumida apesar e por causa do sofrimento indizível, somente essa tomada reflexiva do passado pode nos ajudar a não repeti-lo infinitamente, mas a ousar esboçar uma outra história, a inventar o presente (Gagnebin, 2009, p. 57).

Gagnebin, junto a Benjamin, nos ajuda a refletir sobre uma possibilidade de testemunhar atrelada à tomada reflexiva do passado para não o repetir.

As forças contrárias à nossa capacidade de empatizar na literatura de testemunho: o sonho "com-um" na obra de Primo Levi

Primo Levi (1919-1987) foi um sobrevivente da experiência dos deportados nos campos de concentração nazista durante a Segunda Guerra Mundial. Por meio de seus escritos, ele pôde fazer chegar até nós a reflexão sobre a vergonha transmitida nos rostos de pessoas capazes de enrubescer diante do horror. Em seu livro *Os afogados e sobreviventes*, Levi (2004) conta o episódio com os soldados vindos para libertar os deportados, nos momentos finais da Segunda Guerra Mundial, capazes de enrubescer diante da percepção de terra devastada: a destruição e o desrespeito aos seres humanos. Diante de um território no qual a capacidade de empatizar fora praticamente destruída: restou a indiferença frente ao semelhante e a necessidade entorpecente de sobreviver a despeito de tudo e de todos. Pois bem, aqueles que chegaram de longe para libertar os deportados sentiram vergonha ao se defrontarem com as provas cabais da crueldade humana.

Em *É isso um homem?*, Levi (1988) narra o seu sonho recorrente na época em que vivia em um campo de concentração. Um conteúdo onírico que, inconsciente, tinha a habilidade de se contrapor a uma das determinações da Gestapo: "não deixar rastros" sobre o que aconteceu nos campos de concentração. É sua produção onírica pré-consciente que se rebela contra essa ordem: ele precisa sobreviver para testemunhar, para deixar rastros, era o seu desejo de contar sobre o horror que lhe produzia vitalidade. Sobreviver para contar, para que nunca mais se repita.

A despeito disso, o seu sonho talvez testemunhe outro giro na incapacidade de transmissão, não só porque estamos emudecidos, como descreveu Benjamin, mas por não termos ninguém que suporte ouvir a nossa tragédia pessoal advinda do horror associado à política e às novas formas de crueldade humanas administradas com vistas ao extermínio. Ele escreve:

> Aqui está minha irmã, e algum amigo (qual?, e muitas outras pessoas). Todos me escutam, enquanto conto do apito em três notas, da cama dura, do vizinho que gostaria de empurrar para o lado, mas tenho medo de acordá-lo porque ele é mais forte. Como também a história da nossa fome, e do controle dos piolhos, e do Kapo que me deu um soco no nariz e logo mandou que me lavasse porque sangrava. É uma felicidade interna, física, inefável estar em minha casa, entre pessoas amigas, e ter tanta coisa para contar, mas bem me apercebo de que eles não me escutam. Parecem indiferentes; falam entre si de outras coisas, como se eu não estivesse. Minha irmã olha para mim, levanta, vai embora em silêncio (Levi, 1988, p. 60).

Como ter palavras para contar e ninguém que suporte escutar? É isso o que expressa o sonho de Levi em sua literalidade, dispensando as fantasias e metáforas em seu estilo literário. Está presente a angústia de um sonho traumático que se repete todas as noites, mas, ao contar seu sonho para outro deportado, há a surpresa de que esse é um sonho recorrente e que atormenta também o seu companheiro. Levi constata que é um sonho comum, talvez, a todos os confinados no campo. Assim, ele se pergunta: "Por quê? Porque o sofrimento de cada dia se traduz, constantemente, em nossos sonhos, na cena sempre repetida da narração que os outros não escutam?" (Levi, 1988, p. 60).

Os livros de Primo Levi (2004) inauguram a chamada literatura de testemunho e no prefácio de *Os afogados e os sobreviventes*, ele afirma que não teve a pretensão de escrever uma obra de historiador, mas limitou-se à sua experiência direta, às suas leituras de livros de outros sobreviventes, ao seu diálogo com pessoas que viveram a mesma situação no campo e com leitores que estavam sob o impacto dos efeitos dos seus dois livros. A sua literatura é uma forma de deixar rastros, de nos lembrar que o horror não é episódio de outras épocas guardadas em um tempo passado — ao contrário — a violência, a guerra e a dominação continuam a marcar a história da humanidade.

A despeito do crescimento das escritas testemunhais até os dias de hoje, muitos de nós ainda mantemos a nossa indiferença, como mortos-vivos, diante da destruição e da violência contra o outro, diante da política da guerra e da necropolítica. Gagnebin (2014), inspirada em Giorgio Agamben (2008), se pergunta se os campos de concentração não representam os Estados de Exceção como a norma secreta da política moderna: "[...] espaço em que há uma abundância de 'zonas cinzentas', indeterminadas, onde se amontoam mortos-vivos na indiferença generalizada dos vivos ditos normais" (Gagnebin, 2014, p. 47). Estaríamos vivendo com uma incapacidade muito mais aterrorizante: "a de não ousar mais experimentar nem a intensidade da vida nem a dor da morte, e seguir vivendo num limiar de indiferença e de indiferenciação, como se essa existência administrada fosse a vida verdadeira" (Gagnebin, 2014, p. 47). Além disso, a filósofa, também inspirada pelos personagens dos textos literários de Franz Kafka (1883-1924), afirma que os protagonistas kafkianos: "estão embaraçados, constrangidos, não sabem o que fazer. Esse acanhamento — parece ter substituído por completo a piedade e a compaixão em relação ao outro" (Gagnebin, 2014, p. 54). Ou seja, o que está em foco é a nossa incapacidade de "sentir com o outro", de nos sensibilizarmos com a dor do outro, de nos colocarmos no lugar do outro. Portanto, é a nossa capacidade de empatizar que está na berlinda.

O tema moderno na obra do autor tcheco se refere às variações infinitas ao redor da perda da experiência. Nas palavras da autora:

> A experiência do limiar, da passagem, da transição, as metáforas das portas, dos corredores, dos vestíbulos, tudo isso povoa a obra de Kafka — mas não nos leva a lugar nenhum. Pior, o limiar parece ter adquirido uma tal espessura, que dele não se consegue sair, o que acaba anulando a sua função. Tenta-se atravessar uma porta escancarada sem sair do lugar [...]. Assim, na obra de Kafka, vagamos de limiar em limiar, de corredor em corredor, de sala de espera em sala de espera, sem nunca chegarmos ao destino almejado, que corre o risco de ser esquecido. (Gagnebin, 2014, p. 43-44).

Trata-se de um limiar que não é mais lugar de transição, mas lugar de detenção, uma zona paralisante que se contrapõe à mobilidade e agilidade exigidas do sujeito moderno: ele já não consegue sair do lugar.

Em síntese, nossa proposta neste capítulo não é só a de enfocar a capacidade singular empática, mas sim dar destaque à atmosfera produzida por uma cultura que nos convida para perceber o outro apenas como o inimigo na corrida de obstáculos para sobreviver ao modo de organização capitalista. Nesse sentido, cabe retomar a questão ética colocada por Adorno, Benjamin, Levi, Gagnebin, Agamben e tantos outros que se referem aos antecedentes históricos que colocaram as bases para que o próprio fato de os campos de concentração terem existido, sintetizado na pergunta de Adorno (1965/1995): Quais as condições materiais e intelectuais que fizeram com que Auschwitz fosse possível? Nessa linha de raciocínio, podemos acrescentar mais questionamentos: Estamos todos imersos em uma zona cinzenta na qual é impossível distinguir carrasco e vítima? Do que o ser humano é capaz diante do Terror da Morte? Transformamo-nos em mortos-vivos? Como não estabelecer a associação inevitável com os considerados mortos-vivos dos campos de concentração, os protagonistas figurados na pergunta enigmática que dá título ao livro de Primo Levi: "É isto um homem?".

Um pequeno gesto contra a indiferença, uma tentativa de resgatar a nossa capacidade empática: o dispositivo Roda de Conversa sobre Sonhos

Seria inócuo enumerar aqui as diversas formas de violência que assolam a história humana, talvez fosse o caso de salvaguardar a questão da violência do processo colonizador, cuja literatura está sendo resgatada nos últimos anos como as marcas nos nossos processos de constituição subjetiva, atravessando as nossas formas de sonhar. Dos estudos pós-coloniais cabe destacar os textos monumentais *Orientalismo* (Said, 1978) e *Freud e os não-europeus* (Said, 2004), nos quais Edward Said visa desconstruir as visões estereotipadas do estrangeiro e dos orientais, transformados em seres excêntricos e, nos momentos de crise, em seres perigosos e violentos. Ciente das identidades transitória e fraturada, o escritor palestino ressaltou a importância do livro *Moisés e o monoteísmo* (Freud, 1939/2018) por trazer a controversa hipótese de que Moisés, o representante maior da religião monoteísta dos judeus, era um egípcio, portanto um estrangeiro ao povo que o colocou no lugar de líder. Como sabemos, Said é um estudioso da teoria literária que se posiciona abertamente a favor da causa palestina.

Das catástrofes humanitárias de nosso tempo, estou escrevendo no transcorrer do mês de maio do ano de 2024, tivemos a pandemia de covid-19 entre 2020-2022, marcada, no Brasil, pela necropolítica na gestão, cujo presidente de extrema direita favoreceu um número maior de mortes de pessoas em situação de vulnerabilidade social. Até hoje foram computadas 711.792 mortes e ressoa repetidamente nos nossos ouvidos o desdém contido na frase, desse representante político: "Eu não estou nem aí". Registra-se neste capítulo o apelo para não a esquecer e, assim, para que não se repita na boca de mais nenhum chefe de Estado tal formulação equidistante da capacidade empática humana. No mês de outubro de 2023, tivemos o ataque do grupo terrorista Hamas a um Kibutz situado no sul de Israel, resultando na morte de 1.404 civis da comunidade que estava naquele lugar no momento da tragédia e mais de 200 pessoas foram feitas reféns. Houve a retaliação desproporcional do Estado de Israel, computam-se 27 mil mortos, fruto de um contra-ataque direcionado à população civil palestina, e novamente estamos na iminência da eclosão de uma terceira guerra mundial.

Como articular esses dois acontecimentos que escolhemos como protótipo de situações de violência, repetidas à exaustão no nosso dia a dia: a gestão da pandemia de covid-19 em 2020-2022 e o conflito Israel-Palestina na edição 2023-2024? De nosso modo singelo, que talvez seja uma característica de toda capacidade empática manifestada em um gesto simples, pois não espetacularizado, de se contrapor ao horror, pudemos propor um dispositivo grupal em psicanálise intitulado Roda de Conversa sobre Sonhos, em 2020, como modo de acolhimento ao desamparo de estudantes e pessoas da comunidade universitária diante da eclosão de um vírus mortal. Cabe relembrar que à época não tínhamos vacinas para combater o vírus e as frases de efeito do então presidente continuavam a ser emitidas aos borbotões. Essa ação extensionista está em vigência até os dias de hoje. O destaque neste capítulo será para a atividade que aconteceu no dia 16 de outubro de 2023, no qual uma participante narra um sonho ocorrido no dia anterior, ou seja, oito dias após o ataque do Hamas ao sul de Israel.

A roda de sonhos é um dispositivo grupal em psicanálise que convida as pessoas a compartilharem suas experiências oníricas. A proposta é lúdica, um participante conta um sonho, depois há perguntas dos outros integrantes do grupo sobre alguns elementos da narrativa onírica e o sonhante é convidado a estabelecer associações livremente (aos modos do que foi proposto por Freud (1900/2017) como método de interpretação dos sonhos). Na segunda etapa todos são convidados a jogar com as palavras, impressões e sensações, a sonhar junto e construir redes associativas sobre a narrativa onírica compartilhada [estamos em diálogo com René Kaës (2004), o grupalista que alerta para o fato de que um sonho contado em grupo já não pertence somente a quem o experimentou, mas se transforma em propriedade coletiva de todos que o escutaram e estes também podem livre-associar sobre os elementos oníricos]. Na terceira etapa, a narrativa onírica é tomada em sua dimensão prospectiva; nela estão contidas mensagens que podem nos apoiar a antecipar problemas e criar estratégias para enfrentá-los em nossa comunidade e nossos coletivos [há o diálogo com a cosmogonia dos povos originários (Krenak; Ribeiro, 2020; Limulja, 2022), cuja indissociabilidade entre humanos, cultura e natureza aparece nos sonhos e nos convida a viver de modo menos predatório em nosso lugar de morada: o planeta Terra].

Cabe destacar, antes de apresentarmos o sonho, os participantes da roda: estudantes de graduação, pessoas da comunidade, a professora (facilitadora da atividade) e quatro estudantes-extensionistas (cofacilitadoras). Entre as extensionistas há uma aluna nascida na Palestina, viveu durante um tempo no Egito, atualmente está refugiada no Brasil e hoje frequenta o terceiro ano do curso de psicologia na Unifesp. Atribuímos o nome fictício Buganvília para a estudante palestina. Para a sonhadora que compartilhou o sonho foi atribuído o nome fictício de Gaia.

Título: sobre sentir-se na pele daqueles que são expulsos e ficam "sem lugar"[1]

> "Este é um sonho que me lembra outros sonhos, esses que vão puxando uma cadeia, né? Ele começou e eu estava em um acampamento daqueles organizados por professores em escolas. São cenários oníricos que figuram a imagem dessas instituições, de alguns eventos organizados pelos professores e direcionados para a turma de estudantes. E aí eu me lembro que, nesse acampamento, eu estava com as pessoas da faculdade, mas era um alojamento muito precário e não tinha espaço para todas as pessoas e, assim, elas estavam amontoadas numa sala. Havia o momento de distribuir os estudantes para saber quem ficaria em cada quarto, e quem ficaria com quem em cada 'lugar'. Mas eu não tinha um 'lugar', não havia conseguido achar um quarto, eu fiquei em um 'lugar' muito estranho que era uma sala que ficava num 'lugar' meio de passagem, tinha um chuveiro no meio da sala, quando eu fui tomar banho, eu fiquei me perguntando: 'Como é que eu vou tomar banho aqui, já que é um 'lugar' onde está 'todo mundo' passando?'. Mesmo assim, eu fui tomar banho, eu tive que afastar as mochilas de 'todo mundo' para não molhá-las e ainda fiquei preocupada com os transeuntes. Eu sei que não aconteceu muita coisa nesse sonho, só sei que tinha um pessoal da minha classe da faculdade passando, eu tentando dar um jeito de tomar banho e de caber naquele 'espacinho'. Eu fiquei muito angustiada de ter que caber naquele 'lugar tão estreito' e muito preocupada de não ter privacidade."

Após os integrantes escutarem a narrativa onírica, iniciamos o primeiro momento da roda de conversa, a facilitadora solicitou que a sonhante estabelecesse associações com o primeiro elemento no sonho: a ambiência do acampamento.

Gaia refere-se ao ambiente relacionando-o a um acampamento que ocorreu na turma do fundamental II, quando ela tinha 15 anos, e no qual houve muitos conflitos entre os estudantes, sobre escolhas amorosas, opiniões diferentes com reações intensas e emocionadas, muitos deles choraram muito. Ela relata que, por mais que estivesse como observadora ao que acontecia naquele lugar, ela ficou muito mexida emocionalmente na volta para a sua casa. Ao ser perguntada por uma participante sobre o afeto que predominara no sonho, ela disse ter sido a forte sensação de angústia.

---

[1] Agradecimentos à leitura e às sugestões da extensionista e orientanda Giovana Carvalho de Oliveira.

Outra integrante propõe que Gaia reflita sobre a frase explícita do sonho: "eu fiquei tentando caber naquele espacinho" e questiona se essa sentença estaria vinculada à figuração da angústia no cenário onírico. A sonhante diz que se lembrou do final de semana anterior ao sonho, esteve em uma festa que tocava forró, foi convidada para dançar, não teve como recusar e revela que se sentiu muito envergonhada por sua performance de bailarina. Depois, ficou assistindo à festa de longe com um copo de vinho nas mãos.

As redes associativas dos participantes demonstraram que o sentimento de vergonha remete à angústia que sentia no sonho por estar tomando banho em um "lugar" de passagem, sem privacidade. Foi possível estabelecer a diferença entre o sentimento de vergonha e o de culpa. Se o segundo está relacionado à instância moral que é fruto da identificação com as figuras parentais que delimitam julgamentos sobre ações realizadas de acordo com as normas da sociedade, o que caracteriza a vergonha é a visibilidade, como as pessoas estão tomadas pela preocupação de como elas se percebem sendo vistas pelas outras em uma sociedade do espetáculo. Debord (1997) indicou a visão como o órgão dos sentidos mais valorizado por esse tipo de cultura, cuja hierarquização de valores percorre o seguinte raciocínio: mais importante do que ser, é o ter, mais importante do que o ter, é o "parecer ter". À luz das ideias do teórico francês: levantou-se a hipótese de que talvez Gaia se sentisse muito exposta nas várias experiências da faculdade: como ser avaliada por produções objetivas solicitadas pelos professores (provas, ensaios e relatórios) acompanhadas pelos conflitos entre vida pessoal e profissional. Cabe ressaltar que, na atmosfera onírica, há a condensação entre as figuras da menina, adolescente e jovem adulta que está no quarto ano e irá se formar em breve. No momento da sua graduação há tensão entre os grupos de quarto e quinto anos de estágio, pois as vagas são restritas e os futuros estagiários são convidados a exercitarem um modelo de autogestão na distribuição de cada um dos "lugares" que serão ocupados no campo, segundo critérios criados por eles mesmos.

Essa rede de associações atingiu o espaço do WhatsApp no qual a equipe de extensionistas organiza as atividades do projeto de extensão, nele a estudante de origem palestina (Buganvília é o nome fictício que atribuímos a ela), postava reiteradamente mensagens no grupo sobre o conflito entre Israel e Palestina. O confronto estava visível nas redes sociais, naquele momento no qual aconteceu a Roda de Sonhos, e é claro que todas nós nos sentíamos atingidas por ele ou, melhor dizendo, todos nós deveríamos estar sendo tocados diretamente pelo ataque de um grupo terrorista sobretudo contra as juventudes e a resposta do governo israelense. Porém, Buganvília se sentia mais atingida, pois se trata da história de seus conterrâneos em repetição mortífera durante décadas. Há um paradoxo apontado nas discussões do grupo; ao mesmo tempo em que a população palestina conquistou visibilidade na mídia, trata-se de um modo perverso de ser visto, pois há uma tendência discursiva que visa estereotipar qualquer cidadão palestino como suposto terrorista, em detrimento do que está sendo encoberto, o fato de que eles são cidadãos merecedores de ter uma nação, um lugar no planeta, um Estado Palestino. Ao contrário, o que está sendo reservado para essa população da faixa de Gaza é "um espaço que tem se estreitado", cada vez mais, por conta do fato de que as pessoas e seus "lugares" estão sempre sendo atacados pelo inimigo que divide o mesmo território. É uma leitura política do sonho de Gaia e que reflete o bombardeio de informações sobre o conflito, exposto excessivamente nas televisões e redes sociais naqueles dias. Buganvília relata que está sofrendo de crises de angústia por não conseguir dormir, já que passa o dia procurando informações e assistindo a vários canais de televisões em três idiomas diferentes: inglês, árabe e português, gastando muito tempo na tentativa de traduzir as informações. Ela receia a construção do ódio contra o povo palestino, além de se preocupar com a vida de seus conterrâneos. Há, por suposto, certa confusão de línguas, com o perdão do trocadilho, no conflito geopolítico em foco.

Gaia concorda com o que está sendo discutido no espaço grupal, pois tem acompanhado as notícias pela televisão, que também percebe os deslocamentos das populações tendo que se agrupar em "lugares muito estreitos" que causam angústia e medo, como também a suposta vergonha suscitada pela falta de privacidade nos espaços nos quais essas pessoas foram confinadas. A pergunta que remete à narrativa onírica é: "será que a população tem banheiro suficiente? Como estas pessoas que estão sendo atacadas podem satisfazer suas necessidades mais básicas com um mínimo de privacidade?". Gaia percebe que sonhou por Buganvília e também por todos nós que queremos construir um mundo menos violento, por todos que estão sentindo vergonha alheia das pessoas que estão a violar direitos humanos todos os dias. Todos que ousamos imaginar um planeta Terra no qual caibam todos os seres scientes.

As redes associativas grupais percorrem outros "lugares" do pensamento que também estão se estreitando, aludindo ao fato de que a escritora palestina Adania Shibli, que seria homenageada na feira de livros em Frankfurt, em 2023, teve sua participação cancelada pelos organizadores do evento por conta do conflito Israel-Palestina. Ela é autora da obra intitulada *Um assunto menor* (em tradução livre), cuja história retrata o estupro e assassinato de uma menina beduína palestina, em 1949, por soldados israelenses (Miyashiro, 2023). Uma reflexão importante foi a de que as associações transitaram dos lugares físicos para os espaços simbólicos, pois ambos estão se estreitando e impedindo a inclusão da multiplicidade de ideias e de direitos. Como contraponto foram lembrados diversos movimentos que estão surgindo em espaços culturais para abrir "lugares" de discussão que apontem alternativas para os povos em conflito e que barrem o uso excessivo da força e da violência contra civis.

Como terceiro momento da roda de sonhos, é proposta a discussão sobre a dimensão prospectiva do sonho, como nos organizar para sermos mais empáticos e indicar alternativas não binárias para povos em conflito? Os processos associativos assinalaram a palavra "transitoriedade", no sentido de pensar alternativas nas quais saiamos da chave de leitura que exige que cada um de nós se posicione de um dos lados das forças em conflito, uns a favor e outros contra cada uma das oposições que envolvem israelenses e palestinos. O critério para tal alternativa transitória seria toda ação que pudesse dar um basta à matança que envolve crianças e civis.

Nesse cenário de multiplicidade de possibilidades, os participantes retomaram a angústia e ansiedade de estudantes de quarto e quinto anos no que se refere ao ter que escolher entre poucas vagas de estágio consideradas mais interessantes, ou seja, "de cada estudante ter que caber em lugares tão estreitos". Nesse sentido foram discutidos critérios que pautam as escolhas, em busca de balizadores menos competitivos e distantes de valores meritocráticos: as melhores notas, o melhor e primeiro aluno; a quantidade de participações em pesquisas e projetos de extensão. Em contraponto, a aposta era que fosse possível respeitar os desejos singulares em articulação com os do coletivo. Talvez discutir os elementos que impediam estudantes de escolher, provisoriamente, determinada vaga de estágio: a idealização de determinada área de conhecimento; o vínculo à figura de determinados professores; a supervalorização da oferta de um campo de estágio em detrimento de outro menos procurado e com propostas também importantes para a formação do psicólogo.

O sonho de Gaia é empático, se no seu conteúdo manifesto expressa a angústia de uma estudante às voltas com a distribuição de lugares em quartos em acampamentos organizados por professores; há embaralhamento das imagens de pessoas de vários períodos de sua formação escolar. O conteúdo que emerge após as cadeias associativas grupais revela a fase transitória de um percurso final da formação da sonhante (os desafios do estágio e o espaço limiar entre universidade e o mercado de trabalho). O deslocamento do desejo está presente no mecanismo do trabalho do sonho e nas associações produzidas no grupo. Como se a mensagem do sonho propusesse um deslocamento de energias que percorrem espaços limiares e de transição: da política da morte, passando pela política dos sonhos e na direção da política da vida. Assim, as redes associativas grupais, ao exprimirem os deslocamentos entre os espaços físicos, simbólicos e psíquicos, ao denunciarem os estreitamentos desses lugares, favorecem a abertura de brechas para a ampliação da consciência e de sentidos com vistas a ocupar diversos territórios. Portanto, Gaia sonha por todos nós que ainda lutamos por lugares de respiro no planeta Terra cada vez mais restringidos à necropolítica e deixa a esperança de que possamos ampliar os espaços da oniropolítica.

Considerações finais

A discussão sobre a empatia tem ganhado espaço na contemporaneidade. Podemos citar o historiador da cultura, filósofo social e membro fundador da *School of Life* em Londres: Roman Krznaric (2015). Em seu livro *O poder da empatia*, ele visa responder a questão: "Como podemos expandir nosso potencial empático?". Além de indicar a trajetória das pessoas que criaram estratégias para se colocar no lugar da outra na história da cultura, apresenta os seis hábitos de pessoas extremamente empáticas. Trata-se de uma obra moderna que resvala no estilo de autoajuda, pois o historiador da cultura não ousou sequer citar autores que fazem a crítica às condições culturais e sociais que impedem o exercício da capacidade empática em todos os humanos. Talvez a grande qualidade de sua discussão seja a de colocar a empatia como capacidade que pode ser desenvolvida, já que precisamos espetacularizar, trazer à vista, as ações empáticas de homens e mulheres como inspiração, a despeito do processo de (in)visibilização midiático responsável por sua submersão na espetacularização da cultura da violência.

Por sua vez, neste capítulo fizemos referência a filósofos que criticam um modo de organização da sociedade que obstrui o desenvolvimento da capacidade empática dos homens e das mulheres. A ironia é a de que os mesmos filósofos críticos, por vezes com escritos tão áridos devido ao tema, também são exemplos de empatia, pois se importam com os sofrimentos dos outros, e visam criticar as condições culturais e intelectuais que geram as personalidades autoritárias e o preconceito: as questões de etnia, política ou localização de classe social. Walter Benjamin narrou a experiência sob a perspectiva dos vencidos ao escrever a história a contrapelo, Theodor Adorno participou de importantes pesquisas estadunidenses, em seu período de exílio, preocupado com os efeitos subjetivos das novas tecnologias de informação.

No que se refere à crítica à Indústria Cultural, é certo que filmes que privilegiam discussões mais complexas, mesmo que para atingir objetivos justos, exigem do espectador uma energia extra para percorrer um trajeto árduo junto a um protagonista e suas agruras em um campo de concentração. Sabemos que a produção de um longa-metragem exige esforços de grande envergadura, muito dinheiro, muito tempo de trabalho, abarcando a concepção do roteiro, a produção, a escolha dos atores e da locação (os lugares). Podemos dizer então que a produção cinematográfica *Os filhos de Saul* escapa ao padrão criticado por Horkheimer e Adorno (1985) e Benjamin (2012a, 2012b, 2012c), pois: a narrativa imagética do filme nos convida a pensar e refletir sobre a nossa capacidade de "sentir com", de empatizar com o outro, assim, pode se aproximar de uma política da arte. Essa produção cinematográfica teve certo reconhecimento e foi indicada ao Oscar de melhor filme estrangeiro em 2015. É pertinente, então, destacar manifestações culturais que contam a história a contrapelo, como no caso do diretor László Nemes, ao construir um roteiro sobre os campos de concentração sob a perspectiva de um *Kapo*, personagem que também está presente na obra testemunhal de Primo Levi. Um protagonista que provoca repúdio e vergonha no povo judeu, mas que talvez retrate as clivagens psíquica e social como estratégia de sobrevivência no campo de concentração alçado a modelo naturalizado de Estado de Exceção na sociedade capitalista. À vista de duas crianças em meio aos horrores do campo, esse protagonista foi capaz de desenvolver sua capacidade empática, expressa na necessidade de velar o corpo de uma criança morta e também no derradeiro sorriso que finaliza a história.

No campo da psicanálise, demos enfoque à considerada "criança terrível" da história da disciplina, pois apesar de Ferenczi ser amigo íntimo de Freud, ter sido seu analisante por um tempo, essa relação de amizade não o impediu de revisitar a teoria do trauma, dando nova visada aos acontecimentos reais na vida do sujeito, ao valorizar as relações de objeto, os desmentidos sociais e as quebras de confiança como elementos fundantes para configurar um trauma desestruturante. É o psicanalista húngaro também que convida outros profissionais da área para reverem sua técnica diante da singularidade dos casos. Ferenczi não teve tempo de experimentar a inovação técnica presente nos dispositivos grupais em psicanálise, ao contrário de seu biógrafo e também seu analisante Michael Balint (1893-1970), que experimentou os primeiros formatos do que hoje denominamos de grupos de supervisão, estudo e discussão de casos, intitulados grupos Balint na Inglaterra da década de 1940 (Roudinesco; Plon, 1998). Porém, da perspectiva do agora é possível afirmar que a psicanálise ferencziana nos inspirou sobremaneira na construção da ação de extensão Roda de Sonhos. Assim, a posteriori está sendo destacado como a experiência da roda resgata a nossa criança esquecida, um sorriso perdido, pois, nos momentos mais difíceis da pandemia e no complexo acolhimento à estudante palestina, pudemos propor certa ludicidade presente na ideia de endereçamento do sonho para o grupo, certa propriedade coletiva do sonho e o convite para uma brincadeira, um jogo no qual os participantes puderam associar livremente. A despeito disso, o dispositivo grupal em psicanálise que apresentamos neste capítulo tem o sonho como objeto mediador e a inspiração na concepção de Ferenczi (2011a, *apud* Kaës, 2004): os diferentes endereçamentos na produção onírica fazem parte do trabalho do sonho. Ou seja, para quem e por quem sonhamos são momentos constitutivos do processo de produção onírica.

Por sua vez, a narrativa onírica de Gaia foi uma oportunidade de sonhar por Buganvília e de endereçá-la aos seus colegas universitários às voltas com as escolhas de estágio. Assim, o trabalho do sonho favoreceu o seu "sentir com" a dor do povo palestino e israelense, não porque seja conterrânea dessas pessoas, mas por se incluir na comunidade de humanos que precisa urgentemente encontrar um caminho que não seja o do morticínio. Pôde também "sentir com" sua turma do quarto ano da universidade a urgência de criar critérios mais democráticos na distribuição de estudantes nas vagas de estágio. Aliás, são esses balizadores de seleção calcados nas ideias do mais forte em detrimento do mais fraco que alimentam a competição entre semelhantes. Adorno (1965/1995) desenvolve suas reflexões para que Auschwitz não se repita: explicitar e narrar os nossos medos, não se deixar fascinar pelo fetiche dos números e *rankings*, pelo apego cego às figuras de autoridade que resvalam no autoritarismo, pelo fascínio aos líderes que impulsionam a homogeneização dos integrantes do grupo de modo a estreitar lugares propiciadores dos movimentos de diferenciação e singularização.

Podemos pensar a cena onírica também como uma expressão micropolítica dos conflitos globais — em sua incidência singular no psiquismo da sonhante, atravessada por notícias e imagens constantes do conflito entre Israel e Palestina — na qual o que está em jogo é a relação que se estabelece com a alteridade, como se dá a produção de "outros" e quais lugares cada sujeito ocupa na geografia social no capitalismo tardio. A angústia que predomina no sonho revela os entraves nessa relação com o diferente e a diferença, nos quais uns impõem sua vontade e subalternizam os outros. No caso, ela sentiu-se na pele daqueles que são expulsos e ficam "sem lugar", os exilados da terra, em um exercício onírico de ser o outro, de habitar o outro-em-nós.

Gaia também endereçou o sonho para o grupo, produzindo-o no dia anterior ao encontro da roda, provavelmente porque conseguisse vê-lo como suporte para aqueles que não têm lugar, os que veem sua "faixa" de existência se estreitando cada vez mais. Cabe ressaltar que não corrigimos por sinônimos a quantidade de vezes que a palavra "lugar" aparece na elaboração secundária do sonho. Esse lugar pode estar significando a ausência dele, os não lugares, por isso tantas vezes repetido, potencializando o modo de expressar: o medo de não caber nos espaços, a ausência de lugares reservados para si em uma sociedade que exige a visibilidade constante e a espetacularização da vida; o trânsito de pessoas que invadem o seu espaço; a angústia de ter que caber em um lugar tão estreito ou que vai se estreitando cada vez mais. No sentido mais empático, a palavra "lugar" também está presente na definição de empatia: a capacidade de se colocar no lugar do outro. Talvez o "não ter um lugar garantido" revele a condição humana: o fato de que todos nós somos divididos, não senhores em nossa própria casa, desamparados e desalentados. Talvez revele um pouco da morte da esperança de pessoas que não encontram um lugar no mundo. O que nos resta é restaurar a nossa capacidade de deixar rastros e construir redes de apoio, como as rodas de conversa, nas quais seja possível um lugar para cada um na nossa comunidade de destino.

Que bom que Gaia pôde confiar no grupo e trazer seu sonho, que bom que escolhemos esse nome fictício para ela, que significa: a personificação feminina da terra na mitologia grega, considerada a mãe primordial, responsável pela criação e fertilidade da natureza. Esse nome carrega consigo a essência vital da natureza. O sonho de Gaia também funciona como porta-voz do grupo, porque traz conteúdos que fazem parte do com-um, revelando o "sem lugar" de cada um. Essa partilha no espaço grupal funcionou como um colo aconchegante de uma mãe benevolente. Para Ferenczi (1933/2011, p. 115) há um tipo de analisante que precisa ser tratado como uma criança "que não é mais sensível ao raciocínio, mas, no máximo, à benevolência materna".

Nesse sentido é que Gondar (2017c) ao dialogar com a literatura de testemunho vai propor um lugar mais empático para o psicanalista que, diante de pacientes clivados, cuja forma de expressar a dor revela-se através de uma literalidade cortante, persiste na posição daquele que constrói um ambiente de intimidade e favorece o encontro afetivo. O que nos ajuda a pensar a ampliação dos lugares possíveis para psicanalistas inventores de dispositivos grupais, tanto o daquele que respeitosamente vela — como um agente das honras funerárias — as partes do Eu que morreram junto com alguns objetos introjetados em decorrência de um trauma, mas também como daquele que, ao ocupar o lugar da testemunha, é capaz de "salvaguardar ou restaurar o pudor que foi perdido em uma situação de violência" (Gondar, 2017c, p. 197).

Referências

ADORNO, T. Educação após Auschwitz. *In*: ADORNO, T. *Educação e emancipação*. Rio de Janeiro: Paz e Terra, 1995, p. 119-138. Obra original publicada em 1965.

AGAMBEN, G. *O que resta de Auschwitz*. São Paulo: Boitempo, 2008.

BENJAMIN, W. Sobre o conceito da história. *In*: BENJAMIN, W. *Magia e Técnica, Arte e Política*. Ensaios Sobre Literatura e História da Cultura — Volume 1. São Paulo: Brasiliense, 2012a, p. 222-234. Obras Escolhidas I.

BENJAMIN, W. A obra de arte na era de sua reprodutibilidade técnica. *In*: BENJAMIN, W. *Magia e Técnica, Arte e Política*. Ensaios Sobre Literatura e História da Cultura — Volume 1. São Paulo: Brasiliense, 2012b. p. 165-196. Obras Escolhidas I.

BENJAMIN, W. Experiência e pobreza. *In*: BENJAMIN, W. *Magia e Técnica, Arte e Política*. Ensaios Sobre Literatura e História da Cultura — Volume 1. São Paulo: Brasiliense, 2012c. p. 114-119. Obras Escolhidas I.

DEBORD, G. *A sociedade do espetáculo*. Rio de Janeiro: Contraponto, 1997.

FERENCZI, S. A quem se contam os sonhos? *In*: FERENCZI, S. *Obras completas*. Psicanálise II. São Paulo: WMF Martins Fontes, 2011a. p. 19. Obra original publicada em 1912.

FERENCZI, S. Elasticidade da técnica psicanalítica. *In*: FERENCZI, S. *Obras Completas*. Psicanálise IV. São Paulo: WMF Martins Fontes, 2011b. p. 29-42. Obra original publicada em 1928.

FERENCZI, S. A criança mal acolhida e sua pulsão de morte. *In*: FERENCZI, S. *Obras Completas*. Psicanálise IV. São Paulo: WMF Martins Fontes, 2011c. p. 55-60. Obra original publicada em 1929.

FERENCZI, S. Princípio de Relaxamento e Neocatarse. *In*: FERENCZI, S. *Obras Completas*. Psicanálise IV. São Paulo: WMF Martins Fontes, 2011d. p. 61-78. Obra original publicada em 1930.

FERENCZI, S. Análise de Crianças com Adultos. *In*: FERENCZI, S. *Obras Completas*. Psicanálise IV. São Paulo: WMF Martins Fontes, 2011e. p. 79-98. Obra original publicada em 1931.

FERENCZI, S. Confusão de línguas entre os adultos e as crianças. *In*: FERENCZI, S. *Obras Completas*. Psicanálise IV. São Paulo: WMF Martins Fontes, 2011f. p. 111-135. Obra original publicada em 1933.

FERENCZI, S. Reflexões sobre o trauma. *In*: FERENCZI, S. *Obras Completas*. Psicanálise IV. São Paulo: WMF Martins Fontes, 2011g. p. 125-135. Obra original publicada em 1934.

FERENCZI, S. O analista: agente das pompas fúnebres. *In*: FERENCZI, S. *Diário Clínico*. São Paulo: WMF Martins Fontes, 1990. Obra original publicada em 1932.

FREUD, S. *A interpretação dos sonhos*. Porto Alegre: L&PM, 2017. Obra original publicada em 1900.

FREUD, S. Além do princípio do prazer. *In*: FREUD, S. *Freud (1917-1920) – Obras completas volume 14: "o homem dos lobos" e outros textos*. São Paulo: Companhia das Letras, 2010. p. 161-240. Tradução de Paulo César de Souza. Obra original publicada em 1920.

FREUD, S. Moisés o Monoteísmo: três ensaios. *In:* FREUD, S. *Freud (1937-1939) — Obras completas volume 19*: Moisés e o monoteísmo, compêndio de psicanálise e outros textos. São Paulo: Companhia das Letras, 2018. p. 13-188. Tradução de Paulo César de Souza. Obra original publicada em 1939.

GAGNEBIN, J. M. *Lembrar, Escrever, Esquecer*. São Paulo: Editora 34, 2009.

GAGNEBIN, J. M. *Limiar, Aura e Rememoração*: ensaios sobre Walter Benjamin. São Paulo: Editora 34, 2014.

GAY, P. *Freud*: uma vida para o nosso tempo. São Paulo: Companhia das Letras, 1989.

GONDAR, J. Interpretar, agir, sentir com. *In*: REIS, E. S.; GONDAR, J. *Com Ferenczi*: clínica, subjetivação e cultura. Rio de Janeiro: 7 Letras, 2017a. p. 33-52.

GONDAR, J. O desmentido e a zona cinzenta. *In*: REIS, E. S.; GONDAR, J. *Com Ferenczi*: clínica, subjetivação e cultura. Rio de Janeiro: 7 Letras, 2017b. p. 89-102.

GONDAR, J. "O analista como testemunha". *In*: REIS, E. S.; GONDAR, J. *Com Ferenczi*: clínica, subjetivação e cultura. Rio de Janeiro: 7 Letras, 2017c. p. 186-198.

GONDAR, J. Ferenczi como pensador político. *In*: REIS, E. S.; GONDAR, J. *Com Ferenczi*: clínica, subjetivação e cultura. Rio de Janeiro: 7 Letras, 2017d. p. 209-226.

HORKHEIMER, M.; ADORNO, T. Indústria cultural: o esclarecimento como mistificação das massas. *In*: HORKHEIMER, M.; ADORNO, T. *Dialética do esclarecimento*. Rio de Janeiro: Zahar, 1985. p. 113-156.

IMBRIZI, J. M. *Arte e sonho*: abordagem psicanalítica nos modos de cuidar das juventudes. Projeto de Extensão Universitária Unifesp — Baixada Santista, Santos, SP, Brasil, aprovado pela Pró-Reitoria de Extensão e Cultura da Unifesp (PROEX) em jun. 2020.

KAËS, R. *A polifonia do sonho*. São Paulo: Ideias e Letras, 2004.

KRZNARIC, R. *O poder da empatia*. Rio de Janeiro: Zahar, 2015.

KRENAK, A.; RIBEIRO, S. MESA 6: Sonhos para adiar o fim do mundo, com Ailton Krenak e Sidarta Ribeiro. YouTube, live em 24 de maio de 2020. Disponível em: https://www.youtube.com/watch?v=95tOtpk4Bnw. Acesso em: 1 de junho de 2023.

LEVI, P. *É isso um homem?* Rio de Janeiro: Rocco, 1988.

LEVI, P. *Os afogados e os sobreviventes*. São Paulo: Paz e Terra, 2004.

LIMULJA, H. *O desejo dos outros*: uma etnografia dos sonhos yanomami. São Paulo: Ubu Editora, 2022.

MIYASHIRO, Kelly. *Feira de livros alemã cancela homenagem a autora palestina premiada*. 2023. Publicado e atualizado em 13 out. 2023. Disponível em: https://veja.abril.com.br/cultura/feira-de-livros-alema-cancela-homenagem-a-autora-palestina-premiada. Acesso em: 1 de junho de 2023.

NESTROVSKI, A. *"KAPO"*: obra tenta descrever o indescritível. Obra tenta descrever o indescritível. 2000. Disponível em: www1.folha.uol.com.br/fsp/ilustrad/fq1404200031.htm#:~:text=%22Kapo%22%20vem%20do%20italiano%20%22,vergonha%20(pelo%20car%C3%A1ter%20colaboracionista). Acesso em: 1 de junho de 2023.

O FILHO de Saul. Direção de László Nemes. [s. l.]: Laokoon Filmgroup, 2015. (107 min.), son., color. Legendado.

ROUDINESCO, E.; PLON, M. *Dicionário de Psicanálise*. Rio de Janeiro: Zahar, 1998.

SAID, E. *Orientalismo*: o oriente como invenção do ocidente. São Paulo: Companhia das Letras, 1978.

SAID, E. *Freud e os não europeus*. São Paulo: Boitempo, 2004.

ESCUTAS NÃO HEGEMÔNICAS EM PSICANÁLISE: OUTRAS LEITURAS E INTERPRETAÇÕES

Andrieli Barbosa Gomes
Mara Coelho de Souza Lago

Discuti com minha analista, para ela não uma discussão, vez que sou paciente. Ela acha que é mito pessoas negras quererem ser analisadas por pessoas negras ao que respondi que seria um mito pensar que psicanalistas brancas estariam prontas para trabalhar com subjetividades construídas como negras ou pretas, o que não significa que as psicanalistas que assim se reconheçam estejam listas. Não se trata de incompatibilidade supostamente racial ou pessoal. Porém mostra-se induvidoso que brancos estão longe de ouvir a palavra negra na boca de uma pessoa negra sem se sentir que foram em algo desapossados. [...]. Por isso tuba não falava. Temia ser despossuído da única coisa sua. A palavra.
(Eliane Marques, 2023, p. 223)

Não preciso crer na branquitude com o mesmo fervor com que ela faz de si divindade para se crer.
(Eliane Marques, 2023, p. 225)

Introdução

Este texto deriva de um estudo elaborado para ser apresentado à defesa de dissertação de mestrado em Psicologia pela primeira autora, que realizou pesquisa com psicanalistas sobre o trabalho clínico, sob orientação da segunda autora. No trabalho de dissertação, o grande tema que circunscrevia a escrita e a própria pesquisa era pensar psicanálise e o racismo, ou seja, o racismo como pauta e materialidade no espaço de clínica, mais especificamente, a clínica psicanalítica. A pesquisa foi realizada durante a pandemia de Covid-19 e constou de entrevistas livres, gravadas, que, naquelas circunstâncias, foram realizadas virtualmente, com número reduzido de pessoas. Foram entrevistadas três pessoas, uma analista negra e dois analistas brancos. Apesar das condições, as entrevistas se desenrolaram em produtivos diálogos sobre o trabalho clínico, trazendo preciosas contribuições para a elaboração da dissertação

(Gomes, 2022), com um rico desdobramento de reflexões amparadas em uma epistemologia negra e antirracista. As narrativas e reflexões referenciadas neste capítulo do livro *Epistemologias divergentes: teorias e práticas contra-hegemônicas* agregam relatos de duas das pessoas entrevistadas: a analista negra e um dos analistas brancos.[2] Uma importante referência teórica deste trabalho, pela via da psicanálise, é a orientação lacaniana. Importante lembrar que a psicanálise, ainda que tenha surgido e ganhado notoriedade através de Sigmund Freud e Jacques Lacan, teve acrescidas as contribuições de importantes pensadoras e pensadores. É a partir dessa lembrança de que a teoria psicanalítica e outros saberes não são exclusivos de seus pais fundadores e de alguns de seus transmissores que pensamos a psicanálise também por meio de outras leituras, de outras autorias. Em função disso, os trechos das entrevistas que compõem este trabalho foram fundamentais para sua produção.

O processo analítico, a análise, é a construção de um saber, que acontece através do trabalho de escuta. Um saber que as pessoas constroem sobre si mesmas, ou seja, dessa existência que é singular e mutável. Pensando que nossas singularidades revelam essas diferenças se faz impossível tomar como hegemônico um discurso, um saber, um modo de vida, uma sexualidade, um gênero, um corpo, uma cor. É nessa violenta tentativa de unificar e excluir as diferenças, de tratar as singularidades como produtos e/ou objetos, que a colonização se pauta.

Quando falamos sobre colonização neste trabalho, nos referenciamos na ação proeminente no cotidiano, ou seja, no entendimento de que a colonização insiste e persiste sem cessar e, portanto, que funda as bases concretas da sociedade brasileira como tal. Que sua materialidade está inserida nos espaços públicos, nos espaços privados e na negação da própria história da fundação deste país, realizada mediante a morte e escravização de povos originários e de pessoas africanas sequestradas de África. Quando se nega sua própria história, produzindo um silenciamento acerca das violências que a colonização promoveu — e segue promovendo

---

[2] Escolhemos manter em sigilo a participação das pessoas envolvidas, a psicanalista e o psicanalista, por dois motivos: o primeiro porque são pessoas que aparecem mais publicamente em redes sociais, tanto na divulgação de seus trabalhos clínicos e pesquisas quanto com relação à sua vida pessoal. A questão da rede social foi um fator bastante importante, uma vez que destacamos a efervescência das trocas no modo on-line durante a pandemia de covid-19, momento em que a pesquisa e, consequentemente, as entrevistas foram realizadas. O segundo motivo é que acreditamos que os diálogos não vinculados às figuras desses analistas proporcionam que a leitura e o olhar sejam mais voltados para as narrativas. Na dissertação referenciada encontramos os diálogos da pesquisadora e dos três participantes da pesquisa, com suas reflexões e contribuições referentes aos temas daquela proposta.

—, se produz também a própria reatualização desse sistema violento, que segue operando através dos genocídios cometidos contra o povo negro e também dos genocídios e etnocídios cometidos contra os povos indígenas e demais povos. E, quanto ao que nos concerne o diálogo neste trabalho, os restos e a reatualização da colonização atravessam nossas existências também no campo da subjetividade, seja na perspectiva dos traumas vividos pelas pessoas vítimas das violências coloniais, seja na manutenção das heranças materiais e simbólicas de pessoas que gozam do sistema hegemônico. Existem atualmente inúmeras perspectivas e teorias que buscam elaborar essa questão com muita ética. Neste trabalho, não vamos nos debruçar especificamente nessas diferentes elaborações, mas elencamos como autorias de importante referência para nós nos diálogos com os estudos de descolonização as contribuições de Grada Kilomba (2019), Geni Nuñez (2023) e Antônio Bispo (2015).

A partir desses estudos, de pensar o fazer clínico, aparece o desejo de saber como se pensa o racismo em psicanálise, especificamente na clínica, e o quanto a escuta é um fator importante para pensar a subjetividade, como também para pensar a organização social, os laços sociais. A clínica não é alheia à organização social. Essa escuta clínica também não é alheia ou abstrata. E é com esse corpo, implicado socialmente, que a escuta em análise acontece, tanto pela perspectiva de analisantes, quanto pela perspectiva de analistas. Essa escuta não é abstrata e não exclui os corpos.

O Brasil, enquanto Estado-nação, é fruto de um processo de colonização que tomou como base a escravização e morte de povos indígenas e pessoas africanas. Nesse contexto de violência, o racismo é base fundante da sociedade brasileira. Como sabiamente pontua Lélia Gonzalez, o racismo é um sintoma social (2020). Pensar uma clínica que não seja neutra, ou seja, uma clínica que não se abstenha de olhar para as bases que fundam essa sociedade, implica que seja uma clínica que possa escutar o sofrimento advindo do racismo, bem como questionar a posição em que se escutam as questões raciais. É a partir dessa aposta, de uma escuta clínica em psicanálise que não cede à hegemonia, que pensamos este texto.

Para realizar este artigo, contamos com trechos de entrevistas, realizadas nos anos de 2019 e 2020. Essa escolha metodológica estava em consonância com a possibilidade de escutar, de analistas praticantes, as leituras a respeito de como o racismo aparecia em suas clínicas. Foram entrevistas sem roteiro prévio, ou seja, sem uma estrutura definida, algo que se aproximou mais de uma conversa, de preciosos diálogos. Isso fez com que cada analista participante relatasse suas percepções e suas vivências, colocando em pauta alguns casos, mas principalmente como se entendiam racialmente em suas clínicas. As falas da analista e do analista entrevistada/o foram trazidas para este artigo por dois motivos: o primeiro, por entendermos a singularidade de cada entrevista, em que a pergunta "como o racismo aparece em sua clínica?" proporcionou que cada analista se colocasse enquanto uma pessoa racializada. O segundo motivo é que nessas conversas um tema que apareceu recorrentemente e, portanto, condensa o que buscamos demonstrar neste texto foi a importância de estudar referências e intelectualidades negras, para podermos construir uma escuta clínica que não fosse conivente com a ideia de neutralidade e, consequentemente, que não fosse cúmplice das violências raciais.

Uma das questões que mais apareceram, entre letras, é o quanto essa escuta se faz com/no corpo, assim como a fala. E é a partir da cadência entre fala e escuta que um processo analítico ocorre. Este artigo bordeia uma *suposta posição* de escuta dentro da clínica de psicanálise. Elencamos dois tópicos para a elaboração deste artigo, sendo eles: *o racismo brasileiro como sintoma* e *o não dito do racismo*. E, assim como nas entrevistas, a ideia é de que este texto ressoe como um diálogo, razão por que partimos da intelectualidade negra, de escritos de teoria lacaniana e das narrativas que surgiram das entrevistas.

Neste trabalho, optamos por uma escolha ética e política, de entender que a clínica não se resume a um espaço "privado". A clínica psicanalítica, ainda que seja direcionada para um trabalho que contempla uma singularidade, não se encontra ausente e/ou *neutra* frente às imposições de uma sociedade racista. Silvio Almeida (2018), em seu livro *Racismo estrutural*, demonstra o quanto o racismo está entranhado em diversas camadas da sociedade, compondo a estrutura social, ou seja, o entendimento de que o racismo não é uma situação isolada. Essa concepção de racismo estrutural também não é condizente com uma ideia de naturalização, algo que possa ser singularizado, como constituinte da *essência* de uma pessoa. Estrutural, desde um projeto colonial imposto através de relações de poder, como afirma o autor:

> O que queremos enfatizar do ponto de vista teórico é que o racismo, como processo histórico e político, cria as condições sociais para que, direta ou indiretamente, grupos racialmente identificados sejam discriminados de forma sistemática (Almeida, 2018, p. 39, grifo do autor).

Com obra anterior tratando do tema, Lélia Gonzalez (2020) em seu trabalho *Racismo e sexismo na cultura brasileira* evoca uma ideia central para pensarmos o racismo como um eixo fundante da sociabilidade. Lélia enegrece que a sociedade brasileira é atrelada a um *sintoma* social: o racismo. A socióloga afirma que o racismo caracteriza a *neurose cultural brasileira*, e é através de uma interpretação sobre os eixos atrelados racismo e sexismo que a autora traz a provocação a respeito das três supostas *posições* que o imaginário social da sociedade brasileira constrói sobre as mulheres negras: a mulata, a mãe preta e a doméstica. Lélia entendia que essas nomeações a que as mulheres negras são submetidas, conjuntamente com a ideia do mito da democracia racial — reflexos de uma sociedade racista — foram basilares para a constituição de "nação brasileira". A autora, que em grande parte de sua obra trabalhou com a psicanálise, afirma que

> [...] na medida em que nós negros estamos na lata do lixo da sociedade brasileira, pois assim determina a lógica da dominação, caberia uma indagação via psicanálise. E justamente a partir da alternativa proposta por Miller[3], ou seja: por que o negro é isso que a lógica da dominação tenta (e consegue muitas vezes, nós sabemos) domesticar? O risco que assumimos aqui é o do ato de falar com todas as implicações. Exatamente porque temos sido falados, infantilizados (*infans* é aquele que não tem fala própria, é a criança que se fala na terceira pessoa, porque falada pelos adultos), que neste trabalho assumimos nossa própria fala. Ou seja, o lixo vai falar, e numa boa (Gonzalez, 2020, p. 77-78, grifo da autora).

Para o primeiro tópico, partimos desse primeiro diálogo entre Silvio e Lélia, que nos direciona a pensar que essa forma *sintomática* pela qual o racismo opera na nossa sociedade está entranhada nas instituições familiares, nas relações afetivas, nas escolas, universidades, locais de trabalho, espaços de convivência, enfim, construindo também as subjetividades. O espaço da clínica é um espaço em que os sofrimentos advindos de violências racistas aparecem, e isso não é velado. O racismo estrutural é um sintoma social e, sendo assim, o racismo também se reflete na clínica, seja

---

[3] A alternativa proposta por Jacques-Alain Miller que Lélia cita se encontra no texto "Teoria da alíngua", publicado na revista *Lugar*, Rio de Janeiro, n. 8. O trecho mencionado é o seguinte: "O que começou com a descoberta de Freud foi uma outra abordagem da linguagem, uma outra abordagem da língua, cujo sentido só veio à luz com sua retomada por Lacan. Dizer mais do que sabe, não se saber o que diz, dizer outra coisa que não o que se diz, falar para não dizer nada, não são mais, no campo freudiano, os defeitos da língua que justificam a criação das línguas formais. Estas são propriedades ineliminíaveis e positivas do ato de falar" (2020, p. 77).

através dos relatos de pacientes, seja em sua materialização nas relações transferenciais de psicanálise. O que queremos enfatizar é que pessoas que escutam e ocupam essa função de analista também são pessoas racializadas, incluindo analistas brancos(as). Porém, essa discussão foi, e ainda é, muito *abafada* em espaços de formação e em espaços de estudos e convivência das instituições de psicanálise. Colocar as discussões raciais do lado de fora dos círculos psicanalíticos contribui para a invisibilidade, que acontecia e ainda acontece, da transmissão de psicanalistas negras(os) quanto a suas produções, suas transmissões. Psicanalistas e intelectuais brasileiras como Virgínia Bicudo e Neusa Santos Sousa foram e ainda são invisibilizadas, tantos em escolas e instituições, quanto em programas de pós-graduação de universidades públicas e privadas. *Esse não dito ruidoso é um resto do racismo enquanto um sintoma social?*

Em sequência, pretendemos nos deter em outra discussão, que ocorre demasiadamente na sociedade e, consequentemente, em muitos círculos psicanalíticos: *o não dito do racismo*. Nesse segundo tópico trabalhamos o racismo através dessa suspeita posição velada, o que tomamos como um discurso e não como um desvio, um equívoco. Stuart Hall (2017) propõe conceituar raça enquanto um significante, que ele compreende como um significante flutuante, afirmando que é por meio desse significante que o racismo, enquanto discurso, se sustenta. Segundo o autor

> [...] raça é um dos principais conceitos que organizam os grandes sistemas classificatórios da diferença que operam em sociedades humanas. E dizer que raça é uma categoria discursiva é reconhecer que todas as tentativas de fundamentar esse conceito na ciência, localizando as diferenças entre raças no terreno da ciência biológica ou genética, se mostraram insustentáveis (Hall, 2017, p. 1).

A partir dessa contribuição de Hall, tomamos o racismo como uma produção discursiva, um discurso próprio dos regimes coloniais, e como parte da constituição de nação, de Estado brasileiro, das relações familiares e das subjetividades, não como um "desvio de caráter", mas como uma ferramenta que funda e subsidia a colonização.

Tomar o racismo como um discurso é uma tentativa de quebrar com esse *pacto* de benevolência estrutural que impede muitas vezes que pessoas *dentro* do sistema hegemônico nomeadas como brancas sejam responsabilizadas, ou seja, da grande dificuldade que aparentemente pessoas brancas têm ao se nomearem no sistema do racismo que reproduzem. Pensar o racismo enquanto um discurso tem a ver com a forma como é feita essa articulação entre segregação e racismo. Em muitos espaços de psicanálise no Brasil, há uma escassez, e talvez uma suposta dificuldade, em pensar o racismo atrelado aos genocídios e etnocídios, questões sociais cotidianas e que se encontram curiosamente muito *fora* do radar que segue a famosa frase "psicanalista da sua época". Essa escassez e/ou dificuldade seria um equívoco temporal? O que analisamos seria uma suposta totalização em pensar que toda segregação é um racismo, principalmente em psicanálise? O que nos leva a questionar se a dificuldade de nomear esse sintoma social que é o racismo, parafraseando o que nos diz Lélia Gonzalez, não poderia ser um *recalcamento próprio do pacto narcísico da branquitude*.

Importante pensar em como repercutem esses não ditos do racismo na própria visão que psicanalistas brancos(as) têm de pessoas negras, ou seja, qual imaginário reproduzem com relação às subjetividades negras? E o quanto essa negação discursiva de nomear o racismo também proporciona que seja muito mais simples, para pessoas brancas, abstrair suas posições na forma como a branquitude opera, fazendo desta quase uma abstração social em nome de uma suposta neutralidade clínica. Na função de uma escuta em psicanálise, não caberia uma abstração e/ou neutralidade e, por essa via, compreendemos que existem duas questões que se complementam. A primeira questão é que pessoas brancas possuem posições beneficiadas pela própria organização da branquitude enquanto um sistema hegemônico que estabelece relações de poder. A segunda questão é que a psicanálise tem em sua história uma construção baseada no pensamento eurocentrado e que isso, em um país colonizado como o Brasil, configura questões centrais na forma como as transmissões de psicanálise operam e como a própria função da escuta se configura.

A escuta em psicanálise é diferente de outros trabalhos de escutar. Partindo do que ensina Jacques Lacan, analista é uma função, não se trata de *ser* psicanalista, mas de ocupar uma posição de escuta, fazer uso dessa função. Sobre o que chamamos de função, Lacan a nomeou como "presença do analista", evocada na seguinte passagem de *O seminário, livro 11*:

> Presença do analista — é um termo muito belo que estaríamos errados em reduzir a essa espécie de pregação lacrimejante, a essa intumescência cerosa, a essa carícia um pouco viscosa, que encarna um livro que foi publicado com esse título. A presença do analista é ela própria uma manifestação do inconsciente (Lacan, 2008, p. 125).

Esse cuidado com a própria nomeação que se dá a um suposto lugar de saber do analista condiz com essa posição de escuta, uma escuta flutuante, atenta e interpretativa. Aquilo que se escuta em análise não se refere apenas às palavras e aos seus respectivos signos, ou seja, seus significados. Se em prática clínica exercermos esse suposto lugar da certeza cartesiana, como Lacan mencionou, seremos os enganadores. Não se trata de olhar para uma verdade absoluta, uma insistente busca em encontrar o "certo e o errado". Estamos ali a escutar, para além das certezas. Essa escuta não é neutra, na medida em que quem escuta possui um corpo. Um corpo que nasce imerso na cultura, que faz parte dela, que a compõe e que carrega as próprias vivências de cada pessoa, sua subjetividade. Falar que essa escuta é um acontecimento de corpo é uma defesa que fazemos, de lembrar que a escuta não é uma abstração na clínica, mas que é feita a partir de uma singularidade e que cabem, em cada singularidade, as posições que cada pessoa ocupa na sociedade. Em uma análise deve-se manter uma certa distância do analisando, isso faz parte da forma como se estabelece a transferência e também previne a queda do/a analista em uma suposta posição de saber inquestionável. Como elucida Lacan (2008 [1964], p. 226) "[...] é bem certo, do conhecimento de todos, que nenhum psicanalista pode pretender representar, ainda que da maneira mais reduzida, um saber absoluto".

Nosso desejo não foi provocar uma comparação direta e descuidada, mas questionar o quanto essa *posição social hegemônica* ocupada por pessoas *brancas* na sociedade brasileira pode respingar dentro do espaço da clínica. O quanto se faz necessário, em um trabalho de escuta clínica, *renunciar a uma suposta posição de saber absoluto*.

O racismo brasileiro como sintoma

Entendemos como importante elucidar que o conceito de racismo pautado neste trabalho não é usado como generalização. Existem multiplicidades de povos, raças e etnias que constituem este território nomeado Brasil. A própria constituição de nação que fundou o país é fruto da escravização de povos originários e do sequestro de pessoas africanas que foram escravizadas, num processo de colonização cujas consequências estão presentes nos dias atuais, como aponta toda a robusta produção de estudos descoloniais e decoloniais. Ressaltando esse projeto colonial que se desdobrou em diferentes continentes e com vigor no sul global, é que pensamos o racismo no Brasil. Neste texto e no trabalho acadêmico que o fundamenta, tomamos em conta, especificamente, o racismo contra pessoas negras.

Lélia Gonzalez, discorrendo sobre sua concepção de racismo como a neurose cultural brasileira, pontua: "[...] sabemos que o neurótico constrói modos de ocultamento do sintoma porque isso lhe traz certos benefícios. Essa construção o liberta da angústia de se defrontar com o recalcamento" (2020, p. 84). A partir dessa ideia, poderíamos pensar que pessoas brancas tendem a recalcar esse sintoma social que é o racismo, numa insistente negação. Porém é um recalcamento não todo, uma vez que se recalca a *responsabilização* dos beneficiários do racismo, mas não os benefícios simbólicos e materiais que as pessoas não racializadas no imaginário social — as pessoas brancas — usufruem na sociedade. Os discursos de mérito, competência e/ou "dom" são constantemente referidos a pessoas brancas, e nunca a pessoas negras.

Gonzalez trabalha ainda a utilização de dois conceitos psicanalíticos, consciência e memória, de maneira muito relacionada à teoria. Foi por meio dessas concepções que pensou esse lugar de quem se coloca como dominante:

> Como consciência a gente entende o lugar do desconhecimento, do encobrimento, da alienação, do esquecimento e até do saber. É por aí que o discurso ideológico se faz presente. Já a memória, a gente considera como o não saber que concebe, esse lugar de inscrições que restituem uma história que não foi escrita, o lugar da emergência da verdade, dessa verdade que se estrutura como ficção. Consciência exclui o que memória inclui. Daí, na medida em que é o lugar da rejeição, a consciência se expressa como discurso dominante (ou efeitos desse discurso) numa dada cultura, ocultando a memória, mediante a imposição do que ela, consciência, afirma como *a* verdade. [...] a gente saca que a consciência faz tudo pra nossa história ser esquecida, tirada de cena (Gonzalez, 2020, p. 78-79, grifo da autora).

Partindo do que Gonzalez ensina, lemos a ponderação da analista entrevistada na pesquisa

> [...] *raros são os negros que resistiram a alguma tentativa de se embranquecer. Raros são os negros que conseguem viver sem, pelo menos um momento, dessa tentativa de tentar ser menos preto. Ser menos identificado com a estética ou com a herança.*

> *Eu aprendi a resistir, aprendi a olhar de forma mais amorosa, mais política também, para a minha herança simbólica, que enquanto historiadores eles chamam de ancestralidade. Mas a gente como psicanalista, sabe da importância dessa transmissão significante, dessa transmissão simbólica. Eu aprendi que sem isso, eu não faço história, a minha história. E sem esse elemento eu não ouço a história das pessoas que me procuram* (Entrevista da Analista, 2020).

Lélia Gonzalez e a analista ressaltam a importância das pessoas não ficarem alheias à sua própria história. Conforme explicita Lélia no trecho anterior, a consciência muitas vezes age como um depositário social, ou seja, um espaço que acaba reforçando um encobrimento, um esquecimento. Quando as pessoas negras alimentam a memória de seus povos, quando trazem consigo sua ancestralidade, quando constroem um saber sobre si, como rememora a analista em sua fala, elas recusam os lugares que o racismo preestabelece para pessoas negras. É como se quem fosse branco já tivesse esse *lugar* no mundo colonial. Um lugar para chamar de seu. Uma espécie de herança passada e repassada através do *sobrenome*, esse significante, como elucida Lélia. Essa herança simbólica (mas que também ocupa majoritariamente as heranças materiais) não se trata de merecimento, mas sim de um suposto lugar que beneficia pessoas brancas, lugar que nomeamos por privilégio. O que a entrevistada elucida é que, através da construção de saberes que sejam negros, quando empretecemos nossas bibliotecas e cuidamos das nossas heranças simbólicas e ancestrais, por consequência, podemos remodelar essas posições subjetivas que o racimo dos sistemas hegemônicos continua perpetuando. Maria Aparecida Bento propõe que

> Talvez possamos ainda problematizar a noção de privilégio com a qual as pessoas raramente querem se defrontar, transformando-a rapidamente num discurso de mérito e competência que justifica uma situação privilegiada, concreta ou simbólica. Quando se deparam com informações sobre desigualdades raciais tendem a culpar o negro e, ato contínuo, revelar como merecem o lugar social que ocupam (Bento, 2002, p. 20).

O que, socialmente, parece sempre recair sobre pessoas brancas como uma espécie de "dom" ou "merecimento", pontuamos como sendo essa herança simbólica. Essa ancestralidade branca foi forjada às custas de escravização, roubo e morte de pessoas não brancas. Essa é a história que muitas pessoas brancas se recusam a reconhecer e que, para pessoas negras (e de outras raças), é posta como "natural". E é justamente da desnaturalização desse lugar que é imposto às pessoas negras, esse suspeito lugar neutro, que Lélia, Cida Bento e a entrevistada estão falando.

Esse lugar restrito que é imposto a pessoas não brancas é uma ficção. Conhecer a história na qual se estabelece este Estado-nação possibilita-nos observar que essas heranças simbólicas, essas ancestralidades, são constituintes não apenas do formato em que nossa sociedade está organizada, ainda sobre as aparas coloniais, como essa história é material subjetivo, psíquico, que nos constitui enquanto pessoas, que são também nossas subjetividades. A esse respeito, Lélia pergunta

> Por que será que dizem que preto, quando não caga na entrada, caga na saída? Por que será que um dos instrumentos de tortura utilizados pela polícia da Baixada é chamado de "mulata assanhada" (um cabo de vassoura que introduzem no ânus dos presos)? Por que será que tudo aquilo que incomoda é chamado de coisa de preto? Por que será que ao ler o *Aurélio*, no verbete "negro", a gente encontra uma polissemia marcada pelo pejorativo e pelo negativo? Por que será que "seu" bispo fica tão apavorado com a ameaça da africanização no Brasil? Por que será que ele chama isso de regressão? Por que vivem dizendo pra gente se pôr no *lugar* da gente? Que lugar é esse? (Gonzalez, 2020, p. 90, grifos da autora).

Esse suspeito lugar, muitas vezes revestido por uma ideia de inclusão, nesse arrendamento social racista, não proporciona nenhum tipo de benefício para pessoas não brancas. Mas cola muito bem com a benevolência desse sistema de poder que é a branquitude, em nos querer por perto para dar vazão a uma culpa, *mas nem tanto*: perto o suficiente para que seus benefícios materiais e simbólicos permaneçam intactos.

Relacionando com esse ponto, refletimos sobre a palavra e seus significados e significantes. Será que poderíamos pensar no enorme espaço que há entre uma *posição* e um *lugar*? Durante a entrevista com a psicanalista, em um determinado momento comentamos sobre o fato de que pessoas negras nem sempre vão falar sobre racismo ou questões raciais, mas, infelizmente, observa-se um certo estranhamento em nos observar falando, pensando, refletindo, escrevendo sobre outras coisas que não o racismo. Sobre esse determinismo, esse lugar estreito ao qual pessoas negras são sempre relacionadas, um lugar restrito às pautas, então a psicanalista faz o seguinte apontamento:

> *Eu também tenho visto alguns professores, alguns autores, falarem sobre isso. E também comecei a pensar sobre isso. Isso pode chegar a um outro extremo de que pessoas negras só são capazes de falar sobre questões étnicas, sobre racismo, sobre africanidades. A gente fala sobre o que a gente quiser. Esse debate ele pode seguir me acompanhando, enquanto investigação, sei lá por quanto tempo. Pelo tempo em que o meu desejo estiver apontado para lá. Mas a gente não vai virar especialista nesse assunto, ou apenas nesse, porque é um outro aspecto de exclusão,* né? E aí segregam as possibilidades de falar somente desses assuntos. Chamam em maio, em novembro. Chamam quando o presidente da Palmares fala bobagem, quando mais uma criança negra é morta. Não, a gente pode falar sobre o que a gente quiser (Entrevista da Analista, 2020).

Esses questionamentos, que Lélia, Cida Bento e a entrevistada trazem, nos fazem pensar nessa condição sintomática em relação ao racismo. Entender que o racismo é algo entranhado na constituição do país é parte inerente do processo de descolonizar nossos imaginários e, arrisco dizer, nosso simbólico. As subjetividades de pessoas negras não estão isentas das marcas deixadas por esse sistema violento, colonial, racista.

As marcas provocadas pelo racismo aparecem na linguagem. A comunicação, seja pela via da oralidade ou através de outras expressões, também representa a cultura e, portanto, os modos de vida. E essa linguagem da cultura é a representação de um povo, como nos aponta Fanon (2008, p. 33). É por meio dela que criamos laços e nos nomeamos. Lélia também propõe esse debate. Existe algo, na própria linguagem, que condensa o sofrimento, as violências, os modos de vida. Não estamos falando apenas de semântica, ainda que entendamos que os códigos são próprios de uma linguagem, e que correspondem às suas significâncias — sejam significados ou significantes. Mas nos referimos ao uso que é feito da linguagem, do que criar com a linguagem, de discursos. Lélia, ao falar dos "regionalismos" tão próprios e presentes na nossa linguagem, vai atentar que a nossa língua é fortemente marcada pelo *pretoguês*, ou seja, a nossa herança ancestral condizente com as inúmeras etnias dos povos africanos que (ori)entavam os modos de vida e costumes de pessoas sequestradas e trazidas ao Brasil enquanto escravizadas. Ainda na articulação que faz acerca de racismo e gênero, a autora pontua

> Quando se diz que o português inventou a mulata, isso nos remete exatamente ao fato de ele ter instituído a raça negra como objeto *a*;[4] e mulata é crioula, ou seja, negra nascida no Brasil, não importando as construções baseadas nos diferentes tons de pele. Isso aí tem mais a ver com as explicações do saber constituído do que com o conhecimento (Gonzalez, 2020, p. 92, grifos da autora).

Assim, na possibilidade de recriar outras narrativas, incluindo o fazer clínico, no trabalho de escuta, reescrevendo outros saberes que não sejam fagocitados pelos conhecimentos instituídos e hegemônicos, enfatizamos a importância de buscar referências no campo do saber que não sejam cooptadas pela lógica branca, colonial e racista. A busca por referências e intelectualidades negras, contra-hegemônicas e dissidentes; a aposta inegociável da pluralidade discursiva acerca da negritude. Como pontua a analista entrevistada (2020): "[...] *ajustei a minha escuta a partir dessas provocações que eu ouvi e desses textos a que eu fui apresentada, dessas autoras e desses autores. Essa minha biblioteca empreteceu*".

O não dito do racismo

Entendemos como importante salientar que a construção da psicanálise em território brasileiro é um fator determinante, e que a inserção da psicanálise no Brasil é atravessada pelas questões desse território. Compreender a forma como a colonização operou e segue operante é fundamental para pensar os apagamentos discursivos e sócio-históricos que culminam em espaços de psicanálise que se esquivam de estudar e aprofundar determinadas questões. A respeito disso, o psicanalista entrevistado pontua que

> *O racismo, as questões, por mais que ainda tenha muita resistência, são muito maiores que a psicanálise. A psicanálise precisa ter essa alteridade, qual país que ela está inserida, sem perder*

---

[4] Lacan elabora em seu *Seminário, livro 11* ([1964], 2008, p. 86), conceitualmente, que o *objeto a* é o ponto que define, também, a nossa entrada na linguagem, ou seja, aquele momento inicial de vida em que os sentidos e o nosso entorno passam a nos constituir enquanto sujeitos e que a relação com o desejo começa a criar contorno. O *objeto a* é o instante em que isso acontece, quando entramos no campo das significações. Nesse sentido, a reflexão que Lélia propõe nessa citação é que enquanto os colonizadores instituíram a raça, como essa marca, essa entrada na linguagem na construção de nação, tudo o que se inventa em nome dessa marca é um saber que se impôs como verdade, ou seja, o que ela chama de saber constituído. Mulata não é uma significação de mulher negra, mulata é uma significação imposta pela colonização e seus criadores, ou seja, uma representação que aponta o racismo no qual este país foi forjado e ainda se encontra ancorado.

> essa alteridade. Sem recriar os seus pilares, não precisa ficar recriando seus pilares a todo momento, tenho a impressão de que a gente está num tempo desse, só que a gente não tem, e que bom que não temos, figuras de autoridade a quem nos remeter. Não tem tipo um Lacan para apontar o caminho. Precisa ser feito coletivamente e, potencialmente, a gente tem um jeito de já começar a brincadeira aí, né? Fazer alguma coisa, sei lá, fazer uma psicanálise mais ao molde do aquilombamento [...] (Entrevista do Analista, 2020).

Nesse sentido, muitas vezes a discussão acerca do racismo em psicanálise está atrelada a alguns pontos e dissociada de *outros*. Uma escuta clínica não acontece sem passear pelas posições sociais de cada pessoa, ou seja, a subjetividade não está dissociada da sociabilidade, dos laços sociais, do corpo. Compreender as posições nas quais a pessoa se encontra localizada em determinado contexto social, cultural e identitário também faz parte de uma formação e de uma prática em psicanálise. O discurso racista constitui espaços como a clínica e, segundo Lacan (2008 [1972-1973]), "não há nenhuma realidade pré-discursiva. Cada realidade se funda e se define por um discurso". A respeito dessa negação e dessa ausência discursiva em se apontar racialmente por parte de pessoas brancas ou mesmo de falar sobre violências e sofrimentos raciais, o analista entrevistado acrescenta que

> [...] o mecanismo de fazer isso por denegação[5] porque no fundo as pessoas sabem do que estão falando. A questão racial ela incomoda os analistas brancos, não só, mas principalmente, porque eles sabem que é real e não tem resposta. Ou não têm coragem de fazer as modificações necessárias para poder dar uma resposta a isso. Claro, não dá para cobrar isso individualmente das pessoas... (Entrevista do Analista, 2020).

Com essa fala do entrevistado, aparece de forma proeminente a dificuldade de analistas brancos(as) se posicionarem frente à sua raça no contexto da clínica, mas também em espaços de transmissão da psicanálise. Pois, para falar de racismo, de violências raciais, pessoas brancas precisam falar de si mesmas. Como mencionou também a analista, essa

---

[5] Tomamos por denegação, como trouxe o entrevistado, o ato de negar os desejos recalcados, ou seja, os desejos que são encobertos pelo inconsciente. Esse termo foi cunhado por Freud ao observar essa repetição em pacientes ao longo de sua clínica. Como uma forma de contribuir para o entendimento desse termo e, consequentemente, de outros termos psicanalíticos ao longo deste texto, deixamos como referência o artigo de Lina Schlachter e Waldir Beividas (2010): "Recalque, rejeição, denegação: modulações subjetivas do querer, do crer e do saber".

ausência em falar de racismo, principalmente entre psicanalistas brancos(as), reforça um silenciamento. Não apenas porque Lacan e/ou Freud não abordavam essas temáticas, mas porque, mesmo nessas teorias, esse debate não era endossado pela branquitude. Segundo a psicanalista, o acesso que pessoas brancas desfrutaram na psicanálise, justamente pelo fato dela circular mais facilmente em espaços elitizados, inibiu a proliferação da discussão racial em psicanálise, uma vez que

> *Se a gente quisesse, Freud e Lacan já tinham nos apresentado esses problemas, estavam lá. A gente ignorou. E até podemos entender porque foi ignorado, porque os leitores primeiros dessas obras não fomos nós* (Entrevista da Analista, 2020).

Costurando o que pontuam a psicanalista e o psicanalista entrevistados, essa dificuldade de pessoas brancas se autodeclararem a respeito das questões raciais nos espaços de psicanálise faz com que a psicanálise tenha acumulado ao longo dos anos as nuances próprias da sociedade: o grupo hegemônico que supostamente detém o "conhecimento", e os grupos racializados que passam por invisibilidades tanto no campo do acesso à psicanálise quanto nos espaços de transmissão. Desse modo, não só a psicanálise permaneceu no Brasil com seus restos eurocentrados, como também se propôs, por muito tempo, manter-se em certos redutos elitistas e inacessíveis, que não correspondem com a prática clínica. Isso porque, como lembra a entrevistada, já estava em Jacques Lacan, já estava em Sigmund Freud a importância de não fazer da escuta clínica uma reprodução de verdades hegemônicas e que o que cabe a analistas é uma posição de suposto saber. Ao salientar o risco que se corre ao se esquecer dessa posição de saber suposto, e se confundir com o deus cristão que encarna a figura de mestre, Lacan pontua que

> [...] aquilo que tenho que solicitar aos analistas, isto é, que ao menos eles tenham um discurso que esteja a par do que eles efetivamente manejam — tratamento ou experiência analítica, chamem-no como quiserem, dá na mesma. O pensamento deles, com efeito, continua tão retardatário nesse ponto, que é fácil pôr o dedo no fato de que eles dão conta do que o sujeito faz no tratamento em termos ligados a preconceitos tão sumários que constituem uma verdadeira degradação daquilo em que um pensamento crítico pôde tocar numa de suas viradas. Não pensem que isso é inofensivo. Não deixa de ter múltiplas consequências, que servem, primeiro, para reforçar no analista tudo o que, no

> pensamento, nos foi apontado por Freud como essencialmente constituído de uma resistência, que depois deturpam suas formas de intervenção e que, por último, só podem reforçar esses mesmos preconceitos no sujeito, mais ou menos justificadamente chamado de paciente, porque ele é tecido no próprio ato da experiência psicanalítica (Lacan, 2008 [1968-1969], p. 273-274).

Esse risco que Lacan menciona está relacionado ao fato de que, se não tratado com a devida atenção, o trabalho de análise pode recair, sim, em reafirmações de preconceitos. Essa chamada a psicanalistas que Lacan vai operar em torno de uma prática que não recaia em automatismos morais, nem em dogmas, crenças absolutistas e segregativas soma ao que concerne sobre o que se entende por hegemonia — uma ficção que sugere a existência de um modelo de corpo, de raça, de cor, de gênero, de sexualidade a ser seguido. Na medida em que se faz necessário separar o que é padronizado enquanto modelo de corpo, de raça, de cor, de linguagem, essa operação sublinha que quem não está de acordo com os padrões hegemônicos, está *fora*. Como ele mesmo destaca: "[...] se trata de verdadeiramente manifesto, eu o centrarei nos termos *dentro* e *fora*" (2008 [1968-1969], p. 274, grifos do autor). Não se trata apenas de operar com os discursos das(os) analisandas(os), ou como ele cita: dos pa/cientes, mas de elaborar os próprios discursos que nos atravessam na posição de analistas. Sobre esse dentro e fora, Lacan continua a reflexão:

> Um dentro e um fora, isso dá a impressão de ser evidente, se considerarmos o organismo, ou seja, um indivíduo de fato existente. O dentro é aquilo que está no interior de seu envoltório de pele. O fora é todo o resto. Pensar que o que ele representa para si desse fora também deve estar no interior do envoltório de pele parece, à primeira vista, ser um passo modesto e como que evidente. [...] Do que existe no exterior, afinal, vocês só sabem o que está em sua cabeça. Por conseguinte, seja a que título for, será sempre uma representação. Digam vocês o que disserem a respeito do mundo, sempre poderei observar que isso vem do que vocês representam dele para si. É realmente muito singular que, num dado momento da história, essa imagem possa ter assumido um caráter tal de prevalência, que nela se possa ter apoiado um discurso que efetivamente não podia ser refutado, pelo menos num certo contexto — o de uma representação feita para sustentar essa ideia da represen-

> tação. É na representação que confere essa vantagem à representação que consiste afinal, o nó secreto do chamado idealismo (Lacan, 2008 [1968-1969], p. 274).

Essa representação que forja um idealismo é uma outra forma de pensar o universal branco que construiu esse ideal discursivo que neutraliza seu lugar no mundo elevado a um status de supremacia, que não pode ser refutado. Podemos dar o nome a esse discurso de racismo, esse problema da branquitude é universal, todo o *resto* — o lixo ao qual se refere Gonzalez (2020) — precisa ser segregado e eliminado. Além dessas considerações, convém não perder de vista o que Lélia denuncia: a forma sintomática pela qual o racismo à brasileira se constitui. Pensando particularmente na forma como o racismo pode operar entre o povo negro, Isildinha Baptista levanta a seguinte questão em sua tese de doutorado

> Entre o que o olhar do outro reflete para o sujeito negro e a imagem que o negro tem de seu próprio corpo negro, há, na verdade, uma coincidência. O que o olhar do outro lhe mostra, desse modo, é o que, no seu desejo, o sujeito negro recusa: o fato de que ele é a encarnação do significado *"negro"*, na medida em que ele traz no corpo o significante *"negro"* (Baptista, 1998, p. 93-94, grifos da autora).

Esse trecho, elucidado por Isildinha, ilustra o ponto de que para pessoas negras o racismo também é um *acontecimento de corpo*. Não se pode neutralizar aquilo que é sempre posto como diferença, só é possível neutralizar aquilo que convém chamar de "normal", ou seja, aquilo que convém chamar de padrão. Sobre esse ponto, colocamos um enfoque por compreender que essa particularidade é estendida ao povo negro, incluindo os debates sobre mestiçagem e colorismo no Brasil. Sobre essas particularidades, Kabengele Munanga (2017, p. 43) destaca que "[...] bastando observar o cotidiano brasileiro em todos os seus setores, que exigem formação superior para a ocupação de cargos de comando e responsabilidade, para perceber a invisibilidade dos afrodescendentes (negros e mestiços)". Importante salientar, a partir do que pontua Kabengele, que centralizar discussões em psicanálise no Brasil ignorando as discussões sobre diferenças raciais é ignorar também que as pessoas negras possuem em suas vivências a incidência de significantes sumariamente violentos.

Essa escuta, que acontece através de um corpo racializado — e aqui inferimos que pessoas brancas também são pessoas racializadas —, não é um acontecimento isolado ou um recorte social, isso permite inferir que o racismo atravessa as paredes do social, do privado, da clínica. Essa escuta também não é isolada da subjetividade, uma vez que entendemos que as pessoas não são divisões do ponto de vista cartesiano, ou seja, o corpo que habitamos e a nossa subjetividade são entrelaçados. Isso porque, como Stuart Hall (2017) elaborou, a raça é um significante flutuante. Falar da escuta também como um acontecimento de corpo é afirmar que o corpo e a subjetividade coexistem, habitamos um corpo. Habitar um corpo é também vivenciar a marca que esse significante flutuante, a raça, produz durante a vida. Compreendemos também que, em termos de transmissão nos espaços de psicanálise, existe uma dificuldade e/ou escassez em se falar do genocídio sem trégua que recai sobre os diferentes povos e grupos racializados em contexto brasileiro, ou seja, de falar dos genocídios e etnocídios que são movidos pelo racismo. Os impactos causados por esse silenciamento nas vivências de pessoas negras, em um contexto clínico que não acolha as demandas de sofrimento racial, são devastadores. A alteridade negra, nesse caso, recai em um lugar de *outro*, um lugar de anulação, de inexistência e invisibilidade. Que isso aconteça em espaços clínicos reforça aquilo que anteriormente Lacan nos apresenta, que a escuta clínica muitas vezes pode reproduzir preconceitos, produzir violências, não apenas raciais, mas em outros âmbitos. Não falar dos impactos da vivência que um corpo branco possui durante a vida é negar que muitas pessoas brancas são criadas e mantidas a partir de uma lógica de privilégios simbólicos, materiais e subjetivos e que, sim, isso possui consequências singulares e impactos sociais, uma vez que é impossível viver fora do laço social.

Entender que o racismo é basilar na constituição social, que é forjado dentro das estruturas sociopolíticas, nos faz reconhecer a importância de psicanalistas revisitarem suas escutas. Não que essas discussões sejam recentes, como menciona a psicanalista entrevistada, mas que seguimos na proposta de uma escuta que não seja neutra, que não seja conivente com o racismo da nossa sociedade. Como salienta a psicanalista ao falar de racismo estrutural

> *Com esse racismo que é estrutural, conforme o Silvio Almeida, que apresenta isso de forma brilhante. Ele é meu autor de referência sobre essa leitura de racismo estrutural e também de uma leitura com Freud e Lacan, que já haviam escrito sobre isso, já estava lá. Passamos mil vezes por essa discussão sem nos atermos a ela. Essa não é uma descoberta recente*, não, dos psicanalistas contemporâneos (Entrevista da Analista, 2020).

Compartilhamos desse entendimento da analista. Muitas vezes é essa apropriação que a hegemonia branca faz com os saberes e com as existências, que polariza e generaliza tudo em torno de uma verdade de si: a tentativa esmagadora de criar uma história verdadeira, um único modo de experimentação de subjetividade — algo tão inerente aos processos de colonização. Invisibilizar a problemática do racismo nas transmissões em psicanálise reflete em uma clínica que também invisibiliza pessoas negras (e outras pessoas racializadas). Consequentemente, não haver lugar para tal debate, ou ocorrer seu silenciamento numa tentativa de apaziguar essas questões nos espaços de psicanálise, eleva a questão para a clínica também. Inúmeros são os relatos de pessoas racializadas, e destacamos a quantidade expressiva das queixas de pessoas negras a respeito de uma *não escuta* clínica por pessoas brancas. O analista entrevistado pondera que

> *O convite está dado, é muito fácil, a psicanálise não precisa se reinventar muito, isso que me deixa muito mais chocado, a gente não está pedindo para a psicanálise virar uma psicologia do Eu, dizer que a sexualidade não existe, acabar com a linguagem, trocar o estruturalismo por uma linguística do Chomsky, é isso, não é uma coisa muito alheia* (Entrevista do Analista, 2020).

A respeito dessa não escuta clínica por analistas brancos(as), por outra via, permite que, cada vez mais, apareçam elementos do trabalho de análise em que psicanalistas se coloquem de um outro lugar. Não é difícil encontrar pessoas que procuram analistas dentro de uma identificação. Essa identificação não se limita a uma perspectiva imaginária, ou seja, apenas em um lugar de semelhança. Essa busca por uma escuta que passa pela identificação, na verdade também é uma busca por uma escuta que seja ética, possível e menos violenta. A respeito disso, a psicanalista entrevistada afirma:

> *A psicanálise sempre foi um campo muito composto por elementos brancos, como pares profissionais, mas a minha clínica sempre teve muitos negros. O que eu tenho como hipótese totalmente empírica [risos] para essa clínica com tantas pessoas negras, eu acredito que seja o fato de eu atender também na periferia da cidade. E eu acho que essas pessoas chegam porque eu estou nesse território e também eu acho que passa por essa possibilidade desse laço transferencial, pela identificação [...] como um dos significantes da transferência para algumas pessoas que me procuram. Mas não posso desconsiderar que esse elemento que eu carrego também já causou estranheza* (Entrevista da Analista, 2020).

Essa estranheza mencionada pela analista é justamente porque essa escuta que ela faz com e no corpo produz um ruído nesse silenciamento branco nos espaços de psicanálise. Também produz um ruído no espaço privado de sua clínica, uma vez que esse elemento que ela carrega é seu corpo negro, um corpo que, para além das questões fenotípicas, de sua cor, de seu cabelo, também é território de uma subjetividade negra, que possui um lugar na cultura, na linguagem. Essa escuta é uma escuta em um corpo, e afirmar isso é lembrar que essa escuta também é atravessada pelo lugar racial e social que psicanalistas ocupam e que seus corpos e suas subjetividades não passam ilesos em seus consultórios. O efeito dessa escuta/corpo que não se promove neutra, que não reproduza o racismo na clínica, é uma potente forma de proporcionar que pessoas que estão em trabalho de análise possam subverter suas posições subjetivas. Isso, tanto no que concerne às pessoas negras e demais pessoas racializadas com suas subjetividades, suas existências maltratadas pelo racismo, quanto às pessoas brancas, para que possam se destituir de suas posições socias privilegiadas e hegemônicas. Essa aposta é a pista que Jota Mombaça nos deixa:

> Em outras palavras, reposicionar os corpos, subjetividades e vidas subalternizadas fora da subalternidade é um projeto que só pode ser levado a cabo na medida em que reposicionamos também os corpos, subjetividades e vidas privilegiados fora da dominância (Mombaça, 2021, p. 40).

Apanhado final

Afirmar a proeminente ação do racismo, não apenas no cotidiano de pessoas racializadas em suas subjetividades, foi o grande motivador para a elaboração deste texto. Assim, buscamos, através das referências negrocentradas e das interlocuções das duas pessoas entrevistadas, elencar algumas questões importantes para pensar a escuta em psicanálise. Pensar a escuta clínica em psicanálise fora de um contexto "neutro" também é uma busca ética por manejos clínicos que levem em conta não apenas as questões que compõem este território Brasil, como propor uma quebra dos padrões e repetições do que se convenciona chamar de clínica psicanalítica.

Existem pesquisas e revisitações feitas às teorias propostas por Lacan e Freud (sendo os transmissores citados, mas não os únicos), que apontam que em alguns momentos de suas obras esses autores já dimensionavam que a clínica psicanalítica não deveria ser reduzida a uma única interpretação. Tomemos como exemplo o próprio Lacan, que aprofundou seus estudos em Freud, sendo um grande leitor e admirador, mas também propondo releituras e discordâncias em relação a este.

Seguindo nessa toada, as discordâncias e contribuições podem ser um jeito possível de olhar tanto para a teoria quanto para a prática em psicanálise, e podem nos convocar a repensar também os recalcamentos e as questões que merecem ser confrontadas. E é importante manter a atenção sobre essa pulsão questionadora, que também é o que faz a psicanálise não se perder dela mesma: não há universalidades, existe o singular.

É por meio dessas questões, das inquietudes trazidas nas falas da(o) psicanalista entrevistada(o) a partir de uma perspectiva racial que aquilo que se escuta na clínica se desnuda. Isso quando se pensa o racismo e o quanto o corpo de cada pessoa, em suas diferentes identidades raciais, repercute no espaço da clínica. Quanto maior é a visibilidade das questões raciais, tanto no espaço da clínica quanto nos espaços de transmissão e convivência de escolas e instituições de psicanálise, maiores se tornam os meios para que o racismo deixe de ser tratado como uma questão isolada, um "sintoma persecutório que acomete algumas pessoas", e passe a ser tratado como um problema social, um sintoma da sociedade brasileira, um pilar da colonização. O que impediria que a clínica e as instituições de psicanálise se tornassem um vetor da reprodução desse racismo. É parte da ética em psicanálise não colaborar com essa hegemonia, com essa ideia de universalização. E, para tal, furar essa bolha com outras perspectivas teóricas, com a leitura de uma biblioteca empretecida, como citou a analista entrevistada, seria fundamental.

Não se combate racismo sem falar dele. Silenciar as discussões raciais é estar cúmplice com o racismo, é ser conivente com a banalização do sofrimento que o racismo provoca. E grande parte desse trabalho, que cabe a psicanalistas, chamaria um esforço de psicanalistas brancos, tanto à frente de suas clínicas quanto à frente dos espaços de transmissão. Que analistas passem a se questionar quanto à sua raça e que procurem exercitar a escuta para o racismo, tanto em relação ao sofrimento que ele produz quanto aos privilégios subjetivos que encoberta, seria importante para uma prática clínica livre de preconceitos, discriminações, uma psicanálise inclusiva.

Referências

ALMEIDA, S. *O que é racismo estrutural?* Belo Horizonte, MG: Letramento, 2018.

BAPTISTA, I. *Significações do corpo negro.* 1998. Tese (Doutorado em Psicologia Escolar e do Desenvolvimento Humano) — Instituto de Psicologia, Universidade de São Paulo, São Paulo, 1998.

BICUDO, V. L. *Atitudes raciais de pretos e mulatos em São Paulo.* São Paulo: Editora Sociologia e Política, 2010.

BENTO, M. A. S. Branqueamento e Branquitude no Brasil. *In*: CARONE, I.; BENTO, M. A. S. (org.). *Psicologia social do racismo*: estudos sobre branquitude e branqueamento no Brasil. Rio de Janeiro: Vozes, 2002, p. 25-58.

FANON, F. *Pele negras, máscaras brancas.* Salvador: EDUFBA, 2008.

GOMES, A. B. *De(s)colonizar a Escuta: possibilidades antirracistas em Psicanálise.* 2022. Dissertação (Mestrado em Psicologia) — Universidade Federal de Santa Catarina, Programa de Pós-Graduação em Psicologia, Florianópolis, 2022.

GONZALEZ, L. *Por um feminismo afro-latino-americano*: ensaios, intervenções e diálogos. Rio de Janeiro: Zahar, 2020.

KILOMBA, G. *Memórias de plantação.* Rio de Janeiro: Cobogó, 2019.

HALL, S. Raça, o significante flutuante. Tradução de Liv Sovik, em colaboração com Katia Santos. *Z Cultural*: revista do programa avançado de cultura contemporânea, Rio de Janeiro, 2017. Disponível em: revistazcultural.pacc.ufrj.br/raca-o-significante-flutuante%EF%80%AA/. Acesso em: 15 de março de 2024.

LACAN, J. *O seminário, livro 11*: os quatro conceitos da psicanálise. Rio de Janeiro: Zahar, 2008.

LACAN, J. *O seminário, livro 16*: de um Outro ao outro 1968-1969. Rio de Janeiro: Zahar, 2008.

LACAN, J. *O seminário, livro 20*: mais, ainda 1972-1973. Rio de Janeiro: Zahar, 2008.

MARQUES, E. *Louças de família.* Belo Horizonte: Autêntica Contemporânea, 2023.

MILLER, J. A. "Teoria da alíngua". *Revista Lugar*, Rio de Janeiro, n. 8, 1976a.

MOMBAÇA, J. *Não vão nos matar agora.* Rio de Janeiro: Cobogó, 2021.

MUNANGA, K. As ambiguidades do racismo à brasileira. *In*: O racismo e o negro no Brasil: questões para a psicanálise. São Paulo: Perspectiva, 2017, p. 33-44.

NÚÑEZ, G. *Descolonizando afetos*: experimentações sobre outras formas de amar. São Paulo: Planeta do Brasil, 2023.

SCHLACHTER, L.; BEIVIDAS, W. Recalque, rejeição, denegação: modulações subjetivas do querer, do crer e do saber. *Revista Ágora*, Rio de Janeiro, v. XIII, n. 2, p. 207-227, 2010. Disponível em: https://doi.org/10.1590/S1516-14982010000200005. Acesso em: 13 de março de 2024.

SANTOS, A. B. *Colonização, Quilombos*: modos e significados. Brasília/ DF: INCTI/ UNB, 2015.

SOUZA, N. S. *Tornar-se negro*: as vicissitudes da identidade do negro brasileiro em ascensão social. Rio de Janeiro: Edições Graal, 1983.

ASSÉDIO MORAL NO TRABALHO: DO INDIVIDUAL AOS DETERMINANTES SÓCIO-ORGANIZACIONAIS

Suzana da Rosa Tolfo
Thiago Soares Nunes
Julia Gonçalves

Introdução

Os estudos iniciais sobre Assédio Moral no Trabalho (AMT), e que popularizaram o tema, advieram de análises no contexto clínico, que identificaram um fenômeno composto por comportamentos diversos e repetitivos que tinham em comum condutas abusivas, como gestos, palavras, ações ou atitudes que atentavam à dignidade ou à integridade psíquica ou física de uma pessoa (Hirigoyen, 2010). O AMT referia-se aos contínuos e deliberados maus-tratos cometidos por um ou mais indivíduos que objetivavam aniquilar ou destruir psiquicamente um trabalhador, o forçando a sair da organização (Piñuel y Zabala, 2003). Nessa perspectiva, o AMT configurava-se como um processo perverso decorrente de: relações interpessoais entre sujeitos com (traços de) personalidade sádica e masoquista; devido a características de personalidade do assediador; ou como um instrumento de percepção do assediado sobre o problema (Hirigoyen, 2010; Piñuel y Zabala, 2003). O avanço do conhecimento, em especial a partir dos anos 1990, permitiu verificar que o AMT pode ser identificado nas relações interpessoais, mas a chave de sua compreensão exige um olhar ampliado e sistêmico. Deve-se levar em conta características da cultura organizacional, as práticas de gestão, os riscos psicossociais decorrentes do trabalho e atual ideologia econômica, política e social (Gonçalves; Oliveira, 2017; Nunes *et al.*, 2020) predominantes no sistema capitalista de produção. Esse contexto mostra-se como um desafio aos investigadores que buscam analisar fenômenos como as violências, discriminações e assédios no trabalho para além do *mainstream* e como problemáticas de "temas sensíveis".

As perspectivas que permitem romper com uma análise micro-organizacional — em nível apenas do indivíduo — distanciam-se de epistemes pautadas na objetividade, realismo, determinismo e (neo) positivismo (Burrell; Morgan, 1979) de análise das organizações. Autores que trabalham com perspectivas psicossociais, tais como a psicossociologia ou sociologia clínica (Gaulejac, 2006a, 2006b) ou a psicodinâmica do trabalho (Dejours, 2004), que, embora partilhem de uma matriz de origem psicanalítica, realizam um ampliação da compreensão do fenômeno, incorporando elementos da sociologia, antropologia e ergonomia, para desenvolver estudos que identificam aspectos contextuais, sociais e da instituição trabalho que remetem a epistemes críticas de compreender o AMT na sociedade capitalista contemporânea, em contraposição ao *modus operandi* funcionalista predominante. De mesmo modo, há uma preocupação maior de pesquisadores, trabalhadores, de órgãos governamentais e de instituições internacionais para compreender esses problemas que se manifestam em organizações como fenômenos complexos que representam riscos à saúde e à segurança de trabalhadores e equipes, como práticas intencionais e reiteradas que visam atentar contra a segurança e a dignidade de quem trabalha, e limitam as possibilidades de realização de trabalhos dignos.

Assédio Moral no Trabalho: as relações interpessoais e as práticas perversas e narcísicas

A temática do assédio moral veio à tona com a publicação do livro intitulado *The Harassed Worker* de Carroll Brodsky, em 1976, entretanto a obra ganhou destaque anos depois com o interesse crescente sobre o tema. Apesar do pioneirismo de Brodsky, o médico alemão que trabalhava na Suécia na década de 1980, Heinz Leymann (1990), desenvolveu estudos sobre o fenômeno em uma perspectiva, predominantemente, psicológica, caracterizando-o como um conjunto de comportamentos hostis, repetitivos e prolongados no contexto de trabalho. Leymann descreveu as situações como um fenômeno de grupo, com ocorrências de perseguições coletivas e formas de violência, um processo de "psicoterror". Introduziu o termo *"mobbing"*, considerando *"mob"* como relativo a multidão e a máfia, em um conflito que evolui e degenera as relações.

Segundo Leymann (1990), o fenômeno ocorre quando a vítima é submetida a uma estigmatização sistemática através de injustiças que pode torná-la uma pessoa incapaz de encontrar emprego em sua área específica. O assédio moral inclui comunicação hostil e antiética dirigida de forma sistemática em direção a, principalmente, uma pessoa. Essas ações ocorrem muitas vezes (quase todos os dias) e durante um longo período e, por causa dessa frequência e duração, resultam em danos psíquicos, psicossomáticos e sociais (Leyman, 1990). As pesquisas desenvolvidas por Leymann foram divulgadas e adotadas em vários países, tornando-o o precursor dos estudos empíricos sobre o tema (Vartia, 2003). A conscientização da sociedade e dos acadêmicos ocorreu gradualmente nos países europeus, a partir de 1990 (Vartia, 2003), e em um curto período de tempo o interesse popular cresceu rapidamente, provocando a divulgação em diversas mídias de casos de maus-tratos e violências no ambiente de trabalho (Zapf; Einarsen, 2005).

Marie France Hirigoyen — psiquiatra, psicanalista e psicoterapeuta de família, com formação em vitimologia, na França e nos Estados Unidos — sistematizou conhecimentos com base em suas práticas e foi pioneira em popularizar o termo "Assédio Moral no Trabalho". Para a autora, o termo "assédio" refere-se à área psicológica e a palavra "moral" remete a uma perspectiva de bem ou mal, certo ou errado (Hirigoyen, 2010). O lançamento de sua obra intitulada *Assédio moral, a violência perversa no cotidiano*, na década de 1990, fez com que a autora despertasse maior atenção para um fenômeno antigo no ambiente de trabalho, mas até então pouco entendido. Hirigoyen deu grande visibilidade e nomenclatura ao problema, e definiu que no assédio o objetivo é atingir o outro, romper com a sua estabilidade, explorar o seu psiquismo, de forma perversa. Os seus conceitos iniciais, decorrentes da prática clínica, eram embasados em uma perspectiva psicanalítica.

No Brasil, o assédio moral foi reconhecido ainda mais recentemente com essa denominação (apenas em 2000), e dois marcos são destacados: a tradução do livro de Hirigoyen intitulado *Assédio moral: a violência perversa no cotidiano*; e a dissertação de mestrado de Margarida Barreto, que utilizava a expressão "humilhações no trabalho" para designar o fenômeno assédio moral (Soboll, 2015). A médica Margarida Barreto (Barreto, 2000) realizou a primeira pesquisa que deu visibilidade ao tema e criou uma agenda de estudos e ações no Brasil, como um problema decorrente do sistema social, das relações de poder e das formas de gestão nas organizações, como será abordado posteriormente.

Inicialmente os estudos de Hirigoyen (2010) trataram o fenômeno como de natureza particular ou individual, como o exercício do perverso, um paralelo da figura do assediador com a perversão narcísica. Para a autora, a noção de perversidade implica uma estratégia de utilização, e depois de destruição do outro, sem sentimento de culpa. Geralmente as ações de assédio moral começam de modo sutil e seguem de forma silenciosa e sorrateira. Os dois protagonistas, inicialmente, parecem "evitar o conflito" e nos ataques do agressor predominam ações indiretas como insinuações, mentiras e afrontas sutis. Por seu lado, a vítima subjuga-se, evita se mostrar ofendida e procura fazer acordo. As investidas persistem e tendem a aumentar, e o assediado passa por situações reiteradas de inferiorização, hostilização e degradação (Caniato; Lima, 2008). Para Hirigoyen (2010) ocorre um processo de sedução em que a vítima é desestabilizada e tem a autoconfiança dizimada.

> A sedução perversa atua utilizando os instintos protetores do outro. Essa sedução é narcísica: trata-se de buscar no outro o singular de sua fascinação, a saber, a imagem ideal de si. Por uma sedução em sentido único, o perverso narcisista busca fascinar sem se deixar prender. A sedução narcísica apaga os limites, torna confuso o que é próprio e o que é do outro. Não está, no caso, entre os mecanismos da alienação [...] e sim no da incorporação com o objetivo de destruir (Hirigoyen, 2010, p. 108).

Hirigoyen (2010) salientava sobre a perversão narcisista que a perversidade remete ao caráter e ao comportamento de alguns sujeitos que demonstram crueldade. Os perversos narcisistas buscam lançar no outro a dor que não sentem e as contradições internas que eles se negam a perceber. O mal que fazem é porque foi o modo de agir que aprenderam para existir (Hirigoyen, 2010), por meio da transferência das dores da infância e da valorização de si às custas do outro, e o conceito remete aos abusos cometidos:

> Assédio moral é toda e qualquer conduta abusiva manifestando-se, sobretudo por comportamentos, palavras, atos, gestos, escritos que possam trazer danos a personalidade, à dignidade ou à integridade física ou psíquica de uma pessoa, pôr em perigo seu emprego ou degradar o ambiente de trabalho (Hirigoyen, 2010, p. 65).

Em sua segunda obra, *Mal-estar no trabalho: redefinindo o assédio moral*, Hirigoyen (2015) admite a dimensão social do problema, o situa em paralelo a outras fontes de sofrimento impelidas aos trabalhadores em um cenário amplo de violência dentro e fora das organizações e que exibe relações de reciprocidade (Hirigoyen, 2015).

A primeira publicação brasileira com a utilização do termo específico "assédio moral no trabalho" foi o ensaio teórico de Freitas (2001), fundamentado nas ideias de Hirigoyen, que analisa o que a autora do artigo denomina de "duas faces do poder perverso nas organizações modernas: o assédio moral e o sexual" (Freitas, 2001, p. 8). Perversidades pontuais podem fazer parte da nossa neurose dita normal, mas tornam-se destrutivas com a frequência e continuidade ao longo do tempo. O perverso rebaixa o outro com frieza e o desconsidera como sujeito, "[...] sem culpa e sem sofrimento; trata-se da perversão moral" (Freitas, 2001, p. 9). A autora afirma que o caráter destruidor do assédio está nas humilhações repetidas e cita diversos exemplos de chefias que são sádicas, histéricas, falam aos gritos, acusam sem motivos, desestabilizam o assediado para que cometa erros e se sinta incompetente, culpado e fracassado. Há um deslocamento e a vítima "atende" ao que se atribui a ela, devido às pressões sofridas. Embora a perversão estivesse citada e os exemplos privilegiassem as relações entre assediador e vítima, o enfoque já remetia ao papel das organizações para a ocorrência do problema.

O assédio pode ter um caráter disciplinador para quem ameaça o agressor. Conforme Heloani (2016, p. 104),

> Essa perversão moral — algumas pessoas sentem-se mais poderosas, seguras e até mesmo mais autoconfiantes à medida que menosprezam e dominam outras — pode levar com facilidade, a nosso ver, ao assédio moral, quando aliada à questão da hipercompetitividade. Ou seja, a perversidade (por vezes ligada a traços como frieza, calculismo e inteligência) e encorajada por práticas organizacionais danosas (corrosão de valores éticos essenciais) acaba por desconsiderar o outro, em um verdadeiro extermínio psíquico, calculado e covarde, em relação à pessoa a quem, no íntimo, o agressor inveja. Bons em fazer política na organização e hábeis em decisões difíceis e polêmicas, esses agressores não raro são admirados por sua relativa eficiência e eficácia em sua performance em curto prazo, apesar da arrogância e do menosprezo com que tratam seus subordinados. Muitos desses agressores possuem traços narcisistas e destrutivos, estão frequentemente inseguros quanto à sua competência profissional e podem exibir, às vezes, fortes características de personalidade paranóica, pela qual projeta em seus semelhantes sua "sombra", ou melhor, aquilo que não conseguem aceitar em si mesmos.

Tanto no senso comum quanto com base nos primeiros estudos, cujo nível de análise tinha um recorte no sujeito assediado e sua relação com o assediador, predominava uma concepção que, em parte, responsabilizava a própria vítima pelo mal a que fora submetida. Em meio a pressões e perversidades o assediado vivencia, em muitos casos, sentimentos de culpa e vergonha. Freud (1974), em seu livro *Mal-estar na civilização* abordou a predominância do sentimento de culpa na constituição e no funcionamento do superego, relativo às ações morais. A origem da culpa em Freud (1974) decorre, inicialmente, do medo de uma autoridade, sendo desenvolvida, depois, pelo medo do superego. A culpa decorre das relações entre o supereu e o eu, por uma ação má ou pela vontade de atender a um desejo proibido (Gaulejac, 2006b).

As origens do sentimento de vergonha, na teoria psicanalítica, decorrem das relações entre o ideal de eu, o eu ideal e o eu. Para Gaulejac (2006b) a vergonha é consequência de uma humilhação, seja pessoal (ser surpreendido em situação vergonhosa, ser maltratado física ou psicologicamente, ver outros significativos humilhados) ou ser anulado no grupo de pertencimento (Gaulejac, 2006b). A vergonha vem acompanhada de sentimentos de inferioridade e de exposição; evidencia, assim, a vulnerabilidade de ser julgado pelo olhar do outro. No julgamento negativo, a vergonha vem acompanhada de culpa, medo, sofrimento e impacta negativamente a identidade do trabalhador (Soboll, 2008).

Culpa e vergonha confrontam um mesmo movimento com a castração e com a inferioridade. Gaulejac (2006b) distingue ambos, sendo a culpa decorrente das relações entre o supereu e o eu, devido a uma má ação ou até mesmo porque ficou tentado a ceder a um desejo proibido. Por outro lado, a vergonha pertence ao registro das relações entre o ideal de eu, o eu ideal e o eu, e o não atendimento às exigências do ideal de ego leva a um sentimento de inferioridade e até mesmo ao adoecimento. Socialmente a situação de humilhação confirma no sujeito um autoconceito ruim, que contribui para a destruição do eu (Garcia; Tolfo, 2011).

A investigação psicanalítica pressupõe um método, de tipo qualitativo, e uma epistemologia cuja produção do conhecimento busca aprofundar a singularidade de caso/s para compreender dele o que é exclusivo, mas também o que tem em comum com outros similares; o caso pode ser identificado com exemplar (Aguiar, 2006). A psicanálise se constitui como uma disciplina que lida com fenômenos ou processos singulares, mas que permitem o acesso ao universal. Isso significa que a perversão do assediador e a escuta ao assediado é, por um lado, singular, subjetiva, e, por outro lado, a interpretação faz parte do método que produz conhecimento e permite deduções sobre os sofrimentos, os sentimentos de culpa e vergonha que são comuns aos assediados.

Assédio Moral no Trabalho: as organizações e a violência

Embora se identifiquem comportamentos ditos negativos que permitem caracterizar a ocorrência de AMT nas relações interpessoais (Hirigoyen, 2010; Einarsen *et al.*, 2020), geralmente o problema decorre de uma conjuntura coletiva, e não de um desvio comportamental individual. Em uma perspectiva psicossociológica ou da sociologia clínica, Gaulejac (2006a) enfatiza sobremaneira a responsabilidade da organização, que pode não ser perversa, mas pode ter mecanismos que provocam comportamentos perversos e alterar isso implica entender os processos organizacionais desencadeantes daqueles. As formas de gestão e a própria cultura organizacional podem favorecer as práticas hostis, de violência, assediosas, de exclusão (Nunes, 2023). A ideologia neoliberal, ao fomentar o culto à excelência e ao alto desempenho, em busca do lucro ou pela quantofrenia, estimula uma competição violenta no mercado em um contexto de uma verdadeira guerra econômica. Aos trabalhadores resta trabalhar abaixo de pressão e assédio, vitimados de doenças profissionais e acidentes de trabalho, além das novas patologias laborais (depressão, *burnout*, drogadição, desgastes e sofrimentos físicos e psíquicos) (Araújo, 2020).

Portanto, analisar o assédio extrapola muito a questão interpessoal, e parte importante da responsabilidade é da organização (por meio de seus gestores), sua cultura, formas de organizar o trabalho, políticas e práticas de gestão de pessoas, bem como o meio no qual ela está inserida. Dessa forma, compreende-se que a organização é corresponsável pela prática ou inibição dos comportamentos hostis e assediosos no ambiente laboral (Nunes, 2023; Heloani; Barreto, 2018).

Tal perspectiva, mais crítica e ampliada, foi discutida em pesquisas sobre o tema, sendo identificada na própria definição de Heloani e Barreto (2018, p. 53) sobre o assédio moral no trabalho como

> [...] uma conduta abusiva, intencional, frequente e repetida, que ocorre no meio ambiente laboral, cuja causalidade se relaciona com as formas de organizar o trabalho e a cultura organizacional, que visa humilhar e desqualificar um

indivíduo ou um grupo, degradando as suas condições de trabalho, atingindo a sua dignidade e colocando em risco a sua integridade pessoal e profissional (Heloani; Barreto, 2018, p. 53).

Considerar os aspectos que, no conjunto, contribuem para identificar as bases do AMT e possibilitam compreender alguns dos seus múltiplos determinantes permite demonstrar a complexidade do fenômeno, conforme apresentado na Figura abaixo.

Figura 1 – Modelo conceitual revisado

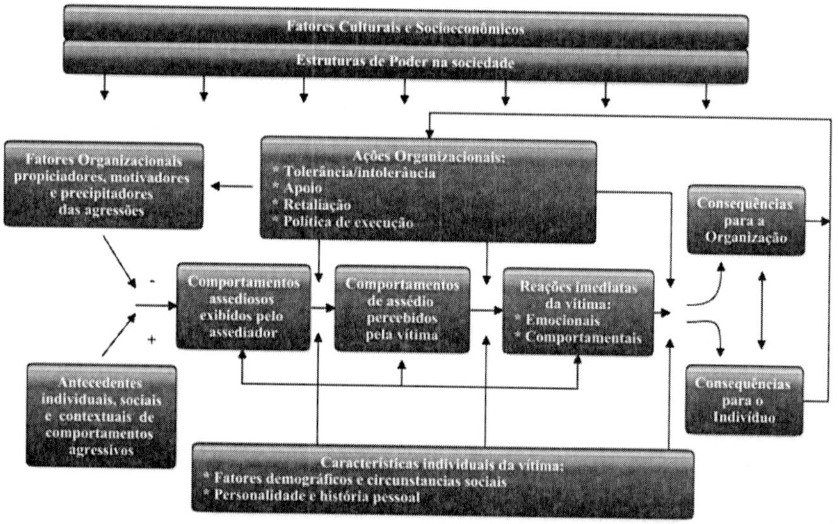

Fonte: Salin (2003b)

Embora existam em muitas organizações diversos fatores precipitadores, estes somente resultam em assédio sob condições favoráveis para tanto (Salin, 2003a). Os fatores propícios podem ser a base para as ocorrências de práticas de assédio moral e incluem a percepção de desequilíbrio de poder (por exemplo, os abusos de poder autocrático), a percepção de baixo custo de punição (como culturas organizacionais e lideranças permissivas), e a insatisfação e frustração (por exemplo, os conflitos e ambiguidade dos papéis, estresse e sobrecarga de trabalho). A existência de estruturas e processos na organização que motivam e/ou precipitam comportamentos negativos pode afetar a ocorrência do assédio moral (Salin, 2003a, 2003b). Essas estruturas e processos podem se constituir como incentivos e/ou recompensa para que chefias ou empregados tenham os seus comportamentos assediadores estimulados ou recompensados no ambiente de trabalho. Organizações que promovem competição interna excessiva, políticas de gestão e práticas de recompensas coniventes com constrangimentos e propícias à "eliminação" de colegas e subordinados incentivam a generalização dessas práticas. Os processos precipitadores funcionam como gatilhos disparadores para ocorrências de assédio moral e envolvem mudanças no *status quo* da organização, como reestruturação, fusão, mudanças na administração e na composição das equipes.

Há que considerar, ainda, que o AMT pode ser caracterizado como organizacional, quando faz parte das estratégias de gestores de organizações com o objetivo de alcance de metas a qualquer custo ou modo de disciplinar os diferentes ou que divergem. Trata-se de um processo contínuo de condutas abusivas referendado por estratégias organizacionais e/ou métodos gerenciais que visam conseguir o engajamento intensivo dos empregados ou excluir aqueles que a organização deseja que dela saiam, por meio do desrespeito aos seus direitos (CNJ, 2020). O conjunto de práticas reiteradas que incluem pressões, desqualificações e constrangimentos com vistas ao controle do trabalhador ou trabalhadores (quanto a comportamentos, corpo e o tempo de trabalho), do

custo do trabalho, da melhoria dos resultados e da produtividade, ou a discriminação de trabalhadores ou grupos com vistas ao alcance de objetivos organizacionais é definidor de assédio moral organizacional (Gosdal et al., 2009, p. 37).

Os modelos que incitam a violência estão em conformidade com a sociedade atual. Dentro e fora das organizações, está em pauta ter *status* social, exibir poder, demonstrar conquistas. A necessidade de demonstração de aparência de vencedor, no nosso sistema social, leva a ver o outro como um possível rival, na vida pessoal e na profissional. Nesse contexto em que ser egocêntrico e competitivo se torna naturalizado, quem não desconfia constantemente dos demais é considerado ingênuo (Hirigoyen, 2015).

Em uma perspectiva que salienta os desdobramentos das relações de poder e dominação objetivados no âmbito socioeconômico, pela via da psicodinâmica do trabalho, há o entendimento de que o trabalho na sociedade neoliberal e sob os modos de organização do processo produtivo capitalista limita a criatividade e liberdade humana. O trabalho formatado em tempos e movimentos monótonos, repetitivos e parcelizados é o cerne para o estranhamento, a alienação (Dejours, 2004). A égide dessa organização do trabalho tem significado um aumento considerável da produtividade e dos lucros e uma submissão da subjetividade e da vida no trabalho. Como consequências, há o aumento vertiginoso de adoecimentos mentais relacionados ao trabalho no Ocidente, e ocorrências de patologias diferenciadas até alguns anos atrás, como as frequentes ideações suicidas, citadas pela maioria dos assediados, e os suicídios nos próprios locais de trabalho, "[...] o que não acontecia jamais antes da virada neoliberal — e o desenvolvimento da violência no trabalho, a agravação das patologias da sobrecarga, a explosão de patologias do assédio" (Dejours, 2004, p. 34), em contrapartida ao trabalho no que tem de humano, de significação subjetiva, de estratégia coletiva de defesa.

As mudanças políticas, sociais e econômicas que implicaram reformas trabalhistas nas sociedades capitalistas contemporâneas, com crescente flexibilização das relações de trabalho e o aumento do desemprego, das demissões e terceirização; os novos arranjos contratuais; a busca pela redução de custos; as perdas salariais e as extensas jornadas de trabalho são aspectos identificados por Gonçalves (2019), ao referenciar diversos autores brasileiros — Barreto, Heloani (2014, 2015), Freitas, Heloani e Barreto (2008). Essas alterações remetem a mais demandas impostas pelos novos modos de gestão das organizações (Nunes; Tolfo, 2011) e se mostram propícios à violência no trabalho. Trata-se de questões econômicas e sociais que chamam a atenção de técnicos, especialistas e acadêmicos.

Em uma perspectiva de nível de análise macrossocietário, há instituições reconhecidas mundialmente e no Brasil reverberando a compreensão dos assédios moral e sexual no trabalho como potentes e importantes problemas sociais que se manifestam nas organizações de trabalho e se constituem em riscos psicossociais para trabalhadores dos mais diversos setores e atividades da economia em todo o mundo. Os riscos psicossociais no trabalho são relativos a aspectos do *design* e gestão do trabalho e dos seus contextos sociais e organizacionais com potencial para causar dano físico ou psicológico (Cox; Griffiths, 2005; Ministerio de Empleo y Seguridad Social de la España, 2012; Tolfo; Kieling; Heloani, 2024). A Organização Mundial da Saúde (OMS) (2017) afirma que o assédio moral é causa frequente de adoecimento e de riscos para a saúde dos trabalhadores, tanto físicos como psicológicos, e as suas consequências são verificadas na família, nas empresas e na sociedade. A Organização Internacional do Trabalho (OIT) (2017) considera a violência e o assédio moral, físico e sexual, especificamente como riscos psicossociais (Gonçalves, 2019). Recentemente a Portaria MTP n.º 4.219, de 20 de dezembro de 2022 atualizou a NR5 que amplia a atuação das Comissões Internas de Prevenção de Acidentes, incluindo a sigla CIPA+A, sendo A de Assédio. Significou o reconhecimento desses problemas como riscos psicossociais que colocam o trabalhador em exposição a inseguranças físicas e de saúde e pressupõem a necessidade de prevenção e combate ao assédio sexual e às demais formas de violência no âmbito do trabalho. A Portaria (DOU, 2022) prevê três medidas principais, quais sejam: a) inclusão, nas normas internas, de regras de conduta sobre o assédio sexual e outras formas de violência e sua ampla divulgação aos empregados e às empregadas; b) definição de procedimentos para receber e acompanhar denúncias, para apurar os fatos e para aplicar sanções administrativas aos responsáveis pelos assédios sexuais e as violências; e c) desenvolvimento de ações de capacitação, de orientação e de sensibilização dos empregados e das empregadas de todos os níveis hierárquicos da empresa sobre temas relacionados à violência, ao assédio, à igualdade e à diversidade no âmbito do trabalho na busca da máxima efetividade.

Um marco importante para essa publicização sobre o tema foi a 108ª Reunião da Conferência Internacional do Trabalho da OIT (ILO, 2019), em Genebra (Suíça), quando foram aprovadas a Convenção 190 e a Recomendação 206, as quais trazem definições em relação à violência e aos assédios e salientam a necessidade de eliminá-los do mundo do trabalho. Trata-se de reconhecer que esses são problemas graves que atingem trabalhadores e que a violência e o assédio no mundo do trabalho podem constituir uma ameaça aos direitos humanos; atingem a igualdade de oportunidades e as possibilidades de trabalho decente; prejudicam a qualidade dos serviços públicos e privados e podem comprometer a carreira, especialmente das mulheres; afetam negativamente a organização do trabalho, as relações interpessoais, o desempenho do trabalhador, a imagem e os resultados das organizações, e comprometem a saúde psicológica, física e sexual das pessoas e a dignidade, para citar algumas violações. As violências e os assédios atentam contra a concepção de organizações sustentáveis, inclusivas em termos de gênero e com culturas pautadas pelo respeito e propícias à dignidade das pessoas. A Convenção 190 e a adesão dos países a essa normativa significa uma compreensão mundial da gravidade do problema para todos os que trabalham e o reconhecimento de que todas as pessoas têm direito a um local de trabalho livre de violência e assédio (OIT, 2019; Oliveira; Tolfo; Heloani; Chinelato, 2020).

As bases epistêmicas dos estudos sobre assédio avançaram das avaliações e percepções individuais para a constatação dos aspectos organizacionais e socioeconômicos incrustados na estrutura do sistema capitalista, permitindo problematizar a identificação de aspectos organizacionais e do funcionalismo reinante nas organizações (Burrel; Morgan, 1979) e na perspectiva da psicologia, em especial da psicologia das organizações e do trabalho (Bendassolli; Borges-Andrade; Malvezzi, 2010).

Bases epistemológicas de estudos sobre AMT: perspectivas críticas/contra-hegemônicas

A sociedade contemporânea apresenta características funcionais e formais, com diversos padrões de comportamentos e normas que são estabelecidas pelos atores que exercem maior influência ou poder no mercado, na(s) sociedade(s) e nas organizações. O mercado, sob a égide da economia como condutora da vida social no sistema capitalista hegemônico, especifica grande parte dos comportamentos e ações ditos "ideais" ou padrões éticos, em prol do alcance de metas e objetivos estabelecidos, mas nem sempre se preocupa com os meios para alcançá-los. Os fins, como a competitividade, a produtividade, a lucratividade, o alcance de metas, justificam meios como a rigidez na organização do trabalho, as sobrecargas, as violências, os assédios. Com o passar do tempo tais condições e comportamentos foram sendo assimiladas como as melhores práticas cotidianas. Desse modo, cabe questionar como essa sociedade formal e funcional adota "disfunções" e produz mazelas na tentativa de regular sujeitos que poderiam ser autônomos, criativos, saudáveis... e isso por meio de abusos de poder, humilhações e constrangimentos.

O funcionalismo, segundo Durkheim (1978), preconiza que cada instituição exerce uma função específica na sociedade, e quando ocorre uma disfunção, isso acarreta desregulamentação na própria sociedade. Para o autor, viver em sociedade significa existir sob a "dominação" de sua lógica, sendo que muitas vezes agimos de acordo com essa lógica sem perceber. O ponto de vista funcionalista implica investigar, da forma mais completa possível, todos os aspectos da vida social, considerando-os uns em relação com os outros e parte fundamental dessa tarefa é investigar o indivíduo e o modo pelo qual ele é modelado pela vida social ou ajustado a ela (Radcliffe-Brown, 1973).

A perspectiva funcionalista de compreensão da sociedade, das organizações e dos sujeitos é tributária da sociologia da regulação e busca explicar a ordem social, o *status quo*, a integração social, a solidariedade, e a necessidade de satisfação e atualização. Orientado pelo pragmatismo, frequentemente o foco está voltado para problemas e suas soluções práticas, em explanações essencialmente racionais. Quando considerada a Teoria Funcionalista da Organização, há três linhas de desenvolvimento: a sociologia das organizações, na perspectiva sociológica ao invés da perspectiva gerencial; a teoria das organizações, o estudo das "organizações formais", elaborada com base na escola clássica de gerência e de teoria administrativa; e o comportamento dos indivíduos nas organizações, de um ponto de vista psicológico ou do comportamento organizacional (Burrell; Morgan, 1979). Essas perspectivas, em especial as duas últimas, contribuíram para a utilização de conhecimentos da psicologia de forma mais tecnicista e utilitarista, de modo que descrever e prever comportamentos está incluído nos manuais de comportamento organizacional em perspectivas de gestão plenamente funcional das organizações. Cabe enfatizar que o foco intraorganizacional ainda se encontra na dimensão intelectual ou instrumental dos indivíduos, sem considerar ou dar atenção às dimensões física, emocional e espiritual (Cugnier; Silva, 2014).

Nessa concepção, não devem ocorrer conflitos e discussões informais na organização, além do que os membros devem se adaptar para alcançar os objetivos definidos por esta. Os conflitos não resolvidos podem se agravar com o passar do tempo, tornando-se disfuncionais, e se transformarem em violências no trabalho, como o assédio moral. E, consequentemente, tendem a provocar efeitos tanto para os indivíduos envolvidos nesse processo como para os terceiros e também para a própria organização — com consequências como comprometer o desempenho/produtividade, enfraquecer a adesão ao projeto organizacional, e degradar o clima organizacional.

Sob uma lente funcionalista e positivista, a ocorrência do assédio moral no trabalho pode ser considerada um viés do funcionamento "perfeito" da organização e do trabalho, da máxima do resultado do controle frequentemente naturalizado, mesmo que sua ocorrência demonstre que exista um problema no âmbito laboral, seja ele de relacionamento interpessoal (conflito entre indivíduos) e/ou de gestão que permite a ocorrência da violência ou o seu silêncio frente às práticas hostis. Apesar disso, muitas organizações tendem a desconsiderar a questão do assédio moral, pois para elas está tudo ocorrendo perfeitamente quando continuam tendo o desempenho e a produtividade esperada, desconsiderando características subjetivas do fenômeno, em contraposição ao funcionalismo e ao positivismo, que supervalorizam a objetividade e o que pode ser comprovado.

Nas organizações contemporâneas se verifica a predominância da adoção do modelo sistêmico de gestão, que procura articular, ao mesmo tempo, o todo, a interdependência entre as partes, e a retroalimentação do sistema. As partes são os subsistemas, que representam os principais componentes operativos da organização, como o subsistema de gestão de pessoas. Todavia, as práticas organizacionais e a relação organização-trabalhador continuam, em grande parte, as mesmas do início da administração científica. Os discursos de aplicação de novos métodos, práticas e teorias que supostamente "mudam" para melhorar as condições e o próprio trabalho têm por objetivo o alcance e a superação das metas, porém, com um discurso mais aveludado e manipulativo. Muitas vezes é apenas o "velho com roupa nova", e as práticas continuam a expropriar.

Em contraposição da visão objetiva dos estudos dos sujeitos e das organizações, encontram-se tanto o paradigma interpretacionista quanto o humanismo radical, cada qual com sua distinção, e que representam abordagens subjetivistas de como ocorre o processo de gestão e a subjetivação (referido frequentemente como o comportamento nos ambientes organizacionais). Esses são fatores preponderantes para a ocorrência e/ou inibição do assédio moral (Cugnier; Silva, 2014). O humanismo radical critica o *status quo* presente nas organizações, na forma de gestão e no convívio entre os pares. O humanismo radical procura livrar o ser humano das restrições que os arranjos sociais impõem sobre a subjetividade a fim de realizar o seu potencial pleno. O paradigma humanista radical contempla concepções de que as organizações são exemplos de "intermediações" que contribuem para a alienação da pessoa de seu verdadeiro ser. A realidade é socialmente criada e socialmente sustentada e o processo de criação da realidade pode ser influenciado por processos psíquicos e sociais que canalizam, restringem e controlam as mentes dos seres humanos de maneira a aliená-los em relação às potencialidades inerentes à sua verdadeira natureza de humanos (Morgan, 2007).

Por sua vez, ao se dar ênfase ao olhar dos indivíduos que estão envolvidos e inseridos na organização, se identifica a abordagem interpretativa. O interpretativismo tenta compreender e explicar o mundo social a partir do ponto de vista subjetivo das pessoas envolvidas nos processos sociais (Vergara; Caldas, 2005), nesse caso, a partir dos relatos dos assediados sobre as suas vivências.

As produções acadêmicas em psicologia do trabalho e das organizações (PTO) no Brasil mostram grande diversidade teórica e metodológica que reflete a presença de distintos paradigmas científicos na delimitação e organização desse campo, sendo identificados três eixos temáticos principais para compreender o conhecimento e os fenômenos de estudo: o do comportamento, o da subjetividade e o clínico (Bendassoli; Borges-Andrade; Malvezzi, 2010). O elemento integrador entre eles é o trabalho. No eixo do comportamento estão o behaviorismo, neobehaviorismo e sociocognitivismo, que partem do pressuposto da variabilidade das medidas e da probabilidade de ocorrência dos fenômenos que buscam predizer, por meio da operacionalização de construtos, mensuração e controle de variáveis e têm entre os temas principais poder, cultura, clima e comprometimento organizacional, justiça e equipes no trabalho, motivação e valores. Essas perspectivas que privilegiam o princípio da multicausalidade ou multideterminação dos fenômenos, com a evolução das pesquisas orientadas por métodos objetivos, são aquelas utilizadas como pressupostos do funcionalismo aplicados às organizações (Burrell; Morgan, 1979).

No eixo da subjetividade (Bendassolli; Soboll, 2011) a ênfase está na compreensão da via trabalho e sujeito, em uma crítica aos processos tradicionais de institucionalização do trabalho. Eixo que privilegia os processos de subjetivação e chama a atenção para o caráter construído da realidade e para a dimensão relativista das verdades aceitas como inquestionáveis, especialmente sobre o sujeito. Conjunto de perspectivas cujos pesquisadores e profissionais tentam estudar e intervir para empoderar indivíduos e grupos sociais em condições de fragilização no trabalho. Incluem-se como temas mais amplos de interesse os significados sobre o trabalho; desenvolvimento de políticas públicas que considerem fatores subjetivos; estudo dos impactos subjetivos do desemprego, subemprego e de processos de reestruturação produtiva; relação entre trabalho e gênero. Epistemologicamente a subjetividade remete a bases epistemológicas interpretativistas e humanistas radicais. Entre os interpretativistas predomina a busca por compreender e interpretar o "mundo social" no nível da experiência subjetiva. Tende a ser nominalista, antipositivista, voluntarista e ideográfica. A realidade social é como uma rede de pressupostos e de significados compartilhados intersubjetivamente e tem influência do "paradigma crítico". Pesquisas conduzidas nesse eixo buscam subsidiar processos de intervenção e transformação das condições de trabalho, têm interesse em entender a experiência subjetiva dos indivíduos. Suas teorias são construídas do ponto de vista do ator individual; da realidade social como um processo emergente — como uma extensão da consciência humana e da experiência subjetiva.

O terceiro eixo, clínico, inclui as clínicas do trabalho, que têm em comum a escuta, o recurso à interpretação e a profundidade da compreensão de casos específicos ao invés de descrições ou descobertas de leis gerais. Considerada uma perspectiva emancipadora, pois objetiva o empoderamento do trabalhador, seja em situações de sofrimento ou de vulnerabilidade. Nesse eixo, incluem-se a psicodinâmica do trabalho, a sociologia clínica (ou psicossociologia), a ergologia, e a clínica da atividade (sendo as duas primeiras as mais adotadas no Brasil). A psicodinâmica afirma que o trabalho é central para o sujeito e contempla uma dimensão real e outra prescrita; propõe uma análise sociopsíquica do trabalho, considerando a organização do trabalho para compreender vivências subjetivas de prazer, sofrimento, processo saúde-doença, mecanismos de defesa e mediação do sofrimento; considerada afeta aos paradigmas crítico e clínico. Compreender as estratégias às quais os trabalhadores recorrem para manter a saúde, apesar de uma organização do trabalho patologizante, e o entendimento da saúde no trabalho não como ausência de sofrimento, mas como o potencial que cada trabalhador possui de utilização dos recursos internos e externos para transformação do sofrimento na busca pelo prazer e realização fazem parte da compreensão dejouriana, para a psicodinâmica.

Uma segunda abordagem das clínicas do trabalho é a da psicossociologia ou psicologia social clínica ou sociologia clínica, que considera a dupla constituição do sujeito — elementos intrapsíquicos e social e as reciprocidades entre o individual e o coletivo. Tem entre os principais estudos os subsídios sobre a natureza dos vínculos dos indivíduos com os grupos, as instituições e as organizações e seus reflexos no trabalho. A organização é analisada com base nos elementos técnicos + dimensão simbólica + imaginário (representações compartilhadas), e a gestão é definida como o conjunto de técnicas e saberes práticos adotados nos setores de recursos humanos de grandes empresas e que muitas vezes se constitui, sob a égide da competitividade, como tecnologia de poder e como doença social. Psicossociólogos como Gaulejac (2006a) são críticos à ideologia funcionalista que legitima a mercantilização da pessoa como "capital que convém tornar produtivo". Critica a mobilização das subjetividades para o ideal de indivíduo adequado às exigências da nova ordem econômica: autônomo, polivalente, criativo, e que arque com riscos. O ideal do ser humano que faz sempre mais, melhor e mais rápido.

Nas clínicas do trabalho (Bendassolli; Soboll, 2011), a psicodinâmica do trabalho e a psicossociologia podem ser identificadas como afetas ao interpretativismo e ao humanismo radical e para a compreensão do assédio moral e sexual e das violências decorrentes do trabalho foram utilizados neste capítulo autores como Dejours (2004), fundador da psicodinâmica do trabalho, e Enriquez (1997), Gaulejac (2006a, 2006b), Araújo (2020), da psicossociologia. Tanto em uma quanto na outra, há o interesse em estudar, denunciar e mudar as tentativas de racionalização do trabalho próprias do funcionalismo, que é criticado por ocultar a dimensão real do trabalho, à parte de suas dimensões simbólicas (cultura) e imaginárias (representações) e buscam subsidiar ações de indivíduos e coletivos diante das diversas situações de vulnerabilidade no trabalho, como o assédio moral. Portanto, das perspectivas que enfatizavam as características do perverso narcisista e da vítima assediada, que representavam o processo do assédio moral como interpessoal, a compreensão se desloca para o sujeito em relações intersubjetivas em organizações de trabalho e em uma sociedade que estimula contradições, paradoxos.

A psicologia do trabalho e das organizações apresenta uma divisão teórico-metodológica que contempla, de um lado, a tradição das psicologias cognitiva e experimental com bases no funcionalismo neopositivista e que buscam a previsão e controle do desempenho do trabalhador. No outro lado, estão as abordagens social, política e clínica, afetas à psicologia social crítica do trabalho. Nessas últimas, sobressaem as produções oriundas da psicossociologia francesa, como de Enriquez, e as correntes institucionalistas (Lapassade; Deleuze; Guattari). As abordagens críticas se apoiam nas heranças marxista, freudiana, freudomarxista e mesmo foucaultiana, e orientam a maior parte dos estudos atuais no campo da psicologia crítica (Araújo, 2020).

As definições de instituições como o CNJ e a OIT, na Convenção 190, salientam ainda mais a questão das violências e dos assédios como decorrentes de uma estrutura social que perpetua humilhações, constrangimentos e desqualificações historicamente reconhecidas e que cabe alterá-las, como as que remetem às dificuldades das mulheres se manterem no emprego. Especialmente a tentativa de pactuação da OIT (ILO, 2019) por parte dos diferentes países-membros para a eliminação das violências e dos assédios no trabalho demonstra que para além dos aspectos organizacionais há que se considerar o compromisso para eliminar trabalhos que atentam contra a dignidade e para gerar trabalhos dignos para todas(os) as(os) trabalhadoras(es), dos diversos setores, tipos de atividades, profissões, respeitadas(os) em suas diversidades.

Considerações finais

O trabalho é caracterizado como multifacetado, e quando representado didaticamente apresenta três significados principais: a) positivo, como de prazer, realização, desafio, satisfação no exercício das atividades; b) instrumental, visto como uma forma de garantir somente a subsistência; e c) negativo, quando o trabalho é entendido como maldição, castigo, submissão, estigma, coerção, esforço e penalidade (Blanch Ribas, 2003). Um dos aspectos que auxilia para que a pessoa tenha uma concepção negativa sobre a atividade a qual realiza é a violência nas organizações. A violência não é abstrata, e sim um processo objetivo entre atores objetivos e com consequências explícitas, mesmo que no mundo atual, com as mudanças existentes, o trabalho caracterize-se em algo precário, com ritmo intensificado, não se deve esquecer que as organizações são criadas, geridas e mudadas pelas pessoas (Freitas; Heloani; Barreto, 2008).

Os assédios e as violências no trabalho possivelmente existem desde que as atividades laborais passaram a acontecer da forma como as conhecemos. Entretanto, foi só recentemente (década de 1990) que esses problemas se tornaram objeto de estudos e de intervenção por parte de pesquisadores e de técnicos atuantes nas organizações, assim como de profissionais clínicos. Ao longo do tempo a compreensão sobre o assédio e as violências foi se alterando. Nas concepções iniciais, que tiveram sua origem nas práticas clínicas, e cunharam o termo assédio moral no trabalho, a visão predominante era de um fenômeno relativo às relações interpessoais, em que o assediado seria vítima de um narcisista perverso, frio e calculista. Assim, as perversidades seriam explicadas por características individuais de uma pessoa e que se manifestam nas relações com a vítima. Posteriormente o reconhecimento abarcou novas perspectivas que possibilitaram uma compreensão ampliada e crítica do fenômeno, saindo da perspectiva dual. A possibilidade de identificar assédio e violências como práticas organizacionais de gestão sedimentadas na cultura organizacional, nas políticas e nas práticas de gestão de pessoas chama a atenção para as características instrumentais e funcionalistas predominantes nas organizações na sociedade capitalista ocidental contemporânea. Epistemes em POT cujas matrizes advêm das clínicas do trabalho se preocupam em identificar e mudar formas de organização do trabalho fundadas na racionalidade instrumental, própria do funcionalismo, em contraposição à dimensão real do trabalho, suas dimensões simbólicas (cultura) e imaginárias (representações). Tanto nas definições constitutivas quanto operacional/metodológica, há um compromisso em subsidiar ações de indivíduos e coletivos diante das diversas situações de vulnerabilidade no trabalho, como o assédio moral.

Atualmente, seja por meio de normativas ou políticas públicas brasileiras, como a revisão da NR5 (2020), ou a Convenção 190 da OIT (2019), fica explicitado o reconhecimento de que os assédios e as violências no trabalho representam fatores de risco psicossocial. Os riscos são as condições existentes em situações de trabalho diretamente relacionadas com a organização, o conteúdo do trabalho e a execução da tarefa e que colocam o trabalhador em perigo e afetam o seu bem-estar ou a saúde (física, psíquica ou social) e o desenvolvimento do trabalho. Portanto, as disfunções geradas pelo modo de produção predominante no capitalismo têm nos assédios e nas violências diferentes formas de regulação para o alcance dos resultados a qualquer custo, nesse caso por humilhações, constrangimentos e desqualificações aos quais os trabalhadores estão submetidos. Portanto, ainda há um longo caminho para mitigar as ocorrências desses fenômenos deletérios e construir práticas mais saudáveis, de valorização do indivíduo e que efetivem trabalhos decentes e dignos.

Referências

AGUIAR, F. Questões epistemológicas e metodológicas em psicanálise. *Jornal de Psicanálise*, São Paulo, v. 39, n. 70, p. 105-131, 2006.

ARAÚJO, J. N. G.; BARROS, V. A. A psicologia do trabalho e as clínicas do trabalho no Brasil. *Laboreal* [on-line], v. 15, n. 2, 2019.

ARAÚJO, J. N. G. Neoliberalismo e horizontes da precarização do trabalho. *Cadernos de Psicologia Social do Trabalho*, v. 23, n. 1, 2020.

BARRETO, M. *Uma jornada de humilhações*. São Paulo, 2000. Dissertação (Mestrado em Psicologia Social) — Pontifícia Universidade Católica de São Paulo, 2000.

BARRETO, M. *Violência, saúde e trabalho*: uma jornada de humilhações. São Paulo: EDUC, 2006.

BARRETO, M.; HELOANI, R. A discussão do assédio moral em organizações públicas e sindicais: situando o debate. *In*: EMMENDOERFER, M. L.; TOLFO, S. R.; NUNES, T. S. (org.). *Assédio moral*: em organizações públicas e a (re)ação dos sindicatos. 1. ed. Curitiba, PR: Editora CRV, 2015. p. 31-51.

BENDASSOLI, P. F.; BORGES-ANDRADE, J. E.; MALVEZZI, S. Paradigmas, eixos temáticos e tensões na PTO no Brasil. *Estudos de Psicologia*, v. 15, n. 3, p. 281-289, 2010.

BENDASSOLLI, P. F.; SOBOLL, A. P. Clínicas do trabalho: filiações, premissas e desafios. *Cadernos de Psicologia Social do Trabalho*, v. 14, n. 1, p. 59-72, 2011.

BENTHAM, J. *Uma introdução aos princípios da moral e da legislação*: sistema de lógica dedutiva e indutiva e outros textos. São Paulo: Abril Cultural, 1979.

BESWICK, J.; GORE, J.; PALFERMAN, D. *Bullying at work*: a review of the literature. Health and Safety Laboratory, 2006.

BLANCH RIBAS, J. M. Trabajar en la modernidad industrial. *In*: RIBAS, J. M. R. et al. *Teoría de las relaciones laborales*. Barcelona: UOC, 2003. p. 19-148.

BURREL, G.; MORGAN, G. *Sociological paradigms and organizational analysis*. London: Helnemann Educational Books, 1979.

CANIATO, A. M. P.; LIMA, E. C. Assédio moral nas organizações de trabalho: perversão e sofrimento. *Cadernos de Psicologia Social do Trabalho*, v. 11, n. 2, p. 177-92, 2008.

CNJ. *Resolução n.º 351 de 28/10/2020*. Institui, no âmbito do Poder Judiciário, a Política de Prevenção e Enfrentamento do Assédio Moral, do Assédio Sexual e da Discriminação. 2020. Disponível em: https://atos.cnj.jus.br/atos/detalhar/3557. Acesso em: 23 abr. 2023.

COX, T.; GRIFFTHS, A. The nature and measurement of work-related stress; theory and practice. *In*: WILSON, R.; CORLETT, N. (ed.). *Evaluation of human work*. CRS Press, 2005. p. 553-572.

CUGNIER, J. S.; SILVA, N. Perspectivas epistemológicas em gestão de pessoas para o combate e prevenção ao assédio moral no trabalho. *In*: QUIROGA, V. F.; CATTANEO, M. R. *Transformaciones en las Organizaciones del Trabajo*: Salud y Ampliación de Ciudadanía. Rosario: UNR Editora, v. 2, 2014, p. 219-226.

DEJOURS, C. Subjetividade, trabalho e ação. *Revista Produção*, v. 14, n. 3, p. 27-34, 2004.

DOU. *Portaria MTP n.º 4.219, de 20 de dezembro de 2022*. Altera a nomenclatura de Comissão Interna de Prevenção de Acidentes — CIPA nas Normas Regulamentadoras em virtude da Lei n.º 14.457, de 2022. Disponível em: https://www.in.gov.br/en/web/dou/-/portaria-mtp-n-4.219-de-20-de-dezembro-de-2022-. Acesso em: 23 abr. 2023.

DURKHEIM, E. *Da divisão do trabalho social; As regras do método sociológico; O suicídio; As formas elementares...* São Paulo, SP: Abril Cultural, 1978.

EINARSEN, S. V. *et al.* The concept of bullying and harassment at work: the European tradition. *In*: EINARSEN, S. V. *et al.* (ed.). *Bullying and Harassment in the Workplace*: Theory, Research and Practice. 3. ed. London: Taylor & Francis, 2020. p. 3-54.

FREITAS, M. E. Assédio moral e assédio sexual: faces do poder perverso nas organizações. *Revista Administração Empresa*, v. 41, n. 2, p. 8-19, 2001.

FREITAS, M. E.; HELOANI, J. R.; BARRETO, M. M. S. *Assédio Moral no Trabalho*. São Paulo: Cengage Learning, 2008.

FREUD, S. O mal-estar na civilização. *In*: FREUD, S. *Obras completas de Sigmund Freud*. v. XXI. Rio de Janeiro: Imago, 1930 (Editora Brasil, 1974).

GARCIA, I. S.; TOLFO, S. R. *Assédio moral no trabalho*: culpa e vergonha pela humilhação social. Curitiba: Juruá, 2011.

GAULEJAC, V. de. Crítica dos fundamentos da ideologia de gestão. *In*: CHANLAT, J. F.; FACHIN, R.; FISCHER, T. (org.). *Análise das organizações*: perspectivas latinas. v. 1. Olhar histórico e constatações atuais. Porto Alegre: Editora da UFRGS, 2006a.

GAULEJAC, V. *As origens da vergonha*. Via Lettera, 2006b.

GONÇALVES, J. *Assédio moral e sentidos do trabalho*: um estudo com trabalhadores de transporte coletivo urbano. Tese (Doutorado em Psicologia) — Programa de Pós-Graduação em Psicologia, UFSC, Florianópolis, 2019.

GOSDAL, T. C. *et al.* Assédio Moral Organizacional: esclarecimentos conceituais e repercussões. *In*: GOSDAL, T. C.; SOBOLL, L. A. P. (org.). *Assédio Moral Interpessoal e Organizacional*: um enfoque interdisciplinar. São Paulo: LTr, 2009. p. 33-41.

HELOANI, J. R. M. Assédio moral. Ultraje a rigor. *Revista Direitos, Trabalho e Política Social*, Cuiabá, v. 2, n. 2, p. 29-42, 2016.

HELOANI, R. Assédio moral: um ensaio sobre a expropriação da dignidade no trabalho. *RAE-eletrônica*, v. 3, n. 1, p. 1-8, 2004.

HELOANI, R.; BARRETO, M. *Assédio moral*: gestão por humilhação. Curitiba: Juruá, 2018.

HOEL, H.; EINARSEN, S.; COOPER, C. L. Organizational effects of bullying. *In*: EINARSEN, S. *et al.* (ed.). *Bullying and Emotional Abuse in the Workplace*: international perspectives in research and practice. London: Taylor & Francis, 2003. p. 145-162.

INTERNATIONAL LABOUR ORGANIZATION. (ILO) *International Labour Conference*. Violence and Harassment Convention, 2019 (n.º 190). Disponível em: https://www.ilo.org/wcmsp5/groups/public/---ed_norm/---elconf/documents/meetingdocume nt/wcms_711570.pdf. 2019. Acesso em: 23 abr. 2023

Ministerio de Empleo y Seguridad Social de la España. Guia de actuaciones de lacción de trabajo y seguridade social sobre riesgos psicosociales. Lerko Print S.A. 2012. Disponível em: https://www.laboral-social.com/files-laboral/Guia_psicosociales.pdf. Acesso em: 28 ago. 2022.

MORGAN, G. Paradigmas, metáforas e resolução de quebra-cabeças na teoria das organizações. *In*: CALDAS, M. P.; BERTERO, C. O. (coord.). *Teoria das organizações*. São Paulo: Atlas, 2007. p. 12-33.

NUNES, T. S. Assédio Moral na Pós-Graduação: Práticas e Elementos Culturais Propiciadores. *Administração Pública e Gestão Social*, [s. l.], v. 14, n. 1, 2022.

NUNES, T. S.; TOLFO, S. R. Políticas y prácticas de prevención y combate al acoso moral en una universidad brasileña. *Salud de los Trabajadores*, v. 20, p. 61-73, 2012.

Organização Internacional do Trabalho (OIT). 2017. Informe V. *Acabar con la violência y el acoso contra las mujeres y los hombres en el mundo del trabajo*. Disponível em: https://www.ilo.org/wcmsp5/groups/public/---ed_norm/---relconf/documents/meetingdocument/wcms_554100.pdf. Acesso em: 13 mar. 2020.

OLIVEIRA, R. T. *et al*. *Violência, discriminação e assédio no trabalho*. Florianópolis, SC: Lagoa, 2020.

Organização Mundial da Saúde (OMS). 2017. *Hoja informativa*: salud mental en el lugar de trabajo. Disponível em: https://www.who.int/mental_health/in_the_workplace/es/. Acesso em: 15 maio 2021.

PIÑUEL Y ZABALA, I. *Mobbing*: como sobreviver ao assédio psicológico no trabalho. São Paulo: Edições Loyola, 2003.

RADCLIFFE-BROWN, A. R. Sobre o conceito de função em ciências sociais. *In*: PIERSON, D. *Estrutura e função na sociedade primitiva*. Petrópolis: Vozes, 1973.

SALIN, D. Ways of explaining workplace bullying: a review of enabling, motivating and precipitating structures and processes in the work environment. *Human Relations*, v. 56, n. 10, p. 1.213-1.232, 2003a.

SALIN, D. *Workplace Bullying among Business Professionals*: Prevalence, Organizational Antecedents and Gender Differences. Doctoral dissertation. Research Reports, Serie A, no 117. Helsinki: Swedish School of Economics and Business Administration, 2003b.

SOBOLL, L. A. P. *Assédio Moral/Organizacional*: uma análise da organização do trabalho. São Paulo: Casa do Psicólogo, 2008.

TOLFO, S. R.; MONTEIRO, J. K.; HELOANI, J. R. M. Processos Psicossociais e Saúde no Trabalho: Perspectivas Teóricas, Instrumentos e Gerenciamento. *Revista de Psicologia da IMED*, Passo Fundo, v. 15, n. 2, p. 76-94, 2023.

TOLFO, S. R.; NUNES, T. S. Serviço Público e Assédio Moral no Trabalho: paradoxos entre a racionalidade das regras e a informalidade. *In*: GEDIAL, J. A. P; MELLO, L. E.; ZANIN, F. C.; SILVA, L. A. S. (org.). *Estratégias autoritárias do Estado empregador*: assédio e resistências. v. 1. Curitiba: Kaygangue, 2017. p. 155-174.

VARTIA, M. *Workplace Bullying*: A Study on the Work Environment. Well-Being and Health. Doctoral Dissertation. People and Work Research Reports 56. Helsinki: Finnish Institute of Occupational Health, 2003.

VERGARA, S. C.; CALDAS, M. P. Paradigma Interpretacionista: a busca da superação do objetivismo funcionalista nos anos 1980 e 1990. *RAE-Revista de Administração de Empresas*, v. 45, n. 4, p. 66-71, 2005.

ZAPF, D.; EINARSEN, S. Mobbing at work: Escalated conflicts in Organizations. *In*: FOX, S.; SPECTOR, P. E. (ed.). *Counterproductive Work Behavior*: Investigations of Factors and Targets. Washington, DC: American Psychological Association, 2005. p. 237-270.

ESTRATÉGIAS PARA PRODUÇÃO DE CONHECIMENTO EM PSICANÁLISE: A HIPÓTESE DO INCONSCIENTE COMO PRESSUPOSTO DE PESQUISA

Gustavo Angeli
Pedro Valentim Eccher
Fernanda Albrecht
Mériti de Souza

Introdução

A psicanálise se sustenta em três eixos, sendo um procedimento de investigação do aparelho psíquico, um método de tratamento e uma série de conhecimentos que concebem uma disciplina científica. Nesse sentido, em psicanálise, a pesquisa e o tratamento se associam, pois é na prática clínica que se tensionam as teorias (Freud, 1923/2011). Inspirados nessa premissa freudiana, propomos neste manuscrito a construção de um debate em torno da pesquisa em psicanálise, em especial problematizando a hipótese do inconsciente como categoria analítica. Para tanto selecionamos recortes de três pesquisas desenvolvidas no Programa de Pós-Graduação em Psicologia da Universidade Federal de Santa Catarina, sendo as pesquisas desenvolvidas pelos primeiros autores deste manuscrito e orientadas pela última autora. Dessa forma, apresentamos em um primeiro momento análises sobre as especificidades da pesquisa em psicanálise para em um segundo momento debatermos a supervisão, a entrevista e a linguagem, utilizadas como estratégias de produção do conhecimento em três pesquisas adeptas da hipótese do inconsciente e atravessadas por críticas à concepção hegemônica de ciência.

Inicialmente, ressaltamos que uma pesquisa em psicanálise se diferencia de uma pesquisa sobre psicanálise. Uma pesquisa sobre psicanálise pode ser escrita por qualquer investigante, apresentando cunho estritamente histórico, sociológico e/ou literário. Em contrapartida, uma pesquisa em psicanálise suscita composições formadas pelas experiências de analistas e/ou analisantes, apropriando-se do método psicanalítico de investigação e de seus conceitos fundamentais para produzir conhecimento (Figueiredo; Minerbo, 2006; Tavares; Hashimoto, 2013).

A pesquisa em psicanálise implica uma transgressão em relação aos pressupostos de pesquisa tradicionais. Transgressão que não remete à desobediência ou imprudência metodológica, mas diz respeito à possibilidade de se permitir ultrapassar e questionar conceitos e princípios cristalizados, seja na pesquisa tradicional ou mesmo dentro da própria herança freudiana. Por isso, apropriamo-nos do termo "estratégias de produção do conhecimento" para representar uma preocupação em sermos contrários a uma metodologia universalizante que se repete infinitamente. Tendo isso em vista, uma pesquisa em psicanálise necessita trabalhar com conceitos e estratégias para além dos operados pela episteme moderna para operar seus critérios de cientificidade. Concordamos com a ressalva de Jacques Derrida (2001) de que a psicanálise necessita lidar com suas próprias resistências e encarar a prática e a pesquisa sustentadas por uma *psicanálise sem álibi*. Ou seja, em decorrência das suas próprias premissas teóricas e metodológicas a psicanálise possui condições para oferecer subversões na prática clínica e nas diversas áreas do conhecimento e da vida societária no que envolve a vida pública, política, econômica.

Entre as especificidades mais marcantes de uma pesquisa em psicanálise está a concepção de sujeito dividido. Considera-se um sujeito cindido, marcado e fundado pelo inconsciente. Essa estratégia de pesquisa se debruça nas falhas, incoerências e contradições próprias desse sujeito constituído por aspectos singulares e universais, escutados na clínica e nos contextos culturais. Psicanalistas forjam uma gama de conceitos e práticas para dar conta de escutar, observar, elaborar e transformar, produzindo pesquisas ante as mudanças do psiquismo que desestabilizam o escudo protetor da racionalidade. Nessa perspectiva, a questão em jogo é a hipótese do inconsciente e como ela é trabalhada na pesquisa, considerando a relação transferencial do pesquisador com o que se pesquisa. Ainda, a perspectiva em questão impele à possibilidade de pesquisar os mais diversos e variados contextos e situações, citando no caso o contexto social e econômico, a linguagem, a subjetividade, a rede social, o documento, entre outros aspectos passíveis de investigação (Birman, 2001, 2013; Figueiredo; Minerbo, 2006; Mezan, 2002).

De forma específica, ressalta-se que o pesquisador concebe um sujeito excluído pela ciência no seu modelo hegemônico de produção do conhecimento, ou seja, um sujeito também marcado pelo inconsciente. Independentemente do campo ou objeto de estudo, a principal hipótese de uma pesquisa em psicanálise é lidar com esse inconsciente que não se deixa apreender por um método positivista: "O método para alcançar sua mensagem tem como via de acesso a palavra. O saber, a criação de novos saberes, só será instaurado pela transferência que supõe a relação de pelo menos dois inconscientes, a escuta de um outro" (Rosa; Domingues, 2010, p. 182).

Assim, quando legitimamos a transferência em uma pesquisa reconhecemos que os processos inconscientes fluem entre os campos de estudo. Concebemos a transferência para além de um fenômeno clínico puramente dito, escutando-a, em maior ou menor grau, nas relações cotidianas do sujeito. A transferência na clínica é escutada, interpretada e dissolvida, entretanto, nas pesquisas associadas aos moldes universitários, necessita ser instrumentalizada para alavancar as engrenagens de um estudo psicanalítico. De acordo com Iribarry (2003, p. 129), a transferência instrumentalizada seria:

> [...] o processo por meio do qual o pesquisador se dirige ao dado de pesquisa situado pelo texto dos colaboradores e relaciona seus achados com a literatura trabalhada e procura, além disso, elaborar impressões que reúnem as suas expectativas diante do problema de pesquisa e as impressões dos participantes que fornecem suas contribuições na forma de dados coletados.

Em uma pesquisa em psicanálise, o pesquisador, trabalhando na e pela transferência, teórica ou empiricamente, não separa sujeito e objeto de pesquisa, escutando seus próprios desejos durante o processo de investigação, servindo-se deles e reconhecendo-os a fim de movimentar o estudo. As tradicionais e positivadas categorias de análise são subvertidas, e as interpretações são estabelecidas, de modo transferencial, apenas num segundo tempo, só depois do contato do pesquisador com os elementos pesquisados, num trabalho análogo ao processo de perlaboração de uma pessoa em análise (Iribarry, 2003).

Operar com o inconsciente envolve um saber que "não se sabe", envolve considerar um insabido na própria relação transferencial tendo em vista que o saber não é descoberto por uma questão ou por uma entrevista, somente. O saber é produzido na relação e implica pesquisador e conteúdo pesquisado. A pesquisa em psicanálise não é definida pelo seu tema ou lugar, mas pela forma como produz e formula suas questões, ou seja, no laço transferencial entre o pesquisador e o conteúdo pesquisado. Portanto, encontramos fundamentação em outros caminhos que se distanciam da lógica das ciências modernas hegemônicas positivadas. Ao longo da história, há um esforço contínuo por parte da comunidade psicanalítica em criar, teorizar e rever os critérios de cientificidade da herança freudiana para explicar, desde Freud, as manifestações inconscientes na cultura e na clínica. Uma pesquisa em psicanálise, entre suas múltiplas possibilidades, questiona as cristalizações cartesianas sobre o sujeito da consciência, traça percursos singulares e produz efeitos nos contextos que se propõe a escutar. Firmam-se territórios de estudo a partir de conceitos passíveis de transmissão sem deixar de construir trabalhos que ecoam as estilísticas singulares dos seus respectivos autores (Mezan, 2002).

Ainda assim, mesmo que pesquisa e tratamento estejam próximos quando articulados entre esses pressupostos, demarcamos que a pesquisa em psicanálise não é a prática clínica propriamente dita. A pesquisa em psicanálise não se encontra na investigação de um tratamento ou caso clínico. O tratamento consiste em uma investigação, porém não implica uma pesquisa científica. Apesar de o tratamento possibilitar a construção de um saber sobre o sujeito, necessariamente não reflete em um conhecimento novo à teoria. Dessa forma, a pesquisa se destina às novas contribuições e revisões que ocorrem em um processo de teorização após os atendimentos:

> A prática não tem sabedoria própria — ela suscita ideias a princípio indeterminadas. Por via da construção e do trabalho do conceito — que nunca acaba de se formar, pois uma vez fixado despotencializa-se como conceito, a Psicanálise voltada para o singular produz o trabalho teórico. É nessa relação que é possível construir, ultrapassar o já dito, construção que não se sustenta em uma linearidade e em que teoria e prática não têm autonomia, tal trabalho visa demarcar regiões (promover separações), os elementos comuns vão sendo destacados a fim de constituir a questão a ser estudada (Rosa; Domingues, 2010, p. 184).

Argumentamos que a experiência psicanalítica, em uma perspectiva freudiana, permite descobertas que não estão restritas a um determinado paciente, mas à ampliação de uma teoria sobre o psiquismo. Há uma passagem da condução de um caso clínico à investigação científica: "Pesquisa em ciência refere-se exclusivamente à tentativa de obter conhecimento novo e de apresentá-lo de modo que possa se incorporar ao já existente, seja como complemento, seja como nova perspectiva" (Mezan, 2019, p. 532).

Ademais, a psicanálise não está livre de uma cristalização, de permanecer apenas na repetição de teorias já postas e não se atentar para o novo presente nas próprias pesquisas e atendimentos clínicos. Seja numa pesquisa tradicional ou em uma pesquisa em psicanálise, é na criação e na possibilidade de imaginar outros sentidos, ou seja, de produzir diferenças, que se pode pensar para além do que os autores fundadores estabeleceram na trama psicanalítica: "pelos caminhos da imaginação, possibilita esse passo adiante no sentido da criação, arrancando-nos da pasmaceira do dado e ao mesmo tempo impedindo que o formalismo teórico nos paralise" (Garcia-Roza, 1991, p. 11).

Pesquisar nos exige uma abertura ao novo, ao inesperado, em nosso caso, aos imprevisíveis das associações e teorizações. Na produção de novas pesquisas, uma investigação psicanalítica passa a evidenciar as singularidades e as generalizações dos fenômenos nos quais se debruça. Logo, os estudos ganham um valor nomeado como qualitativo e exemplar, ou seja, a escuta da singularidade permite extrair o que é exclusivo, mas também o que se compartilha com os outros, o universal.

A partir disso, nos próximos tópicos apresentamos três pesquisas realizadas em diferentes contextos e constituídas por estratégias distintas para pensar a supervisão clínica, as entrevistas em psicanálise e a linguagem em psicanálise. Essas pesquisas foram sustentadas pela hipótese do inconsciente. Objetivamos explicitar como é possível operar determinados pressupostos compartilhados e comuns a todos, sem perder o caráter singular de cada autor e/ou abandonar a hipótese do inconsciente, independentemente das estratégias de produção do conhecimento apropriadas. Os recortes podem auxiliar a imaginar desenhos de uma pesquisa em psicanálise sem a criação de um manual determinista e impositivo de como se produzir conhecimento no ambiente acadêmico.

Supervisão e a escuta psicanalítica na clínica-escola

A primeira pesquisa que apresentamos diz respeito a um doutorado realizado no Programa de Pós-Graduação em Psicologia da UFSC, que se desenvolveu especificamente na Clínica-Escola e Serviço de Psicologia do

Centro Universitário de Brusque (SC), onde um dos autores atua como professor e supervisor dos estágios específicos em promoção e prevenção de saúde (Angeli, 2022). Assim, neste momento propomos realizar nossa análise acerca das estratégias de produção de conhecimento em psicanálise recorrendo à leitura sobre a pesquisa realizada em uma Clínica-Escola e ao material clínico produzido nos atendimentos e na supervisão.

O curso de Psicologia do Centro Universitário de Brusque teve início em 2011, sendo fundada a Clínica-Escola e Serviço de Psicologia (Cesp) com o intuito de ofertar um espaço físico adequado à realização do Estágio Curricular Supervisionado Obrigatório em Psicologia com a permanente supervisão de professores supervisores e a equipe técnica da instituição (Unifebe, 2015). Quando o estagiário inicia seus atendimentos na Cesp, segue-se uma padronização formal, própria da instituição. Ou seja, o acadêmico se encontra em uma instituição de ensino superior e, diferentemente de um consultório particular, há um protocolo a ser preenchido na instituição. Os pacientes são atendidos uma vez por semana em um dia e horário previamente agendados, assim como ocorre com a supervisão. Todo atendimento deve ser registrado no prontuário do paciente e assinado pelo professor orientador. Nesse sentido, cabe ressaltar que, diferentemente de uma supervisão em um consultório particular, a articulação da psicanálise em outros espaços, no nosso caso, na universidade, implica reposicionamentos da teoria psicanalítica.

O primeiro encontro entre o supervisor e os acadêmicos-estagiários permite o estabelecimento dos acordos iniciais em relação à dinâmica do estágio, horários de supervisão, atividades e relatórios, expectativas e campo de atuação, leituras e indicações de textos, a escolha da abordagem teórica e a escuta do estagiário sobre seu trajeto acadêmico e teórico. Os primeiros encontros são marcados pelo alinhamento entre a proposta de estágio e o campo de atuação, como também discussões em torno de conceitos e recomendações em relação à escuta e ao acolhimento dos pacientes. A população de estudo da pesquisa realizada foi a comunidade atendida pela Clínica-Escola e Serviço de Psicologia e alguns dos acadêmicos-estagiários que optaram pela abordagem psicanalítica no Estágio Supervisionado Específico: Psicologia e Prevenção e Promoção da Saúde II, III e IV do curso de Psicologia do Centro Universitário de Brusque, no decorrer dos anos de 2019 e 2020.

A transferência estabelecida e a possibilidade de associação frente às construções em supervisão delimitaram a escolha dos acadêmicos-estagiários, assim como a escolha dos pacientes e dos casos atendidos. O atendimento à população foi realizado através de sessões clínicas semanais, tendo como base o referencial teórico psicanalítico. Os analistas foram os acadêmicos-estagiários que participaram semanalmente das supervisões, sendo o material clínico das supervisões gravado e analisado. A análise do material foi realizada a partir dos aportes teóricos dos autores referenciados ao longo da pesquisa, ou seja, adotou-se como filiação teórico-metodológica a psicanálise e recorreu-se aos conceitos psicanalíticos de transferência, escuta, inconsciente, associação livre, caso clínico, bem como utilizaram-se conceitos de autores que trabalham próximos da psicanálise como os conceitos de acontecimento e indecidível. Com a eclosão da pandemia e a necessidade de lidar com as suas reverberações na Clínica-Escola, recorreu-se aos conceitos analíticos de trauma, negação, desautorização.

Nesse sentido, nessa pesquisa, a partir da supervisão dos atendimentos clínicos realizados pelos acadêmicos-estagiários na Cesp, vislumbrou-se a possibilidade de construção do caso clínico e de tecer novas concepções e olhares sobre a clínica psicanalítica nas Clínicas-Escolas e Serviços de Psicologia, tendo em vista que "a prática da supervisão situa-se na fronteira entre a atividade analítica e as teorias que a instituem e que lhe fornecem um substrato conceptual; situa-se na fronteira entre o singular e o universal, entre o devaneio associativo e o discurso articulado" (Menezes, 2005, p. 60).

A construção do caso clínico a partir das supervisões de estágio permite a demonstração da teoria e a possibilidade de realizar descobertas a partir dos recortes clínicos narrados e questionados. A construção do caso não se restringe à narrativa do estagiário em relação à história de vida do paciente, que permite a apresentação da história e a aplicação da teoria, mas algo que possibilita, por meio da pesquisa, problematizar a teoria.

> Não posso escrever a história de meu paciente em termos puramente históricos nem puramente pragmáticos. Não posso oferecer uma história do tratamento nem da doença; vejo-me obrigado a combinar os dois modos de apresentação. Sabe-se que ainda não se achou um meio de transmitir no relato da análise, de alguma forma que seja, a convicção que dela resulta. Protocolos exaustivos do que acontece nas sessões de análise não serviriam para nada, certamente; e a técnica do tratamento já exclui sua confecção (Freud, 1918/2010, p. 21).

De acordo com Mezan (2019, p. 539), "o estudo de um caso singular não é equivalente à narrativa comentada teoricamente de um caso de análise". É possível a criação de hipóteses e teorias que podem ser confirmadas ou recusadas. Cabe ressaltar, conforme aponta Broide (2017), que o caso clínico não será capaz de relatar todo o atendimento ou tratamento, há sempre um impossível que escapa à possibilidade de tradução. Nesse sentido, não interessa na pesquisa relatada a compreensão integral do que foi realizado nas supervisões, como se fôssemos capazes de chegar a uma verdade absoluta, mas antes importa acompanhar a trajetória da narrativa escutada pelo acadêmico-estagiário, seus impasses, questionamentos, restos e resíduos.

> O legado deixado por Freud foi o de ressaltar o enigma enquanto aquilo que instiga o psicanalista e suscita a indagação do pesquisador, transformando-se em busca de conhecimento, colocando em movimento e aguçando o desejo. Desejo que o pesquisador-psicanalista busca nos detalhes. A peculiaridade da pesquisa psicanalítica é, também, a atenção ao detalhe colhido em transferência; o acolhimento aparentemente desprezível e inútil; os rastros de memória (Broide, 2017, p. 74).

A construção do caso clínico deve ser entendida como uma elaboração proveniente da relação transferencial entre analista e analisando ressaltando que, no contexto da pesquisa em estudo, a transferência entrelaça o paciente, o acadêmico-estagiário, o supervisor e a instituição na construção do caso clínico. Esse contexto envolveu a relação transferencial do acadêmico-estagiário e o paciente e a supervisão de estágio, uma trama de transferências que compõe o trabalho e a escuta psicanalítica em uma Clínica-Escola. Broide (2017) afirma que um caso não se restringe a um paciente, mas se associa à experiência clínica.

> O caso clínico não serve como justificativa para sustentar determinadas teorias, mas antecede a teoria, ou seja, o saber ali produzido passa pela experiência de escuta. Com isso, não se restringe a afirmar o já conhecido, mas abre-se às múltiplas possibilidades de investigação e descobertas. Ele indaga a produção psicanalítica (Broide, 2017, p. 76).

Sousa (2000) sustenta o caso clínico como uma construção, um recorte provisório e circunstancial, que implica a escuta do que interpela o analista e a teoria. O trabalho consiste na escuta dos recortes e dos caminhos que possibilitaram e que fizeram cortes, costuras e emendas de uma história:

> Guardar o recorte do caso e poder pensá-lo, junto com os retalhos deixados no chão, com a tesoura método que o configurou com a mão hesitante e, é claro, pensante, que escolheu os pontos de corte, é um desenho mais vivo do que está em questão em nosso trabalho (Sousa, 2000, p. 15).

A pesquisa em psicanálise, além da criação de um texto, implica o reconhecimento de um autor. A investigação psicanalítica não se dissocia da ideia de uma produção e escuta de si. Dessa forma, vislumbramos que um caso clínico construído em uma Clínica-Escola é produzido por diversas mãos e autores, o supervisor, o acadêmico-estagiário e o paciente.

"O caso, nos mostra Pierre Fédida, atesta o exato lugar em que a fala do analisante faz resistência na história ficcional do analista" (Sousa, 2000, p. 14). A resistência, indicada pelo autor, se encontra quando a comprovação e as garantias dos pressupostos do analista são questionadas ou não encontram lugar no relato do paciente, entrando em cena um encontro interrompido, entre um sujeito que fala e quem se coloca a escutar. Escuta que se sustenta no limite do fantasma que o analista suporta e na teoria que orienta. Nesse sentido, cabe ressaltar a importância da supervisão. Permitir a escuta dos próprios fantasmas despertados pela escuta de um sujeito e seus enigmas e a retomada teórica que norteia a construção do caso.

O trabalho analítico se sustenta no que não pode ser elaborado pelo acadêmico-estagiário, um resto da sessão, que necessita encontrar um novo lugar de trabalho psíquico. Encontrar um lugar e se colocar a trabalho pelo que, na transferência, se tornou um impasse. Um lugar que não se refere à narrativa das operações triunfantes de uma análise, mas naquilo que indaga e inquieta o acadêmico-estagiário e o supervisor.

> O começo da análise é — não é difícil imaginar — o enigmático encontro com aquilo que provém de uma vida não se assemelhando em nada a qualquer outra e que no entanto forma a questão genealógica do desvio necessário às transferências e à transmissão (Fédida, 1991, p. 217).

Pierre Fédida convida a pensar sobre as elaborações de uma supervisão e a construção do conhecimento e do saber em psicanálise. A supervisão e construção do caso não dizem respeito à simples narrativa, mas sobretudo às ressonâncias produzidas de quem toma a palavra. A supervisão tem como vetor a construção, a possibilidade de (re)construir um lugar psíquico capaz de acolher e sustentar a significação da experiência analítica. "A supervisão deve então contribuir para tornar disponível a capacidade de construir" (Fédida, 1991, p. 180). É a partir da supervisão que se torna possível instaurar um caso clínico em psicanálise, no que se refere às elaborações do percurso de uma supervisão. "Na psicanálise, o caso é uma teoria em gérmen, uma capacidade de transformação metapsicológica" (Fédida, 1991, p. 230).

Na pesquisa relatada anteriormente, que acompanhou o pressuposto da hipótese do inconsciente e recorreu ao método psicanalítico, foram tomadas em consideração as narrativas produzidas em supervisão na Clínica-Escola dos acadêmicos-estagiários e supervisor relevando o entrelaçamento transferencial entre paciente, analista, supervisor e a instituição.

De forma específica, essas narrativas foram tomadas para ilustrar a possibilidade de construção do caso clínico, fazendo a partir das relações transferenciais uma teorização flutuante. Sabemos que uma narrativa não se separa necessariamente da outra, porém explicitamos esse aspecto para ressaltar a implicação do supervisor na pesquisa. Nesse sentido, a supervisão se apresentou como uma estratégia de produção de conhecimento que permitiu a escuta das angústias dos acadêmicos-estagiários frente ao imprevisível, as associações livres e a criação de um espaço de acolhimento singular em que não há possibilidade do cálculo ou do controle. Dessa forma, o convite psicanalítico é justamente permitir acolher o estranhamento e o mal-estar para permitir a tradução e destradução de novos e outros saberes sobre si e sobre o mundo.

Entrevistas em psicanálise: estratégias para problematizar o gênero e a prática clínica

A segunda pesquisa foi realizada no mestrado do Programa de Pós-Graduação em Psicologia (PPGP), da Universidade Federal de Santa Catarina (UFSC), endereçada aos discursos de cinco psicanalistas a respeito das suas concepções sobre as reverberações das questões de gênero em suas práticas clínicas, escutados(as) em entrevistas (Eccher, 2023). Foi um estudo que buscou tensionar e ser tensionado, que não visou nem criticar desnecessariamente aspectos da transmissão freudiana nem idealizar concepções psicanalíticas como pressupostos irrefutáveis; o mesmo valendo para as teorias feministas e de gênero. Foi proposto um escrito de diálogo e de movimento entre fronteiras teóricas, de escuta das diferenças e das contradições advindas dos encontros entre a psicanálise, as subjetividades do nosso tempo e outras disciplinas que problematizam o gênero.

Foi assumido o pressuposto de que todo estudo psicanalítico individual é, ao mesmo tempo, social, dado que a pessoa sempre se relaciona com os outros, seja como ideal, objeto de amor ou oponente (Freud, 1921/2011). Trabalhou-se, portanto, com uma psicanálise atenta às mudanças sociais e às negociações imprevisíveis do pulsional para problematizar o modelo da diferença sexual e tratar o gênero pluralmente, com leituras que questionam elementos binários e reducionistas.

À vista disso, a pesquisa se materializou no território da psicanálise extramuros, uma perspectiva que propõe a expansão da escuta para outros campos, externos ao espaço tradicional representado pela imagética do divã e do caso clínico. Essa vertente do método psicanalítico possibilita que aspectos culturais, sociais, políticos e artísticos sejam escutados e interpretados segundo pressupostos psicanalíticos, uma estratégia que transporta pesquisadores até outras ligações do pulsional com o corpo social, sendo mais uma via possível à escuta, diferenciando-se de uma mera aplicabilidade de conceitos puramente clínicos em outros territórios (Laplanche, 1992).

A apropriação do conceito "psicanálise extramuros" é intencional e se dá por conta da transferência do pesquisador às proposições de Jean Laplanche, que se agregam às composições do projeto de pesquisa. Essa delimitação é necessária, dado que os termos "psicanálise em extensão" e "psicanálise aplicada", contextualizados por outros referenciais teóricos, são comumente associados às amarrações da psicanálise extramuros. Laplanche (1992), desconstruindo uma primazia "clínica tratamento" na articulação dos conceitos psicanalíticos, argumenta que o movimento extramuros sempre esteve presente em Freud, que nos primórdios do seu trabalho se apropriou de obras artísticas e aspectos da cultura para defender suas ideias.

Suplementarmente, ancorou-se em Martinez (2003, p. 60) para reforçar o porquê de propor a escuta extramuros: "[...] a cultura é feita de psiquismo, porque seus criadores são humanos, assim como o sofrimento humano toma forma nas diversas manifestações culturais, desde os sintomas até a arte, passando pela ciência". Associando com a pesquisa efetuada por entrevistas, tirar o analisando de foco e direcionar a escuta extramuros do pesquisador aos analistas foi uma estratégia que desdobrou vias de interpretação a partir da escuta psicanalítica, principalmente no tocante às questões de gênero que atravessam estilos, escutas e formações na atualidade.

A entrevista em psicanálise é uma estratégia utilizada nos estudos dos fenômenos sociais e políticos que escuta as expressões inconscientes no e pelo laço transferencial, para além do enquadre clínico. Fundamentando-se na hipótese do inconsciente, o pesquisador abarca problemáticas presentes no tecido social. As entrevistas em psicanálise podem instigar a enunciação de pontos ainda não escutados nas histórias dos entrevistados, perlaborando temas por meio da associação livre e da atenção flutuante, apropriando-se da transferência do pesquisador perante as narrações para costurar outros e novos saberes sobre a temática pesquisada (Rosa; Domingues, 2010).

Durante as realizações das entrevistas fora do contexto clínico, um impasse pode aparecer: a demanda do pesquisador sobrepor a demanda do entrevistado. Quer dizer: "Na clínica, a escuta do analista implica que este ocupe o lugar de 'suposto-saber' sobre o sujeito [...]. Já nos contextos exteriores à clínica, há uma inversão do modelo, pois é o pesquisador quem supõe que o entrevistado saiba algo" (Rosa; Domingues, 2010, p. 186). Contudo, o entrevistado, ao responder e formular questões, está interpelado pelo seu inconsciente e nem sempre tem total compreensão dos enunciados endereçados ao pesquisador e vice-versa. A instrumentalização das entrevistas em psicanálise é viável, desde que o pesquisador sustente os pressupostos básicos da psicanálise, escapando às certezas da consciência.

Ainda acerca da relação do pesquisador com os entrevistados, resistências podem ser erguidas durante o processo de investigação por inúmeros motivos. Como exemplo é possível citar o caso do pesquisador que se prende à teoria tentando encontrar as respostas que deseja escutar, ignorando os enunciados dos entrevistados e as aberturas para o novo. Além desse, exemplificam casos de resistência diante de realidades sociais diferentes das vividas pelo pesquisador, principalmente em casos de exclusão social em que o pesquisador pode se ater somente à condição social do sujeito e excluir a escuta de um sujeito cindido/desejante ou vice-versa. Se na clínica a resistência do analista trava o tratamento, na investigação o pesquisador pode ter dificuldade em colher os dados e/ou interpretá-los equivocadamente. Em ambas as situações, é recomendado respeitar o contexto social e político ao qual o sujeito está vinculado para escutar como o pesquisador se posiciona perante esse contexto. Nos estudos psicanalíticos, devem ser considerados os posicionamentos políticos do pesquisador diante das realidades abordadas, dadas as transferências e/ou as resistências manifestadas no ato de escutar e pesquisar (Rosa; Domingues, 2010).

Assumindo as premissas acerca da pesquisa conforme apresentadas pelas referências anteriores, as entrevistas em psicanálise foram escolhidas propriamente para materializar as singularidades e as generalizações compartilhadas pelo campo psicanalítico para registrar como psicanalistas estão lidando com aspectos culturais e formativos atrelados às questões de gênero, além de identificar os movimentos políticos e sociais que atravessam práticas cotidianas, de modo a apontar outros sentidos nos planos individuais e coletivos da comunidade psicanalítica. Considerando esses aspectos, foram estruturados os procedimentos do método que deram o contorno às entrevistas e às etapas do estudo.

A escolha dos(as) participantes ocorreu conforme os seguintes critérios de inclusão: pessoas que residissem no Brasil há pelo menos dois anos, que se reconhecessem como psicanalistas e habitassem espaços de inserção da psicanálise (universidades, clínicas, outras instituições e/ou escolas de formação) no mínimo há cinco anos. Também foram escolhidos(as), de preferência, psicanalistas que se reconheciam em diferentes espectros do gênero (cis, trans, gênero fluido, não binário...) e sexualidades (hétero, homo, bi...) e que eram de diferentes gerações de formação e idades. Seguindo tais balizas, analisaram-se discursos advindos de diferentes contextos, práticas e apropriações da psicanálise. Mesmo que a pesquisa se distanciasse de um viés identitário maciço, com a premissa de escutar narrativas pluralizadas, tornou-se possível sustentar uma pesquisa voltada à singularidade e suas ressonâncias numa prática clínica sem desconsiderar determinadas coletividades.

Ademais, como medida adotada para manter o sigilo da pesquisa, qualquer informação que pudesse identificar os(as) participantes foi omitida, bem como seus nomes foram alterados. Foi produzido o Termo de Consentimento Livre e Esclarecido (TCLE) e enviado ao Comitê de Ética da Universidade Federal de Santa Catarina (UFSC) para aprovação junto do projeto de pesquisa. O TCLE é um documento que contém a assinatura dos envolvidos, pesquisadores e participantes, com o intuito de registrar as responsabilidades do estudo. As entrevistas foram iniciadas a partir de algumas perguntas disparadoras relacionadas ao problema e aos objetivos da pesquisa, mas a associação livre e a atenção flutuante foram priorizadas durante os diálogos para que, na transferência e pela escuta psicanalítica, o problema de pesquisa fosse trabalhado.

As entrevistas foram realizadas virtualmente após a pandemia, além de gravadas e posteriormente transcritas. Cada entrevista durou um encontro de por volta de uma hora e meia. Ao todo, foram 42 convites para psicanalistas espalhados pelo Brasil, principalmente por e-mails e WhatsApp. Destes, cinco se concretizaram em entrevistas gravadas e transcritas, e dois foram marcados, mas não concretizados por questão do tempo para concluir a pesquisa. Entre os outros trinta e cinco convites, a maioria não foi possível por falta de resposta ou de disponibilidade, tendo acontecido algumas recusas diretas por questões de preferência por não participar de uma pesquisa sobre gênero.

Os(as) participantes foram contatados(as) considerando indicações de colegas de profissão e da pós-graduação bem como por meio de listas de contatos de instituições psicanalíticas. Os e-mails enviados aos(às) participantes continham o convite à pesquisa e informações sobre o projeto de pesquisa, sua importância para sua área de conhecimento e suas responsabilidades éticas. Basicamente, os conteúdos das mensagens continham informações sobre a temática geral da pesquisa e sua proposta extramuros a partir de entrevistas com psicanalistas. Continham informações de como as concepções, as relações e os embates que temos sobre o gênero e a diferença sexual ressoam ou não na prática clínica de um/uma psicanalista. Foi explicitada a proposta de escutar mais sobre as suas respectivas práticas clínicas e como essa temática era vista e escutada, independentemente de escola de formação e/ou posicionamento.

As cinco pessoas que aceitaram participar da pesquisa estavam localizadas em quatro diferentes estados brasileiros: Rio Grande do Sul (duas pessoas), Santa Catarina, Paraná e São Paulo. Houve um esforço para entrevistar analistas de outras regiões, como o Nordeste e o Norte, mas nenhum contato foi possível de ser concretizado. Além disso, participaram analistas de diferentes idades e tempos/escolas de formação: três com idades entre trinta e quarenta anos, um com idade entre quarenta e cinquenta anos e um com idade entre cinquenta e sessenta anos. Sobre as escolas de formação, havia analistas próximos(as) dos trabalhos de Freud, Lacan, Winnicott, Melaine Klein, Laplanche e referências associadas a esses autores.

Para mais, três se reconheceram como homens gays cis e dois como mulheres cis. Três comentaram ter proximidade direta com a temática de gênero, outros dois tinham interesse, mas consideraram não ter proximidade com estudos próximos ao gênero. Além das informações e dos critérios de inclusão presentes nas estratégias de produção do conhecimento, todos têm ou tiveram contato com instituições psicanalíticas e com universidades, especificamente com programas de pós-graduação, tendo três exercido/exercendo a docência em universidades de suas respectivas regiões. É possível observar nessa pesquisa que as mulheres não descreveram sua sexualidade durante seus discursos, enquanto os analistas homens demarcaram suas sexualidades. Além disso, não ocorreram descrições dos/das entrevistados(as) sobre outras categorias analíticas como raça e classe.

Sobre as análises das entrevistas: a psicanálise lida com as imprevisibilidades das expressões humanas. Por isso, os saberes da pesquisa foram forjados segundo as intersecções entre o corpo teórico, as singularidades dos entrevistados/pesquisadores e as narrativas escutadas. Não há uma verdade universal a ser descoberta, muito menos um segredo a ser interpretado nos discursos escutados: "[...] a verdade de uma interpretação não pode ser tomada como definitiva, mas sempre provisória [...] é sempre uma verdade parcial, uma perspectiva selecionada do seu objeto" (Figueiredo; Minerbo, 2006, p. 275). Assim como na escuta das neuroses, é na parcialidade e na renúncia às ideias totalizantes que podemos articular os critérios de cientificidade da psicanálise. Nessa perspectiva, para produzir as análises, entrelaçaram-se os discursos transcritos com as teorizações da pesquisa e as escutas/transferências do pesquisador.

Figueiredo (2000) relembra o cuidado necessário no emprego dos conceitos psicanalíticos nos estudos de fenômenos políticos e sociais. Para ele, pesquisas com meras replicações daquilo que já se sabe, pelos estudos sociais ou pela clínica, são empobrecidas. Quanto mais complexo o fenômeno estudado, mais rigor conceitual é necessário para abordá-lo contundentemente. A partir das bases fornecidas pela psicanálise, é imprescindível ao pesquisador escutar como os sujeitos são enredados nas malhas sociais e políticas para traçar percursos singulares atrelados à problemática estudada e ser possível construir novos saberes teóricos e socialmente significativos.

Almejou-se, com essas estratégias de produção do conhecimento, escutar possíveis decomposições e recomposições provocadas pelos barulhos de gênero nos cotidianos de cinco psicanalistas. Produzir um escrito associado às pluralidades em psicanálise, principalmente a respeito das concepções atreladas ao gênero, possui o intuito de continuar a atualizar a transmissão freudiana. Sustentando esses argumentos, a pesquisa, uma vez preocupada com questões políticas e sociais, singulares e universais, pôde problematizar concepções moduladoras de escutas e discursos que se balizam nos pressupostos psicanalíticos. Consequentemente, assumindo tais movimentos de pesquisa, com novos arranjos sobre a temática pesquisada, pretendeu-se contribuir para as subjetividades, os profissionais e os saberes atravessados pela psicanálise.

Nas análises das transcrições das entrevistas no só-depois, foram tecidos saberes na trama psicanalítica, especialmente sobre como o gênero pode ser um conceito apropriado e operado após ter sido recalcado e discriminado na história psicanalítica; o quanto as questões de gênero atravessam tanto analistas quanto analisantes e compõem transferências e contratransferências; e a função do trabalho de base com a categoria analítica de gênero nas transmissões e formações. Foi argumentado que as questões de gênero se apresentam como problemáticas de pesquisa à psicanálise, pois tensionam revisões e expansões de discursos e práticas clínicas, além de exigirem que as práticas que envolvem a escuta do sujeito dialoguem com outras disciplinas.

Análise de linguagem atravessada pela hipótese do inconsciente

Para a terceira abordagem sobre possibilidades de trabalhar em pesquisa psicanalítica atravessada pela hipótese do inconsciente, recorremos ao trabalho crítico com a linguagem. Especificamente, recorremos a uma estratégia para análise denominada *desconstrução*, a qual consiste em uma deslocação repetida regularmente, visando a desestabilizar a lógica moderna da ontologia e da episteme marcadas pela presença, linearidade, identidade, não contradição (Derrida, 1971, 1973, 1994, 2006).

Em pesquisa realizada no mestrado no PPGP da UFSC, a pesquisadora recorre à estratégia da desconstrução considerando a hipótese do inconsciente na constituição psíquica e na elaboração da linguagem

(Albrecht, 2020). Assim, a autora entrevista psicanalistas e analisa suas concepções sobre alteridade perguntado sobre a relação entre essas concepções e a prática clínica. Na pesquisa realizada a forma de compreender a linguagem está relacionada com a (im)possibilidade da língua. Qualquer enunciado está encadeado num sistema de diferenças que tanto convoca, aproxima ou remete a outro elemento do sistema. Essa forma de compreender o psiquismo e a linguagem se aproxima da psicanálise, considerando a premissa de Jacques Derrida, filósofo, pesquisador, enunciador da estratégia da desconstrução que, por sua vez, se anuncia como um amigo da psicanálise.

Abrindo um parêntese, salienta-se que no livro *Posições*, ao ser perguntado sobre a psicanálise, Derrida (2001a, p. 91) afirma que "[...] a respeito daquela que poderia ser minha 'posição' sobre isto, é inútil lembrar, primeiramente, que desde a *Gramatologia* (1965) e *Freud e a cena da escritura* (1966), *todos* os meus textos têm inscrito aquilo que chamarei sua implicação psicanalítica? Não se segue disso que nenhum dos anteriores não o tenha feito". Importante lembrar que René Major (2002) afirma que a desconstrução, uma estratégia de produção de conhecimento articulada por Derrida, pode ser considerada a partir da sua relação com a psicanálise. Também importante mencionar que René Major e Elisabeth Roudinesco foram organizadores do movimento *Estados Gerais da Psicanálise* e, quando da realização dos Estados Gerais da Psicanálise na França, no ano de 2000, Derrida foi convidado a proferir uma conferência que ele nomeou *Estados-da-alma da psicanálise: o impossível para além da soberana crueldade* (2001b). Essa conferência foi um marco nas análises das relações da psicanálise com a crueldade e a condição dos Estados soberanos, no que se explicita a resistência como mote para a produção de uma psicanálise sem álibi, conforme apontado pelo filósofo.

Retomando nossa questão, entendemos que a concepção de linguagem atravessada pela hipótese do inconsciente de modo nenhum abandona o pressuposto da consciência. Considera-se uma justaposição de enunciados inconscientes (por meio de suas formações: sonhos como uma via privilegiada, o humor, os atos falhos, as lembranças encobridoras, os sintomas) e conscientes (predominância de intenção-volição-transparência-ação e a linearidade daquilo que se diz e faz, ou seja, uma transparência e um acesso causal direto). Ademais, por linguagem compreende-se não somente sua redução convencional à linguagem oral, mas sim outras manifestações e suas expressões: linguagem escrita, linguagem corporal e linguagem pictórica. Desse modo, a psicanálise reconhece um sujeito movido pela razão e de forma ambígua faz uma crítica ao essencialismo e à regência da consciência.

Freud criou um modo específico de tratamento pela fala e percebemos que nos dias atuais sobrevive uma certa organização em torno da dinâmica do tratamento, veiculando o discurso com a captura dos conteúdos latentes; ou, dito de outro modo, há uma tendência a emoldurar a transferência pela fala. Nessa herança, carregam-se modos específicos de instituir alguma política de tratamento em que prevalece um domínio pela fala como possibilidade de transpor as formações do inconsciente e o acesso à linguagem.

Ao considerar um modo de investigação onde a regra pressupõe uma impossibilidade de a pesquisadora abster-se de conceitos nos quais ela ancora sua pesquisa, a citar alguns: livre associação, transferência, inconsciente, *après coup*, sujeito cindido, alteridade, imprevisibilidade e incompletude, se está diante de uma estratégia de produzir conhecimento remetida a (im)possibilidades de cálculos e previsões. Preparar questões disparadoras para uma entrevista é esperar por devaneios e outros temas circunscritos ou não à temática pesquisada. Transcrever, num só-depois, a linguagem oral para a linguagem escrita é espantar-se também consigo: "eu disse isso?", encontrar traços de resistências na tradução, este trecho de entrevista eu preferiria não transcrever... ou seria omitir? Deparar-se com a angústia, ela circula pesquisadoras-entrevistadas, de reconhecer-se (in)apta a responder, eu não sei se tu consegues me compreender, eu não sei se era isso o que tu querias.

Em psicanálise, carregam-se modos específicos de instituir alguma política de tratamento em que de saída prevalece um domínio pela linguagem oral como possibilidade de transpor as formações do inconsciente e o acesso à linguagem. Desse modo, compreendendo o poder como algo que circula e transmite enunciados por meio de saberes instituídos, indicando o que é convencional e tem força de estabelecido, de concordância, comando e lei (Foucault, 1979); certos procedimentos têm força de reprodução e continuam a ser praticados por carregarem modos apreendidos como adequados.

Diferente de conceber estritamente a linguagem oral (fala, *phoné*), conceber a linguagem pela via das formações do inconsciente, portanto como um código que destoa de seu sistema, tem compreensões dissonantes para diferentes autores. Criando uma região de opacidade e permitindo a sustentação de uma dúvida acompanhada de seu indecidível, na pesquisa a autora aborda a concepção de linguagem para Sigmund Freud e Jacques Derrida. Sabe-se da diversidade de suas abordagens sobre a linguagem, porém se considera que esses autores se apoiam na hipótese do inconsciente e estabelecem um diálogo entre si.

Temos em Freud (1900/2019) a compreensão da linguagem atravessada pelas formações do inconsciente: sintomas, sonhos, humor, atos falhos, lembranças encobridoras. Conteúdos potencialmente recalcados, denegados, escamoteados e seus esquecimentos. Lembrar de um nome no lugar de outro ou sonhar uma cena de intensidade enigmática são exemplos dessas formações. Como meio privilegiado dos conteúdos censurados e recalcados, está o sonho como manifestação. Para driblar a censura, os mecanismos utilizados pelo sonho podem ser tanto a condensação como o deslocamento, havendo deformação ou dissimulação em seu conteúdo manifesto. Sabe-se que o sonho, na concepção freudiana, não tem significação importante enquanto origem simbólica e quanto a seu referente deciframento. É na cadeia associativa, no relato que se faz de seus sonhos, que irá acompanhar seus efeitos de diferimento, espaçamento e posteridade. Elementos, cheiros ou ruídos que chamam a atenção e que são trazidos a essa outra cena, que é posterior ao sonho, cena de vigília. Há algo que nos pesca, somos fisgados a continuar aquela cena vivida no sonho, atravessada pela vigília e subtraída pelo relato criado do sonho. Evidenciamos ou mascaramos aspectos que emergem de nosso discurso e que, de súbito, destoam do código habitual. Os sonhos são não apenas linguagem, mas um modo de linguagem de caráter não fonético. A linguagem, na concepção freudiana, está manifesta em conteúdos censurados pelos processos psíquicos inconscientes.

Na obra e pensamento do filósofo Jacques Derrida (1971, 1973, 1994), encontramos que esse autor não trabalha diretamente com a metapsicologia freudiana, mas a partir da metapsicologia; bem como ele refere a importância da crítica que a psicanálise oferece à metafísica da presença. O autor valoriza a concepção de singular, de tempo não linear — do só-depois — da linguagem e do inconsciente, com os quais a psicanálise trabalha.

A linguagem para Derrida é compreendida não como uma correspondência pura e idêntica no par signo/referente, mas dessa premissa a linguagem que ele e nós consideramos autossuficiente e presente não é mais do que um produto ou um resultado de um sistema de diferenças anterior. Em *Gramatologia* (1973) o autor problematiza o conceito de signo e a concepção binária e de qualquer precedência entre significante e significado. Essa problematização o leva a trabalhar com a concepção de *escritura* e considerar os signos em constantes remissões uns aos outros, bem como entender o psiquismo como uma máquina que produz uma escrita hieroglífica não verbal e não linguística.

A impossibilidade de uma única língua, pura ou de uma essência da língua, abordada nos textos derridianos, traz consigo a impossibilidade de um centro, um ponto de salvação ou de ancoragem que permita acesso a significações, sentidos ou apaziguamento pela segurança de um estado só, imutável, permanente e constante. Encontramos na obra derridiana *Torres de Babel* (2006) não somente a configuração da multiplicidade irredutível das línguas, mas a exibição de um não acabamento, a impossibilidade de completar ou saturar qualquer ordenamento construtivo ou com a figuração de uma edificação.

(Quando-mais-presente, mais-verdadeiro?). Derrida (1971, 1973, 1994) vai criticar essa equação que expressa a metafísica da presença. O pensamento metafísico irá se estruturar em oposições conceituais juntamente de seus binarismos, entendendo os termos como presença e sua oposição, a ausência. Como exemplos desses binarismos, temos: mente/matéria, eterno/histórico, transcendental/empírico, universal/particular e tantos outros cotidianos como: tudo/nada, dia/noite, fala/escrita. Todos esses termos se referem a oposições primordiais entre presença/ausência. Dependendo do valor em questão, seja a verdade, o significado ou a intenção de uma autora, um dos termos será identificado como aquele que se faz mais presente e o outro termo, seu contrário ou sua oposição, será identificado com sua ausência e em consequência: desqualificado e rebaixado.

Diferente de visar a uma interpretação do texto transcrito *après coup* a entrevista, por exemplo, e dizer: aqui o entrevistado quis dizer isso ou buscar por um sentido último e original daquele enunciado, um gesto desconstrutor ao tocar um texto está mais implicado em reconhecer a precariedade do ideal de sujeito fiel a si mesmo, capturável e sempre presente. Outrossim, a proposta utilizada nas pesquisas foi/está sendo recorrer ao trabalho com os textos no intuito de expor e problematizar o que eles carregam dos pressupostos fonocêntricos, logocêntricos e falocêntricos, assentados nos binarismos e na extrema hierarquia que acompanham os pares de conceitos que atravessam nossa linguagem.

Utilizado pela primeira vez por Jacques Derrida em 1967 na *Gramatologia*, o termo 'desconstrução' foi tomado da arquitetura. Significa a deposição ou decomposição de uma estrutura. Em sua definição derridiana, remete a um trabalho do pensamento inconsciente ('isso se desconstrói'), e que consiste em desfazer, sem nunca destruir, um sistema de pensamento hegemônico e dominante. Desconstruir é de certo modo resistir à tirania do Um, do logos, da metafísica (ocidental) na própria língua em que é enunciada, com a ajuda do próprio material deslocado, movido com fins de reconstruções cambiantes (Derrida; Roudinesco, 2004, p. 9).

Em outras palavras, incorporamos as ausências e supomos reconhecer as faltas, entendendo que se trata de uma epistemologia que reconhece o impedimento de uma continuidade baseada no mesmo. Supomos reconhecer a existência de um reino inatingível: o do original. Não saberemos localizar, menos ainda extrair, o exato nó psíquico que está imobilizando naquele instante este sujeito falante. Na obra derridiana (2006) a promessa da tradução em si já é um acontecimento, uma assinatura decisiva de um contrato. Algo chega (a linguagem, as frases, a demanda, o texto etc.) a prometer reconciliação. Esse acontecimento raro e considerável, da necessidade de um endereçamento, por exemplo, a um outro e junto disso a (im)possibilidade de atingir um alvo mostra a especificidade das linguagens humanas. A proposta da *desconstrução* opera um papel ímpar ao mostrar que um dos termos de uma oposição, o que se quer isolar e valorizar, depende intimamente do outro termo que está sendo rebaixado ou desvalorizado.

Assim é possível marcar a heterogeneidade da língua, onde esse descentramento faz-se necessário para desmontar a centralidade de um lugar, de uma posição, de um conceito, de um sujeito, deslocando sentidos consolidados. Lembrando que a palavra proporciona lugares transitórios, que a palavra estaria ali no lugar de outra coisa, como um *aliquid stat pro aliquo*; sendo, portanto, metafórica. Considera-se a arbitrariedade do signo e o que é dito/enunciado assemelha-se a uma espécie de prótese, ou seja, faz parecer.

Um quadro do pintor surrealista belga René Magritte em que se visualiza um cachimbo, seguido da escrita: *Ceci n'est pas une pipe*[6], faz-se extremamente paradoxal, e Magritte intitulou essa obra *La*

---
[6] Isto não é um cachimbo.

Trahison des images. Essa obra pode nos ajudar a pensar que todo signo vai portar a marca de uma ausência, ou seja, daquilo que não é, ainda que possamos reconhecer a representação da coisa, ela é não somente um simulacro. Caso o artista tivesse escrito sob seu quadro "isto é um cachimbo", teria ele traduzido a substância do objeto ao qual fazia referência? Elegendo essa figura "cachimbo" como um signo, portanto uma marca, percebemos que ela não fará combinação com seu representante direto: objeto cachimbo.

Essa relação de suplemento foi analisada pelo filósofo Derrida (1973), de modo que a escrita não é mera técnica e representação da *phoné*. Esse signo como um rastro vai ocupar o lugar de outra coisa, portanto o signo nunca vai combinar com a marca e seu referente/conceito. Tal qual experimentamos a ilusão de, na obra do pintor René Magritte, ver um conceito em sua presença, é justamente com essa ilusão que o movimento do signo é possível. Isso posto, o signo traz consigo sempre o rastro daquilo que ele substitui, daquilo que ele não é, portando a marca da diferença. Para muitos de nós, uma crítica a esse sistema de pensamento ao qual estamos constituídos expõe enormes dissimetrias, contrapondo toda uma captura vivenciada desde os instantes em que somos capazes de nos situar num mundo minimamente sensível e inteligível.

Buscamos explicitar neste item uma estratégia de análise de linguagem utilizada em pesquisas acadêmicas, considerando que ela também reverbera no trabalho clínico em psicanálise, havendo terapêutica e investigação enlaçadas nessa tarefa. Ainda, buscamos apresentar com a *desconstrução* derridiana um modo de lidar com a linguagem que afaste a tentação de devolver a verdade sobre qualquer enunciado.

Algumas considerações

Tratamos as pesquisas apresentadas anteriormente como exemplos que legitimam o trabalho com a hipótese do inconsciente em pesquisas acadêmicas. Esses exemplos indicam trabalhos de pesquisadores que se apropriam dos pressupostos psicanalíticos, enquanto produtores de ciência, mas, ao mesmo tempo, que se distanciam dela, estabelecem uma crítica ou pelo menos se distanciam de uma visão exclusivista da ciência. Em outras palavras, uma vez que o inconsciente não pode ser capturado pelas metodologias baseadas em um sujeito da razão e da cognoscência, a comunidade psicanalítica precisa fazer um esforço para articular outros pressupostos a fim de acompanhar as expressões desse inconsciente na clínica e na cultura. Isso sem engessar métodos ou propagar dogmatismos, abrindo-se a críticas e revisões, caso necessário.

Beividas (1999) explora a ideia de "Excesso de Transferência", argumentando como determinadas pesquisas em psicanálise, produzidas no Brasil, perdem potência pelos excessos transferenciais com autores fundadores, desembocando na precariedade de novas composições e no dogmatismo teórico e empírico. Conforme esse autor, houve uma tendência no campo psicanalítico à reprodução de ideias tecidas por autores fundadores como Freud e Lacan, mas que fundam trabalhos a partir de uma leitura do inconsciente sob eles, ao invés de ser uma leitura do inconsciente com eles. O caráter excessivamente transferencial das pesquisas e dos trabalhos citados pelo autor sinalizam o quanto o campo psicanalítico se fechou para verdades proferidas por referências passadas, com revisões precárias de pressupostos em nome dos portadores da verdade sobre o inconsciente.

As três pesquisas exploradas neste capítulo apresentam pressupostos que criticam a racionalidade positivista, especialmente na concepção dos saberes e na articulação dos conceitos. Elas abrem outras possibilidades de interpretação e de análise, baseadas em referências tanto clássicas quanto contemporâneas, sem fixar os saberes como a-históricos e universais. Ao revisitar temáticas do campo psicanalítico no momento em que foram escritas, defendem o exercício de imaginar outras abordagens para produzir conhecimento clínico e socialmente relevante. No entanto, essas pesquisas são apenas recortes limitados, com fronteiras impostas pelo formato de um capítulo de livro. Portanto, devemos continuar comprometidos em trabalhar com a hipótese do inconsciente em pesquisas acadêmicas de maneira singular, implicada politicamente e historicamente, ultrapassando os limites anteriormente estabelecidos e revisando esses mesmos limites conforme necessário.

Referências

ALBRECHT, F. *Faz sina tua diferença*: alteridade em Lacan e Derrida e ressonâncias na prática clínica. 2020. Dissertação (Mestrado em Psicologia) — Programa de Pós-Graduação em Psicologia, Universidade Federal de Santa Catarina (UFSC), Florianópolis, 2020. Disponível em: https://repositorio.ufsc.br/handle/123456789/216521. Acesso em: 10 abr. 2024.

ANGELI, G. *Supervisão e a escuta psicanalítica na Clínica-Escola*: a experiência clínica de acadêmicos-estagiários. 2022. 196 p. Tese (Doutorado) — Universidade Federal de Santa Catarina, Centro de Filosofia e Ciências Humanas, Programa de Pós-Graduação em Psicologia, Florianópolis, 2022. Disponível em: https://bu.ufsc.br/teses/PPSI1024-T.pdf. Acesso em: 20 mar. 2024.

BEIVIDAS, W. O excesso de transferência na pesquisa em psicanálise. *Psicologia*: Reflexão e Crítica, v. 12, n. 3, 1999.

BROIDE, E. E. *A supervisão como interrogante da práxis analítica*: do desejo do analista à transmissão da psicanálise. 2017. 122 f. Tese (Doutorado em Psicologia Social) – Pontifícia Universidade Católica de São Paulo, São Paulo, 2017.

COSTA, A.; POLI, M. C. Alguns fundamentos da entrevista na pesquisa em psicanálise. *Pulsional Revista de Psicanálise*, n. 188, p. 14-21, 2006. Disponível em: www.editoraescuta.com.br/pulsional/188_02.pdf. Acesso em: 15 jun. 2024.

DERRIDA, J. *A escritura e a diferença*. São Paulo: Perspectiva, 1971.

DERRIDA, J. *A Voz e o Fenômeno*: introdução ao problema do signo na fenomenologia de Husserl. Rio de Janeiro: Jorge Zahar Editor, 1994.

DERRIDA, J. *Gramatologia*. São Paulo: Perspectiva, 1973.

DERRIDA, J. *Torres de Babel*. Belo Horizonte: Editora da UFMG, 2006.

DERRIDA, J. *Posições*. Belo Horizonte: Autêntica Editora, 2001a.

DERRIDA, J. *Estados-da-alma da psicanálise*: o impossível para além da soberana crueldade. São Paulo: Escuta, 2001b.

DERRIDA, J.; ROUDINESCO, E. *De que amanhã... diálogos*. Tradução de André Telles. Rio de Janeiro: Jorge Zahar Editor, 2004.

ECCHER, P. V. *Problematizando o gênero na Psicanálise*: entre discursos e práticas clínicas. 2023. 114 p. Dissertação (Mestrado) – Universidade Federal de Santa Catarina, Centro de Filosofia e Ciências Humanas, Programa de Pós-Graduação em Psicologia, Florianópolis, 2023. Disponível em: https://bu.ufsc.br/teses/PPSI1042-D.pdf. Acesso em: 16 abr. 2024.

FÉDIDA, P. *Nome, figura e memória*: a linguagem na situação psicanalítica. São Paulo: Escuta, 1991.

FIGUEIREDO, L. C. Sobre pais e irmãos: mazelas da democracia no Brasil. *In*: KEHL, M. R. (ed.). *Função fraterna*. Rio de Janeiro: Relume Dumará, 2000. p. 145-170.

FIGUEIREDO, L. C; MINERBO, M. Pesquisa em psicanálise: algumas ideias e um exemplo. *Jornal de Psicanálise*, São Paulo, 2006.

FREUD, S. A interpretação dos sonhos. *In*: *Obras Completas, Vol. 4*. Tradução de Paulo César de Souza. Rio de Janeiro: Companhia das Letras, 2019. (Citado como 1900).

FREUD, S. História de uma neurose infantil. *In*: *Obras Completas, v. 14*. São Paulo: Companhia das Letras, 2010. Original publicado em 1918. (Citado como 1918).

FREUD, S. Psicologia das massas e análise do Eu. *In*: *Obras completas, v. 15*. São Paulo: Companhia das Letras, 2011. Original publicado em 1921. (Citado como 1921).

FREUD, S. Psicanálise e teoria da libido. *Obras Completas, v. 15*. São Paulo: Companhia das Letras, 2011. Original publicado em 1923. (Citado como 1923).

FOUCAULT, M. *Microfísica do poder*. Rio de Janeiro: Graal, 1979.

GARCIA-ROZA, L. A. *Introdução à metapsicologia freudiana*. Rio de Janeiro: Jorge Zahar Ed., 1991.

MAJOR, R. *Lacan com Derrida*. Rio de Janeiro: Civilização Brasileira, 2002.

MENEZES, L. C. Notas sobre a supervisão psicanalítica. *Revista Percurso*, n. 35, 2005.

IRIBARRY, I. N. O que é pesquisa psicanalítica? *Ágora*: Estudos em Teoria Psicanalítica, v. 6, n. 1, p. 115-138, 2003.

LAPLANCHE, J. *Novos fundamentos para a psicanálise*. São Paulo: Martins Fontes, 1992.

MARTINEZ, V. C. V.; SOUZA, I. S. F. O mito das Amazonas em cena: uma discussão psicanalítica sobre a feminilidade e o gênero. *Cadernos de Psicanálise*, v. 36, n. 30, p. 171-197, 2014.

MEZAN, R. Psicanálise e pós-graduação: notas, exemplos, reflexões. *In*: MEZAN, R. *Interfaces da psicanálise*. São Paulo: Companhia das Letras, 2002. p. 395-435.

MEZAN, R. *O tronco e os ramos*: estudos de história da psicanálise. São Paulo: Blucher, 2019.

ROSA, M. D.; DOMINGUES, E. O método na pesquisa psicanalítica de fenômenos sociais e políticos: a utilização da entrevista e da observação. *Psicologia e Sociedade*, Florianópolis, v. 22, n. 1, p. 180-188, 2010.

SOUSA, E. (A vida entre parênteses): o caso clínico como ficção. *Psicologia Clínica*, v. 12, p. 11-19, 2000.

TAVARES, L. A. T.; HASHIMOTO, F. A pesquisa teórica em psicanálise: das suas condições e possibilidades. *Gerais*: Revista Interinstitucional de Psicologia, v. 6, n. 2, p. 166-178, 2013.

UNIFEBE. Centro Universitário de Brusque. *Regulamento da Clínica Escola e Serviços de Psicologia — CESP*. Consuni, 2015.

PERSPECTIVAS EPISTEMOLÓGICAS SOBRE O CINEMA DO AMANHÃ[7]

Alexandre Busko Valim
Naiara Leonardo Araújo

Tal como a água, como o gás, como a corrente elétrica vem de longe até às nossas casas para satisfazer as nossas necessidades, com esforço quase nulo, assim seremos alimentados por imagens visuais ou auditivas, que nascerão e desaparecerão ao menor gesto, quase como um sinal... Não sei se algum filósofo já sonhou com uma sociedade para a distribuição da Realidade sensível em domicílio.
(Paul Valèry)[8]

Introdução

A busca incessante por novidades e a ruptura com ideias, tecnologias e perspectivas precedentes é um traço conhecido do mundo contemporâneo. Ao longo do século XX, por exemplo, mudanças rápidas e constantes, inovações técnicas e científicas, muitas vezes disruptivas em termos sociais e epistemológicos, frequentemente estiveram associadas a numerosas e intensas transformações culturais.

Desde os seus primórdios, o cinema vem sendo testado e questionado com relação a essas transformações. Intelectuais de diferentes matizes e perspectivas teóricas já apontaram o cinema como uma arte intrinsecamente moderna. Entre eles, Walter Benjamin, Siegfried Kracauer, André Bazin, Jean-Louis Comolli, Christian Metz, Tom Gunning, Gilles Deleuze e David Bordwell.

A leitura do cinema como a arte que melhor encapsula o espírito da modernidade devido à sua capacidade de capturar e representar o tempo e o movimento de maneiras únicas é bastante influente. Essa perspectiva, de maneira geral, está baseada na ideia de que, desde o final do século XIX, o cinema se tornou um meio que não apenas impactou, mas também moldou a experiência moderna.

---

[7] Parte das reflexões presentes neste capítulo foram desenvolvidas no âmbito do Núcleo de Estudos de Cinema e História (Nehcine) da UFSC, razão pela qual prestamos nossa gratidão e nosso reconhecimento aos seus integrantes.

[8] *Apud* RENAUD, A. Comprender la imagen hoy: nuevas Imágenes, nuevo régimen de lo visible, nuevo imaginario. *In*: TALENS, J. (org.). *Videoculturas de fin de siglo*. Madrid: Ediciones Cátedra, 1990. p. 13.

No alvorecer do século XXI, muitas das incontáveis perguntas e inquietações relacionadas ao cinema pareciam ter se transformado em um imenso e caótico turbilhão de inovações e mudanças, transformando não apenas os filmes, mas tudo aquilo que entendemos acerca do cinema (Aumont, 2007). Estaríamos diante de uma intensa disrupção epistemológica? Uma fratura na longa trajetória do cinema como um ícone da modernidade?

Desde a consolidação da tecnologia digital em filmes, nos anos 1990, muitos foram os elementos que, combinados, apontavam para uma profunda transformação no cinema. Muitos desses elementos já eram bem conhecidos no mundo do cinema nas décadas anteriores. Mas os anos 1990 pareciam ter adensado um modo diferente de lidarmos com a indústria do cinema. A pluralidade de perspectivas, por meio de uma valorização de narrativas de comunidades marginalizadas e a inclusão de vozes que tradicionalmente não eram ouvidas, logo pareceu uma mudança significativa nesse campo. Além dele, não passou despercebida uma mudança nos métodos tradicionais de análise e crítica cinematográfica, que procurava incorporar abordagens interdisciplinares, como estudos de mídia, teoria crítica, estudos culturais e até ciência e tecnologia.

A autoridade e o cânone também passaram a ser questionados. Muitos filmes, diretores e estilos até então considerados "clássicos" ou "importantes" passaram a ser reavaliados e recontextualizados, em prol de obras e criadores outrora negligenciados ou desvalorizados. Nesse diapasão, as práticas comerciais da indústria cinematográfica, incluindo como o capitalismo influencia a produção, distribuição e acesso ao cinema, se converteu em um debate urgente na defesa de modos alternativos de financiamento e distribuição que pudessem promover a justiça social e a acessibilidade. Os intensos debates travados a partir de então diziam respeito a novas formas de conhecimento e narrativa que são específicas de culturas e tradições locais, como um necessário contraponto às epistemologias dominantes ocidentais.

No encalço de tais mudanças, estava a exploração de novas tecnologias e novos conceitos: tecnologias fílmicas emergentes, realidade virtual, inteligência artificial e plataformas de streaming. Com elas, vieram os debates e experiências participativas e interativas fortemente influenciadas por jogos eletrônicos, desafiando noções tradicionais de autoria e narrativa linear.

Parecia que o cinema como conhecíamos estava fadado ao seu fim. Uma nova epistemologia cinematográfica estava nascendo, e à medida que levantava preocupações quanto à preservação e autenticidade das novas obras cinematográficas, relegava o cinema antecedente a um tempo distante e superado.

Desde então, testemunhamos uma intensa aceleração de exposição às imagens em movimento, seja nas idas às salas de cinema, em um filme visto nas televisões, notebooks, tablets e celulares, ou ainda por meio dos diversos conteúdos audiovisuais possíveis de serem acessados nos museus (videoarte, instalações, exposições imersivas, entre outros) e nas ruas, na forma de outdoors e totens publicitários. Como se pode notar, o leque é atualmente bastante diversificado, motivo pelo qual muitos pesquisadores do cinema sinalizam para seu fim.

Para André Gaudreault e Philippe Marion (2016), o cinema vive uma crise de identidade, levando os estudiosos a se dividirem em três grandes grupos: afirmar que está morto; que ainda sobrevive nas salas de cinema; ou está em todo lugar. Essa crise de identidade (se concordarmos com os autores) parece, na verdade, algo que acompanha toda a história do cinema e que, de tempos em tempos, divide os estudiosos entre aqueles que acreditam em um futuro para o cinema e aqueles que anunciam a sua morte. Se assim for, então o cinema parece ter nascido com essa tal crise de identidade, tão logo os irmãos Auguste e Louis Lumière decretaram que o cinema era uma arte sem futuro (Gaudreault; Marion, 2016, p. 38).

Mas, para Jean-Luc Godard, sua fala foi mal interpretada. Assim, ele comenta sobre o cinema e os irmãos Lumière:

> [...]
> não uma técnica
> nem mesmo uma arte
> uma arte sem futuro
> foram logo avisando gentilmente
> os dois irmãos
> aliás, nem precisou de cem anos
> para a gente ver que eles tinham razão
> [...]
>
> só que depois
> os irmãos não foram bem compreendidos
> eles falaram
> sem futuro
> querendo dizer

> uma arte do presente
> uma arte que dá
> mas que recebe antes de dar
> digamos assim
> a infância da arte
> [...] (Godard, 2022, p. 25-26).

O cinema como essa arte do presente foi, ainda na visão de Godard, o que "fez existir o século XX/ que/ por si só/ mal existiu" (Godard, 2022, p. 121). A afirmativa dos irmãos Lumière não deveria ser interpretada como uma morte prematura, mas como um anúncio de que o cinema era uma arte de seu tempo, se expressando em toda a sua potência, vestida com o preto e branco do luto (Godard, 2022). Mas, apesar dessa interpretação de Godard, as palavras dos irmãos Lumière já haviam ecoado por décadas e dividido pensadores do cinema tão logo uma nova técnica ou aparato tecnológico se impunha.

Nesse sentido, se o cinema vive de fato uma crise de identidade, então, ao olhar para a história do cinema, houve sucessivas crises — desde seu surgimento. Talvez seja por isso que André Gaudreault e Philippe Marion recorrem a Tom Gunning e André Bazin para observar que a pergunta feita por estes, sobre o que é o cinema, jamais encontraria resposta, porque "toda inovação tecnológica, ao mesmo tempo que desenha o caminho de seu futuro, leva continuamente o cinema de volta para a ideia que faziam dele, na origem, aqueles que o conceberam" (Gaudreault; Marion, 2016, p. 30). De todo modo, a questão se mantém em aberto. Os considerados "puristas" do cinema procuram estabelecer critérios claros para definir o cinema — que as pessoas possam se dirigir até uma sala escura de cinema e, em coletivo, se ponham exclusiva e ininterruptamente em contato com a narrativa — relegando todo o restante a uma experiência audiovisual, mas não ao cinema.

Por um lado, os que defendem o cinema dentro dessa ritualística partem de teorias do cinema que assim o conceituaram levando em consideração o momento em que o cinema já se encontrava em seus próprios espaços — nos cinemas de bairro e, posteriormente, cinemas nos shoppings, mas que também preservaram a estrutura da sala escura. Para estes, o cinema tem perdido cada vez mais espaço na sociedade e/ou está morrendo. Por outro lado, existem outros estudiosos interessados em ampliar esse conceito de cinema, de maneira que os novos formatos também estejam contemplados, e interpretam esse momento como de expansão do cinema. Outra parcela de estudiosos do cinema lê esse momento como de transição, de um pós-cinema, a exemplo de Denise Furtado e Philippe Dubois. Para eles, o "pós" se coloca entre uma identidade tal e reconhecida do cinema, de um lado, mas essa identidade se apresenta como "mais incerta, mais flutuante, mais diversificada" (2019).

Mas todos partem de um conjunto de questões não muito novas, para as quais dão respostas diferentes: Qual o futuro do cinema? Ainda é possível falar em cinema? Haverá ainda cinema ou ele está morrendo? Uma epistemologia divergente no cinema é um convite a pensar de maneira crítica sobre como conhecemos, fazemos e experimentamos o cinema, rompendo com convenções e adotando a diversidade de formas e conteúdos.

Assim, investigamos nas próximas páginas algumas narrativas desenhadas para o futuro do cinema nas últimas décadas. Não é do nosso interesse buscar quaisquer respostas para tais perguntas, mas sim compreender como aqueles que pensaram caminhos para o futuro do cinema (na contramão daqueles que decretavam seu fim) mantiveram nos seus horizontes de expectativas (e esperanças?) — a exemplo das previsões de Paul Valèry ("seremos alimentados por imagens visuais ou auditivas, que nascerão e desaparecerão ao menor gesto") — um conjunto de experiências que tornaram possível a reinvenção do conceito de cinema em seus tempos.

Futuros possíveis

O brasileiro e cinemanovista Glauber Rocha "profetizou" que o público teria acesso direto aos filmes que quisesse, sem a interferência de distribuidores e exibidores, pondo "fim à ditadura dos grandes estúdios".[9] Apesar de trilhar um caminho parecido ao de Paul Valèry, o cineasta brasileiro imaginava um futuro a partir de um outro conjunto de experiências e ainda se inspirando nos ideais marxistas tão difundidos entre a intelectualidade da época, de um futuro certo que chegaria, no qual as pessoas teriam acesso igualmente a todos os bens e serviços.

Para Franco Berardi (2019), o futuro para os marxistas era de esperança e otimismo, e de certeza de que esse futuro projetado seria alcançado: "Porque o futuro não é uma dimensão natural da mente humana, é uma modalidade da percepção e da imaginação, de espera e de avanço. E essa

---

[9] De Luca, Luiz Gonzaga Assis. *A hora do Cinema digital*: democratização e globalização do audiovisual. São Paulo: Imprensa Oficial do Estado de São Paulo, 2009. p. 278.

modalidade se transforma no curso da história" (Berardi, 2019, p. 18). Mas o autor, que se dedicou a observar como o entendimento de futuro foi se modificando ao longo do século XX nas artes, identifica que tais sentimentos foram se alterando com o desenrolar das décadas ao ponto de, a partir da década de 1980, o sentimento de desesperança e fim do futuro tomar conta do imaginário social.

Essa transformação no olhar para o futuro está relacionada a outras transformações de ordem política, econômica, social e cultural. Assim, no âmbito das relações sociais, os processos de individualização dos sujeitos e o gradativo recolhimento no interior das suas casas tomam o lugar das ruas e espaços públicos, proporcionados em partes pelos investimentos tecnológicos de uso doméstico (tais como a televisão, VHS, walkman, DVDs e outros). Nas últimas décadas, outra transformação ainda mais intensa tem ocorrido, agora no âmbito das relações sociais virtuais, proporcionadas pelo uso da internet.

Cinespacial, o futuro já chegou!

Enquanto Glauber Rocha sonhava com um futuro sem distribuidores e exibidores, no Brasil e no mundo ainda se planejavam novas tecnologias e arquiteturas para as salas de cinema. Como foi o caso do Cinespacial, inaugurado em Brasília em 1970, durante as comemorações de dez anos da cidade e inserido em um momento político, econômico e cultural em que o país procurava transformar o cinema nacional em uma indústria cinematográfica, à semelhança da hollywoodiana, e de peso para a economia. Com a presença do presidente Emílio Garrastazu Médici na inauguração, os jornais afirmavam que a iniciativa "colocará o Brasil na vanguarda dos sistemas de projeções cinematográficas" (*Diário da Noite*: Edição Matutina, SP, ed. 13588, de 24 de março de 1970, p. 7, 2.º cad.). E mais: "Êste é o primeiro Cinespacial do mundo dando ao Brasil mais esta primazia no campo das arrojadas iniciativas modernas" (*Diário da Noite*: Edição Matutina, SP, ed. 13616, de 25 de abril de 1970, p. 2).

O Cinespacial era inaugurado com a informação de que outros países europeus já haviam demonstrado interesse na aquisição. Para tal projeto sair do papel, foi preciso uma parceria com uma empresa alemã para a construção de um projetor capaz de exibir em três telas simultaneamente. As três telas projetavam o mesmo filme em uma enorme sala circular (a sala de São Paulo tinha capacidade para receber um público de 600 pessoas para uma única sessão) — nesse projeto "pioneiro" que tinha como foco "uniformizar o ângulo de visão dos espectadores" pondo fim aos chamados "lugares privilegiados" (*Diário da Noite*: Edição Matutina, SP, ed. 14107, de 25 de novembro de 1971, p. 19).

Na matéria que convidava para a inauguração do Cinespacial em São Paulo dizia-se: "Entre nesta sala, imagine-se num disco-voador e assista a um filme no Cinespacial" (*Diário da Noite*: Edição Matutina, SP, ed. 14030, de 27 de agosto de 1971, p. 8). A metáfora era clara e atualizada, levando em consideração os eventos geopolíticos: o Brasil parecia sair na frente, na disputa pelo espaço do cinema, ao construir seu terminal (sala de cinema "inovadora") para as pessoas embarcarem no disco-voador (tela de projeção) e viajar para outros planetas/futuros. Assim, as propagandas proclamavam que acabou "o cinema quadrado". Mas essa nave espacial que encontrou condições num Brasil da década de 1960-70 para sair do papel — e do plano do futuro para o real — não decolou como seus idealizadores imaginavam. Entre as críticas negativas estava a de não mais ser possível namorar na sala de cinema: "É uma reclamação de relevo ao inventor do Cinespacial: não pensou ele nos namorados que habitualmente usam cinema pra namorar também" (*Diário da Noite*: Edição Matutina, SP, ed. 14109, de 27 de novembro de 1971, p. 13).

O Cinespacial foi um futuro possível imaginado que pôde ser testado e interrompido, ao que parece, entre outros fatores, pela recepção negativa do espectador, como assim aconteceu com o cinema 3D imaginado e testado na década de 1950, nos Estados Unidos. Neste, além dos fatores que dificultaram sua expansão — os altos custos com equipamentos de projeção e a falta de interesse das salas de exibição —, estava também a recepção negativa do público em relação ao desconforto no uso dos óculos (Pommer, 2010, p. 14). Elemento que ainda parece sobreviver nessa última tentativa de emplacar o cinema 3D, se não nos quesitos custos com equipamentos e salas de exibição, ao menos na recepção quanto ao desconforto ocular e no uso dos óculos.

O que fica claro, seja nas palavras de Paul Valèry, na profecia de Glauber Rocha ou no caso dos experimentos do Cinespacial e cinema 3D, é o interesse na relação do espectador com a imagem de uma maneira mais ampla e o cinema em específico. Investiga-se como o espectador poderá acessar no futuro esse cinema, se de maneira coletiva em salas de exibição (e como elas serão no futuro) ou individualmente (ao mínimo gesto, nas palavras de Valèry). E mais ainda: de que forma o espectador pode não apenas acessar essas imagens, mas também interagir e intervir sobre elas.

Cinema Interativo, ou como ter um filme para chamar de seu!

Ao longo dos séculos XX e XXI foram realizados diversos experimentos com o fito de testar a interação do público com o cinema ou do indivíduo acessando um produto audiovisual via serviço de streaming — como no exemplo do filme interativo *Black Mirror: Bandersnatch* (2018, de David Slade). Em 1961, no filme *Mr. Sardonicus*, de William Castle, o público votava com o polegar para cima ou para baixo para escolher se o protagonista deveria sobreviver ou morrer; em 1967, por meio do filme *Kinoautomat: one man and his house,* o público era convocado para escolher uma das possibilidades de continuidade para a história; em 1992, em *I' your man*, de Bob Bejan, botões de interação colocados nas cadeiras permitiam ao público escolher o caminho da narrativa; em 2007, o filme *Late Fragment*, coproduzido por *Canadian Film Centre* e *National Film Board of Canada*, permitia ao espectador escolher qual personagem seguir, o que podia dar outra perspectiva à narrativa; em 2010, o canal de terror *13th Street* divulgou como o primeiro filme de terror interativo *Last Call*, no qual um programa com reconhecimento de voz e comandos para imitar a voz do protagonista fazia uma ligação para alguém da plateia pedindo ajuda para fugir de uma perseguição e assassinato, e o desenrolar da história dependia das respostas dadas pelos espectadores (Silva *et al.*, 2005, p. 209-211). Algumas dessas propostas foram em suas épocas interpretadas como videojogos mais do que cinema, o que gerou o conceito de "film-jockey" ou, mais recentemente utilizado pela Netflix, filme interativo.

Como se pode perceber, mesmo a ideia de um cinema no qual o espectador possa interferir na narrativa passou por diversas tentativas, mas também contou com vários aspectos limitantes da experiência. A sala de exibição precisaria passar por modificações, assim como seus equipamentos, e os filmes se tornariam ainda mais caros, uma vez que seria preciso disponibilizar mais horas e possibilidades narrativas para serem acessadas pelos espectadores — este, inclusive, talvez sendo o fator limitador ainda hoje —, entre outros fatores. Mas talvez seja preciso levar em consideração especialmente o espectador, habituado que está a receber a narrativa pronta, pode — assim como aconteceu diante do desconforto com os óculos 3D — se sentir desconfortável tendo de interferir na narrativa fílmica.

Cinema Consciência, a totalidade pelos sentidos

Houve quem imaginasse um futuro no qual o cinema poderia ser mais sensorial, possibilitando ao espectador uma experiência em 360.º horizontal e 180.º vertical e acionando todos os nossos sentidos. Assim, o artigo de Morton Leonard Heilig (1992) traz uma intrigante possibilidade para o futuro do cinema, imaginada em fins do século XX. Para esse autor, o cinema é uma "arte combinada" — diferente das artes "puras" que podem ser experimentadas por meio de um único sentido —, que mobiliza visão e audição, mas que pode facilmente combinar mais outros sentidos. Assim como foi possível no rolo de filme ter uma trilha em separado para o áudio, ele acredita ser possível ter cada material sensorial (incluindo olfato, paladar e tato), no cinema do futuro, separados em trilhas: "Abra os olhos, ouça, cheire e sinta o mundo em todas as suas magníficas cores, profundidade, sons, odores e texturas — este é o cinema do futuro!".[10] Se os nossos sentidos monopolizam nossa atenção em proporções diferentes, conforme aduz o autor, sendo 70% visão, 20% audição, 5% cheiro, 4% tato e apenas 1% paladar — nada mais natural do que desenvolvermos um "cinema consciente".

Uma vez que o nosso cérebro seleciona um sentido por vez (ao menos, no entendimento de Heilig), caberia ao cinema direcionar cada um dos nossos sentidos, eliminando o desfoco do espectador ao ser capturado por mais um sentido quando estiver disperso. Esse cinema do futuro poderia ainda acionar ou desligar qualquer desses recursos, conforme a narrativa exigisse, podendo ser, inclusive, a parte visual — que funcionará assim como nossa consciência, pois essa não será mais uma arte "visual" apenas, mas uma "arte da consciência".

Sobre as formas do espectador assistir aos filmes, Heilig defendeu a coexistência do cinema em espaços coletivos e de maneira individual. Para ele, o homem é um "animal social" que continuará se vestindo para ir ao cinema de bairro para ver o mesmo filme que poderia assistir na televisão, pois os homens sentem-se inquietos confinados nas suas casas e sentem

---

[10] "Open your eyes, listen, smell, and feel-sense the world in all its magnificent colors, depth, sounds, odors, and textures-this is the cinema of the future!" (Heilig, 1992, p. 293).

desejo de ir para lugares e ver pessoas. Aqui, ele não sobreviverá como mero entretenimento, "mas como uma noite de cultura comunitária",[11] que deve incorporar um passeio, um café, a crítica ao filme e ao tema numa discussão mediada por um facilitador e que pode ser retransmitido via televisão.

Já a sessão individual, vista por ele ainda por meio da televisão, seria a ideal para a concentração, tranquilidade e assistir sem interrupções. Por isso, ele previu que as casas do futuro seriam esféricas, sem janelas e à prova de som, nas quais o indivíduo poderia montar sua coleção particular de fitas, ou escolher sua estação de televisão, e absorvê-los em contemplação ininterrupta. Ou seja, para Heilig, a sessão individual possibilitaria melhores condições para a experiência cinematográfica, que se complementaria a partir da sessão/dose de cultura comunitária perpassada pelas sociabilidades e discussões sobre cinema.

Sobre seu cinema do futuro cabem algumas considerações: (1) Heilig parte de um cinema feito de maneira analógica, com seus rolos e fitas magnéticas, e de um espaço de experiências no qual toma como referência o período de surgimento do som (audição) no cinema, para projetar no seu horizonte de expectativas a possibilidade de outros sentidos serem também incorporados à experiência cinematográfica; (2) a proposta de cinema coletivo que o autor defende parece existir mais por suas possibilidades de interação social e de, por meio do debate, cunho pedagógico — como se o filme tivesse de ser primeiro "lido" em casa, com maior concentração — em uma configuração que mais se aproxima dos cineclubes de hoje; (3) nessa combinação entre experiência individual e coletiva, Heilig sinaliza que o filme poderia ser visto primeiro individualmente, fator que alteraria completamente a função das salas de exibição hoje — espaços que parecem sobreviver praticamente pelo consumo imediato após seu lançamento.

Como se pode perceber, no final do século XX — com seu debate sobre uma crise de identidade do cinema tomando corpo, motivado principalmente pelo aparecimento de novas tecnologias —, abriam-se espaços para imaginações futuras, com o deslocamento de sua atenção voltando-se especialmente para o sensorial. Para Arlindo Machado (1997, p. 237), o fator econômico aprofundava a crise no cinema, uma vez que

---

[11] "The film will not be presented as 'entertainment' but as an evening of community culture" (Heilig, 1992, p. 292).

os altos custos de produção haviam estacionado qualquer desenvolvimento há décadas e as mudanças, quando ocorriam, eram promovidas mediante "importações de recursos do universo da eletrônica (vídeo de alta definição, montagem computadorizada, pós-produção com meios digitais etc.)". Tal argumento parece um tanto descabido, se levarmos em consideração que o cinema incorporou diversos elementos provindos de outras artes e técnicas, sem que necessariamente tivessem sido pensadas com o propósito cinematográfico.

Esse fator, e mais as mudanças nos comportamentos das populações urbanas, no Brasil e no mundo, conduziam o cinema por um já "avançado processo de desaparecimento". E complementa: "Esse conceito de cinema pode não morrer hoje nem amanhã, mas é certo que vai desaparecer em algum momento" (Machado, 1997). Na sua perspectiva, pelo menos enquanto as empresas se dispuserem a fabricar câmeras e filmes, o cinema tenderá a existir — assim como Heilig, o pensamento de Machado encontra-se situado num tempo em que o fazer cinema depende da matéria-prima física, do rolo de filme produzido pela Kodak, por exemplo.

Apesar desse primeiro cenário pessimista, Machado consegue analisar o outro lado da moeda. Ao partir da etimologia da palavra "cinema" (como a escrita do movimento), ele reconhece que essa é a "mais antiga forma de expressão da humanidade", desde que se projetaram as primeiras sombras nas cavernas. E assim afirma: "O cinema, que já foi teatro de sombras, que já foi a Caverna de Platão, que já foi lanterna mágica, praxinoscopio (Reynaud), fenaquistiscopio (Pateau), cronofotografia (Marey) e depois se tornou cinematografia (no sentido que lhe deu Lumière), deverá sofrer agora um novo corte em sua história para se tornar cinema eletrônico" (Machado, 2009). Mas para o autor, o futuro próximo seria marcado ainda por heterogeneidade, desordem, confusão e impureza de materiais para somente depois poder surgir uma nova forma de cinema.

Ao pensar no cinema como movimento, Machado parece caminhar em sintonia com Sergei Eisenstein, para quem o cinema seria a "síntese das artes" que, por meio da montagem, conseguia regredir à consciência e cultura manifestas em sucessivas e coexistentes camadas temporais (entre o que permanece e o que deixa de existir, também aí uma síntese) presentes na sociedade. Ou, ainda, o cinema seria "síntese" pela sua capacidade de "reencontrar e reativar em si mesmo toda uma série de formas pré-cinematográficas da montagem, que sobreviveram através do tempo e que podem ainda liberar energia" (Somaini *apud* Eisenstein, 2014, p. 290). Na sua proposta para uma *História Geral do Cinema*, este é compreendido pelo autor como a "realização plena da história das artes". Aberto às possibilidades futuras para o cinema, Eisenstein viu no cinema 3D a "capacidade de jogar" sobre o espectador de maneira tão real e assustadora quanto na tela achatada. E mais: que no futuro outras manifestações poderiam projetar essas montagens para além da tela.

> Claro, esse filme sonoro como entidade completa poderá também dar lugar a uma síntese ainda mais vasta de todas as artes em um só espetáculo de "montagem": um espetáculo que uniria o ambiente natural das cidades com as massas cuja existência se dá no meio urbano e com protagonistas individuais do drama que ali se passaria; um espetáculo que uniria um mar de cores e de luz com a música e o rádio, o teatro e o filme sonoro, os barcos a vapor no Canal Moscou-Volga com as esquadrilhas de aviões (Eisenstein, 2014, p. 297).

Assim, para Eisenstein a montagem é o elemento imprescindível do cinema, mas também está presente em outras artes e no futuro, ao que parece, todas essas artes convergiriam para a produção de um só espetáculo de "montagem". Sem que se possa falar em música, teatro ou rádio individualmente, seus entrelaçamentos e fusões entre si se tornariam a síntese das artes no futuro.

Cinema holográfico, o início de um novo cinema?

Com a virada do século, a popularização da internet, o desenvolvimento de aparatos tecnológicos (a exemplo dos óculos de realidade virtual, de câmeras de alta resolução acopladas aos próprios celulares ou câmeras semiprofissionais etc.) facilitou não apenas a produção, mas também a exibição em diversos formatos. O advento dos streamings tornou, nas palavras de Júlio Bezerra (2009, p. 96), a "decisão de ver um filme [...] o passo mais tomado hoje na direção do cinema". Importante ressaltar o quão esse passo (doméstico) está distante da realidade da rede de exibição nos cinemas, que no caso específico do Brasil conta com pouco mais de 3.200 salas — 32% desse quantitativo concentrado em São Paulo (Miranda, 2023) —, e representa um modelo ideal distante de um efetivo acesso para a maioria da população.

Esses novos dispositivos ampliaram de maneira considerável o alcance do cinema, que só é assim percebido por aqueles que analisaram o conceito de cinema mediante sua etimologia. Também Beatriz Furtado, Phillipe Dubois, que assim como fez Arlindo Machado, ampliaram seu entendimento de cinema, ao questionar em que se converteu o cinema, ao deixar o espaço da sala de exibição e passar a se utilizar dos mais variados dispositivos. Machado tenta uma explicação a partir da afirmativa de Francis Ford Coppola, para quem a consolidação do cinema eletrônico poderá ser comparada à passagem para o cinema sonoro, ocorrida no final da década de 1920. E complementa que não haverá outra saída além de padecer. A esperança se desenhava em seu horizonte de expectativas amparado na recordação de uma ruptura passada — num momento em que muitos questionaram também sobre sua morte —, mas que se ressignificou, tornando-se a nova forma de fazer cinema. Experiências de visualização imersivas, por realidade virtual ou realidade aumentada, se tornaram um assunto incontornável para a indústria do cinema. O forte apelo a essas tecnologias deriva de uma percepção de que o cinema experiencial será capaz de redefinir gêneros cinematográficos, e transformar profundamente a fruição no/do cinema, e o próprio cinema. Nesse sentido, um filme se adaptaria ao humor do espectador durante a exibição, tornando este um participante ativo.

Evidentemente, tal individualização e mapeamento emocional do espectador traz problemas vultosos, entre eles a coleta massiva de dados comportamentais por grandes empresas do entretenimento. Se o futuro do cinema, por um lado, flerta com uma intensa transformação epistêmica no que diz respeito à espectatorialidade, por outro, está amparado em um mercado de coleta de informações sensíveis, que é, no mínimo, questionável. O uso de big data e algoritmos para prever tendências de consumo e criar conteúdo personalizado desafia a epistemologia do cinema a compreender o impacto dessas práticas na criação artística e na autonomia do público. Nesse aspecto, o advento do som, nos anos 1920, com todos os seus imensos problemas éticos, artísticos, culturais e econômicos, empalidece diante da magnitude dos possíveis problemas causados pela extração de dados por países produtores de filmes, em sociedades que figuram como meras consumidoras.

Essa virada "eletrônica" parece ter sido simbolicamente demarcada, ao menos de acordo com Júlio Bezerra, quando da morte dos cineastas Ingmar Bergman e Michelangelo Antonioni, no mesmo 30 de julho de

2007, como um indicativo do fim de alguma coisa, uma "cisão entre um passado glorioso e presente desanimador". O fim de um tipo de fazer cinema relacionado à artesania e película para ceder espaço às multimídias e ressignificar o conceito de cinema. Esses novos cinemas (pois hoje deve fazer mais sentido tratar no plural) tornaram o sonho de Paul Valèry uma realidade, mas no caso de Glauber Rocha, pelo contrário, trouxeram novos sujeitos e/ou novos espaços também para os estúdios já consolidados — a diferença talvez esteja no fato de que hoje não mais conseguem exercer o mesmo monopólio.

As possibilidades de futuros não se encerram mesmo diante de conceitos como *cinema expanded* (Gene Younglood), *remediation* (Bolter e Grusin) ou *relocation* (Francesco Casetti). Assim como Reinhart Koselleck demonstrou para o seu par de conceitos: espaço de experiência e horizonte de expectativas — ambos se encontram entrelaçados em todos os tempos sem que necessariamente se trate de conceitos duais —, no presente do cinema coexistem ao mesmo tempo seus espaços de experiência (das recordações, nas palavras de Koselleck) e seus horizontes de expectativas.

Diante de um presente que se manifesta como preferência do mundo virtual, ou metaverso, em que os avatares (e suas relações virtuais) tomam o espaço do real (e das relações concretas), novos horizontes de expectativas se desenham para o cinema. Como assim deixa transparecer Lev Manovich (*apud* Silva *et al.*, 2005, p. 214): "O cenário típico do cinema do século XXI envolve um utilizador representado como um avatar existindo literalmente "dentro" do espaço narrativo, [...] interagindo com personagens virtuais e talvez com outros utilizadores e afetando o curso dos acontecimentos narrativos".

Nesse sentido, as previsões de um cinema holográfico, imaginadas por Mauro Eduardo Pommer (2010), lançam um perspicaz debate sobre a tecnologia que surgiu em 1947, desenvolvida pelo físico húngaro Dennis Gabor, e seguem ainda como uma possibilidade de futuro, agora talvez mais próximo. Para Pommer (2010, p. 7) "[...] rumo a um futuro (que se pode imaginar holográfico) convergente entre a difusão de eventos, teatro, ópera, cinema e jogos, onde a interatividade possa ocupar um lugar central". Aqui, não só a multiplicidade de dispositivos de mídias, mas ainda das demais artes sugerem uma confluência para o cinema que possibilitaria (1) a revalorização das salas de cinema; (2) a sobrevivência da produção cinematográfica; e (3) de um repertório fílmico que compõe uma etapa da história da arte. Mas essa convergência, que poderia também explicar um novo conceito de teatro, ou de jogo, parece derrubar por terra as fronteiras das linguagens, no qual as artes se entrelaçam de tal forma, que não fará mais sentido diferenciar cinema de teatro ou de jogo. Por isso, Pommer diferencia cinema e filme, sendo este uma "cobertura membranosa ou de pele, o mesmo que "película" — um termo que cairá em desuso, apesar de hoje ainda bastante difundido. Pois, diante de um cinema interativo e holográfico — que é, sim, movimento e, portanto, cinema —, o uso do vocábulo "filme" perderia completamente o sentido, sendo lembrado apenas como um momento da história do cinema.

Como uma necessidade inata ao cinema, o autor se questiona: "qual poderia ser a próxima fronteira a ser atingida pela representação visual?" (Pommer, 2010, p. 12). Assim, o surgimento do cinema holográfico, analisado por ele em sentido amplo e sem algum estudo técnico específico, seria responsável por uma mudança de paradigma. Nessa imaginação futurista, o autor tenta investigar quais seriam as implicações teóricas nas narrativas cinematográficas diante da produção de imagens em movimento "capazes de efetivamente ocuparem volume em um ambiente" (Pommer, 2010, p. 23).

Pommer indaga o quanto um cinema holográfico que *efetivamente* possua tridimensionalidade seja possível, uma vez que essa possibilidade é epistemologicamente confusa e traz dois equívocos. Ao tratar da tridimensionalidade, o autor explica que na "vida real" este se ampara ainda nos sentidos da audição e do tato, não sendo, portanto, possível no cinema holográfico senão enquanto efeito de ilusão. Da mesma forma, também o volume está relacionado à tridimensionalidade. Não palpável no cinema holográfico, o volume aparece como esculturas ou cenografias que se projetam fantasmagoricamente no espaço, visível de qualquer ângulo que o espectador queira se posicionar, mas não real. Portanto, também um volume projetado pelo cinema holográfico não ocupa efetivamente/materialmente o espaço, ainda que necessite de uma sala vazia para sua projeção.

Ao explorar a possibilidade de um novo gênero surgir com o cinema holográfico, ao mesmo tempo que suas rupturas estéticas parecem anunciar que não será possível falar em cinema, o autor nos dá uma boa medida da confusão. Pois, características como frontalidade, composição dentro do quadro, montagem continuada, imagem subjetiva, noções de campo e contracampo, e direção de tela perderiam completamente o sentido e deixariam de existir, diante do fato do espectador conseguir caminhar para qualquer lado e direção. Assim o autor finaliza: "Até quando continuarem a existir produções audiovisuais que utilizem frontalidade, composições dentro do quadro e montagem em continuidade como meio de expressão, o nome cinema continuará a ser empregado para definir tal arte e suas características..." (Pommer, 2010, p. 29). Então, seria aqui também um certo tipo de cinema que morreria e, nesse amplo entendimento de cinema como imagem em movimento, cederia lugar para um novo cinema? Pommer não esclarece. Mas observa ainda que os experimentos conduzidos pelo instituto russo NIKFI (Instituto Nacional de Pesquisa de Cinema e Fotografia) desde meados da década de 1970 têm tornado cada vez mais possível visualizar um cinema holográfico num futuro próximo. Pois se antes havia empecilhos de ordem tecnológica — que impactaram a baixa qualidade da imagem e dos projetores a laser — as novas descobertas têm tornado material e economicamente viável pensar nas projeções holográficas, seja nas "salas de espetáculos" ou na "sala residencial". A exemplo do espetáculo realizado em 2006, em Hong Kong Disneyland, com combinações de "marionetismo digital, animação em tempo real e projeção holográfica" (Silva *et al.*, 2015, p. 212).

No entanto, Jean Baudrillard (1991, p. 100), pessimista diante dessas possibilidades de uso do holograma nas artes, defende que a completa ausência de qualquer tela ou placa entre o espectador e a projeção produz uma alucinação total. Para o autor, "o holograma tem tão pouca vocação de produzir cinema tridimensional como o cinema tinha de produzir teatro ou a fotografia de retomar os conteúdos da pintura". Pessimismo de Baudrillard por um lado e otimismo de Eisenstein por outro, fato é que o espetáculo interativo realizado em Hong Kong parece caminhar exatamente na direção dessa síntese das artes imaginada por Eisenstein. E nessa configuração não haveria a necessidade de "revalorização das salas de cinema como espaço de formação e entretenimento" (Pommer, 2010, p. 7), pois o espetáculo de montagem pode se dar em qualquer formato e espaço. O cinema holográfico, na definição de Pommer, seria então o espetáculo da "montagem" previsto por Eisenstein? No qual as artes confluem em prol de um vasto espetáculo sem que possamos falar em teatro, música ou cinema?

Diante de tantas crises de identidade, de tantas mortes ou previsões de futuro, o que parece sobreviver é mesmo a relação entre a escrita do movimento (cinema) e o espectador que se transforma junto com os avanços tecnológicos e possibilidades que se abrem para experimentá-los nos espaços diversos e tempos vários.

Considerações finais

Em 1927, Sigmund Freud escreveu *O futuro de uma ilusão*, no qual ele percebe que qualquer investigação do futuro é comprometida pela limitada visão do indivíduo sobre seu passado e presente ("quanto menos se sabe do passado e do presente, tanto mais incerto é o juízo acerca do futuro") e, principalmente, porque cada indivíduo intervém com suas expectativas (que "se relacionam a fatores puramente pessoais de sua vivência"), de uma maneira difícil de precisar. Assim, a pessoa que tem interesse em analisar futuros possíveis não pode viver de modo ingênuo o seu presente, mas, pelo contrário, teria de saber se distanciar dele e ter a consciência de que, sobre o futuro, impera a incerteza.

Os futuros são, assim, como ilusões, nutridos pelo desejo, mas não comprováveis. Para chegar a tal afirmativa, Freud analisou as religiões como estas ilusões indemonstráveis ao mesmo tempo em que se permitiu viver a sua ilusão de imaginar um futuro da educação sem religião. Assim, seu título elabora um duplo sentido para ilusão: o futuro — porque desejado — é uma ilusão; e, de maneira mais restrita, a sua imaginação possível de um futuro, também um desejo, de que a religião ceda lugar para a ciência na educação das civilizações.

Nesse sentido, os futuros possíveis que aqui foram analisados são da ordem do *possível*, alguns em maior e outros em menor medida, e não estabelecem relações de previsibilidade com suas realidades presentes (Berardi, 2019, p. 64). Ainda que seus autores buscassem nas experiências vividas ou nas camadas dos tempos que sobrevivem no presente, foi também esse olhar antropológico de se distanciar e estranhar seu próprio presente, associado a esses desejos/ilusões, que projetaram possibilidades de futuros diversos.

Futuros que se tornaram presentes ao menos por um intervalo de tempo, mas que ainda se mantêm nos horizontes de expectativas (como assim aparenta viver o cinema 3D); futuros que parecem cada vez mais próximos de nós e de se tornarem um presente (o cinema holográfico, proposto por Mauro Pommer, ou ainda os espetáculos de "montagem", de Sergei Eisenstein); e futuros que, no nosso presente, parecem ainda mais distantes (como o cinema consciência/sensorial de Morton Heilig) — assim poderíamos distinguir as várias narrativas que tentaram prever os futuros possíveis para o cinema. Para qualquer desses futuros é certo que um dos maiores empecilhos à sua concretude ou não é, primeiramente, de ordem econômica e que impacta diretamente o desenvolvimento de tecnologias capazes de tornarem reais tais experiências.

Da mesma forma, os sujeitos envolvidos com o fazer-exibir-receber cinema, alguns obviamente de maior impacto nos circuitos comunicacionais (Valim, 2012), interferem, se equilibrando entre a existência de sua profissão e os investimentos para a inovação cinematográfica. A título de exemplo, cabe mencionar a recente greve impulsionada pelos roteiristas diante da ameaça das inteligências artificiais e o receio de serem substituídos. Acerca desse debate sobre as inteligências artificiais, ao que parece mais encaminhado nas artes visuais, Venâncio Júnior (2019) enfatiza que mesmo uma arte produzida por uma IA conta com a mediação de indivíduos e só é assim reconhecida como arte porque o mundo da arte (curadores, galerias e museus, críticos, consumidores de arte etc.) assim a define. Talvez o que esteja em jogo não seja tanto a extinção da profissão, mas sua transformação a partir das novas tecnologias que se apresentam.

Assim, para a experiência cinematográfica, parece imprescindível que haja a mediação entre os sujeitos (e destes com as IAs) que produzem, que lançam, que interpretam e, consequentemente, dão sentido à arte. Analisadas por esse prisma, as IAs talvez não devam ser vistas como ameaças, mas como uma ferramenta que colabora/transforma o exercício do indivíduo e sua criação artística. Pois, se Sergei Eisenstein estiver correto, essa confluência das artes em um espetáculo de "montagem", nessa mais nova forma de síntese das artes, também deverá exigir um outro tempo para a produção.

Especulações à parte, o que sobrevive em qualquer formato, crise de identidade, morte anunciada ou futuros possíveis, são os encontros das imagens em movimento com os espectadores. Mas, assim como nas transformações de comportamento anunciadas por Júlio Bezerra ou Franco Berardi em fins do século XX, o século XXI também vivencia mudanças importantes. Agora, boa parte da nossa vida social parece acontecer no plano virtual, ou por intermédio dos nossos avatares — como bem anunciou Lev Manovich — para onde também migraram as sessões de cinema e debates com os amigos.

Fator visto por David Le Breton (2018) como um descompromisso do indivíduo, que pode a qualquer momento interromper a relação ao desligar a tela. Para o autor, esse recolhimento no mundo virtual gera um "desgaste das significações que conservam o indivíduo no mundo" (Le Breton, 2018, p. 16), um desaparecimento de si. Talvez por isso Morton Heilig tenha imaginado seu cinema do futuro como uma combinação de contato com a imagem em movimento individualmente e em espaços de sociabilidades, dedicados não apenas para assistir ao filme, mas ainda para o café e o debate — defendidos à época, assim como fez Sigmund Freud, com a afirmativa de que o homem é naturalmente um "animal social".

Entre o virtual e o concreto, entre os velhos cinemas que sobrevivem e a coexistência com os novos formatos, os espectadores têm hoje a possibilidade de estar em contato com a imagem em movimento nos cafés, nos salões, nas salas de exibição comercial, nos cineclubes, mas também nas suas televisões, notebooks, tablets e celulares, alugando-os ou assinando canais de streaming, entre outros. Mas, assim como observamos com Reinhart Koselleck e Franco Berardi, os horizontes de expectativas e futuros possíveis continuarão existindo, mesmo que as percepções sobre eles sejam animadoras ou desanimadoras. A história do cinema tem sido pródiga em demonstrar como o cinema passou por profundas transformações sem perder seu status de a mais moderna das artes (Aumont, 2007). A sua relação única com o tempo, o movimento e a tecnologia fez com que o cinema ocupasse uma posição especial na paisagem artística e cultural da modernidade. Se as transformações vindouras serão suficientes para destroná-lo desse lugar, é algo que ainda nos parece improvável. De todo modo, à medida que contemplamos todas as perspectivas apresentadas, torna-se cada vez mais evidente que um cinema do futuro, divergente em sua epistemologia, está intrinsecamente ligado à nossa percepção do porvir.

Referências

AUMONT, J. *Cinema?*: por que o cinema se tornou a mais singular das artes. Campinas: Papirus, 2007.

BAUDRILLARD, J. *Simulacros e simulações*. Lisboa, Portugal: Editora Antropos, 1991.

BERARDI, F. *Depois do futuro*. São Paulo: Editora Ubu, 2019.

BEZERRA, J. O cinema do futuro: entre novas e tradicionais tecnologias, entre a morte e a reinvenção. *Intexto* (UFRGS), Porto Alegre, v. 2, n. 21, p. 88-101, jul.-dez. 2009.

DE LUCA, L. G. A. *A hora do cinema digital*: democratização e globalização do audiovisual. São Paulo: Imprensa Oficial do Estado de São Paulo, 2009.

EISENSTEIN, S. *Notas para uma História Geral do Cinema*. Rio de Janeiro: Azougue, 2014.

FREUD, S. *Obras Completas, vol. 17*: inibição, sintoma e angústia, o futuro de uma ilusão e outros textos (1926-1929). Rio de Janeiro: Companhia das Letras, 2014.

FURTADO, B.; DUBOIS, P. *Pós-fotografia, pós-cinema*: novas configurações das imagens. São Paulo: Editora Sesc, 2019.

GAUDREAULT, A.; MARION, P. *O fim do cinema?*: uma mídia em crise na era digital. Campinas, SP: Papirus, 2016.

GODARD, J.-L. *História(s) do cinema* [livro eletrônico]. Tradução de Zéfere. São Paulo: Círculo de Poemas, 2022.

HEILIG, M. L. *El Cine del Futuro: The Cinema of the Future. Presence: teleoperators and virtual environments*. Volume 1, Number 3, Summer 1992. p. 279-294.

KOSELLECK, R. *Futuro passado*: contribuições à semântica dos tempos históricos. Tradução de Wilma Patrícia Maas, Carlos Almeida Pereira. Revisão de tradução de César Benjamin. Rio de Janeiro: Contraponto: Ed. PUC-Rio, 2006.

LE BRETON, D. *Desaparecer de si*: uma tentação contemporânea. Tradução de Francisco Morás. Petrópolis, RJ: Vozes, 2018.

MACHADO, A. *Pré-cinema & Pós-cinema*. Campinas, SP: Papirus, 2014.

MIRANDA, Eduardo. Distribuição de salas de cinema por bairros e municípios do RJ acompanha a desigualdade social do país. *Brasil de Fato*, Rio de Janeiro, 12 set. 2023. Disponível em: https://www.brasildefatorj.com.br/2023/09/12/distribuicao-de-salas-de-cinema-por-bairros-e-municipios-do-rj-acompanha-a-desigualdade-social-do-pais#:~:text=Das%203.266%20salas%20de%20todo,est%C3%A3o%20concentradas%20em%20S%C3%A3o%20Paulo. Acesso em: 10 jul. 2024.

POMMER, M. E. Frontalidade e profundidade visual no cinema. *Cadernos de Pesquisa em Ciências Humanas*, Florianópolis, v. 11, n. 98, p. 6-31, jan.-jun. 2010.

SILVA, B. da; TAVARES, M.; REIA-BATISTA, V. *Os caminhos que se bifurcam*: hipóteses de interatividade para o cinema do futuro. II Simpósio Internacional — Fusões no Cinema. Coimbra, Portugal, 2015. p. 205-228.

TALENS, J. (org.). *Videoculturas de fin de siglo*. Madrid: Ediciones Cátedra, 1990.

VALIM, A. B. Cinema e História. *In*: CARDOSO, C. F.; VAINFAS, R. *Novos Domínios da História*. Rio de Janeiro: Campus/Elsevier, 2012. p. 282-300.

VENÂNCIO JUNIOR, S. J. *Arte e inteligências artificiais*: implicações para a criatividade. *Revista Ars* (USP), São Paulo, ano 17, n. 35, 2019.

EPISTEMOLOGIA MARXISTA: UM ENCONTRO COM LENIN E PIAGET PARA ABRIR UM PERCURSO EPISTEMOLÓGICO

Marta Bellini

> *No momento em que tantos intelectuais entram a serviço da polícia política dos cérebros, Lênin, solitário no mundo, sustenta uma visão universal, uma concepção lógica da existência — e sua visão prepara a sua ação.*
> *(Lefebvre; Guterman, 2011, p. 9)*

> *Pode ser surpreendente afirmar que Piaget realizou contribuições significativas para a definição da pesquisa em sociologia; mais surpreendente ainda poder afirmar que entre o pensamento dele e o de Karl Marx existem aproximações teóricas e epistemológicas.*
> *(Dongo-Montoya, 2011, p. 8)*

Este texto se propôs a apresentar algumas bases da epistemologia marxista com aproximações do pensamento de Lenin ao de Piaget porque, na minha visão, os estudos de Lênin são desdobrados por Piaget. Sempre em questão o tempo: Lênin desenvolveu seus estudos no exílio durante quase três anos, de 1914 a 1916. Piaget elaborou sua epistemologia em sessenta anos com uma equipe interdisciplinar. Ambas trazem uma novidade no âmbito do materialismo dialético. Ambas são uma epistemologia tratada como uma epistemologia da ação humana.

Em primeiro lugar, apresentarei alguns parâmetros dos *Cadernos de Filosofia* de Lênin e, depois, as questões levantadas pelo pesquisador Dongo-Montoya. Os dois estudos tratam de epistemologia, das gêneses das representações científicas e não científicas, de conceitos da biologia, matemática, física, entre outras ciências e, nesse percurso, estamos buscando responder e investigar como são elaborados os conhecimentos pela mente humana, individual e socialmente.

Se uma das perguntas da disciplina epistemologia é: "O que é o conhecimento?", a resposta dos dois estudiosos é a mesma: o conhecimento é construído pela ação humana. À pergunta "Como se conhece o conhecimento?", a resposta é: "Conhece-se pela ação sobre os objetos e/

ou conceitos já construídos". À pergunta: "Qual a origem dos conhecimentos", a resposta é a ação humana e o processo das centrações e descentrações na formação das representações dos indivíduos e do coletivo (Dongo-Montoya, 2018).

Essa aproximação foi feita por poucos estudiosos da filosofia e sociologia do século XX. A contribuição de Piaget para esses campos de estudo foi dada, de acordo com Bellini, em sua dissertação de mestrado, apresentando a proximidade feita por Goldman (1985) de Marx a Piaget e, de acordo com Dongo-Montoya (2018), aproximações das duas epistemologias foram realizadas por De la Talle (1992), Freitag (1984), Habermas (1983), Goldmann (1971, 1972, 1979) e Dongo-Montoya (2009, 2012, 2014, 2018).

Os *Cadernos filosóficos* de Lênin são uma descoberta preciosa de um projeto epistemológico marxista que parece revelar os estudos empíricos e teóricos realizados por Piaget e a equipe interdisciplinar que, com ele, sustentou inúmeras pesquisas, durante seis décadas.

Por que aproximar os dois projetos? Porque as duas epistemologias apresentam o esforço de compreender como a consciência é construída. Lênin partindo de Hegel e Piaget de Kant mostrando que a consciência, o pensamento, as representações científicas e não científicas são elaboradas pelos indivíduos e pela coletividade em que sobrevivem e fazem história.

Vamos apresentar, nesse sentido, algumas questões das epistemologias de Lênin e de Piaget que são, ao final de contas, uma epistemologia da ação.

Para a escrita deste item neste texto, tive contato com três versões dos *Cadernos*, em francês, edição da década de 1970, em espanhol, da década de 1970, e em português, edição brasileira, de 2011, com excelente tradução. Para a versão deste texto usei a versão em português, de 2011, com a belíssima introdução de Lefebvre e Guterman, de 1932, de 208 páginas. Comparei alguns parágrafos com as edições em francês e em espanhol.

Lênin nos *Cadernos filosóficos*

Os materiais dos *Cadernos filosóficos* constituem-se de resumos de filósofos lidos por Lênin com ricas anotações para pensar uma teoria, uma epistemologia e uma lógica. Não foram escritos para serem publicados.

Os *Cadernos* fazem parte da busca de Lênin por uma dialética marxista em um momento em que a Primeira Guerra Mundial é deflagrada e o mundo industrial moderno está à mercê das contradições capitalistas.

Nos *Cadernos* estão os interesses de Lênin na filosofia de Hegel. Há um diálogo de Lênin com Hegel para compreender o idealismo do filósofo e abrir uma possibilidade de uma dialética materialista para o pensar e agir do partido russo em uma guerra em que milhares de trabalhadores eram enviados para a morte. Também há uma discussão sobre o empirismo e o racionalismo.

> Exilado na Suíça, em 1914, Lênin elaborou os Cadernos por meio de um método de estudo: ler e pesquisar escrevendo, comparando e dialogando com Hegel e outros filósofos. Sua procura era elaborar uma base epistemológica para compreender e agir a favor do otimismo pró revoluções, sem o idealismo da metafísica como Hegel, sem as religiões, sem as mentiras sobre como as sociedades funcionam, sem o fetichismo da mercadoria, do poder da burguesia sobre os operários, sem decifrar o que é o lucro, o salário, o trabalho concreto e o trabalho abstrato. Lênin está falando da consciência crítica formada pela ação humana sobre o mundo que a rodeia (Lefebvre; Guterman, 2011, p. 7).

Estamos em 1914, dizem Lefebvre e Guterman, quando o pensamento burguês esmaga seus próprios valores — a universalidade e a verdade — e se petrifica no nacionalismo com eventos que já anunciavam o fascismo.

> Entre setembro e dezembro de 1914, quando de sua estância em Berna, Lênin leu A ciência da lógica, de Hegel. Para sua utilização pessoal, em simples cadernos escolares, ele tomou uma grande quantidade de notas (em russo, inglês, francês) e de citações, acompanhadas de comentários às vezes irônicos, às vezes admirados, frequentemente reduzidos a uma palavra, uma interjeição ou um simples ponto de exclamação (Lefebvre; Guterman, 2011, p. 1).

Nesse período de agudização do capitalismo, refletir acerca da noção de dialética marxista proporcionaria a Lênin uma base teórica para uma análise marxista das contradições do imperialismo na Primeira Guerra Mundial.

Lefebvre e Guterman (2011) vão nos apontando em sua longa introdução de 193 páginas nos *Cadernos* que a teoria hegeliana da contradição mostra a Lênin que a humanidade está em um período no qual a solução da crise, a unidade superior, parece se afastar, no entanto, às vezes, a solução se aproxima.

A dedicação de Lênin nos *Cadernos filosóficos* foi à filosofia clássica alemã, também fonte de Marx e Engels. Apresenta, logo no início dos *Cadernos*, os resumos do livro de Ludwig Feuerbach, *Lições sobre a essência da religião*, de 1851, destacando seu materialismo.

Com Hegel, seu percurso a uma teoria do materialismo dialético, Lênin apresentou as obras *Ciência da lógica, Lições sobre a história da filosofia* e *Lições sobre a filosofia da história*, três livros que ocupam um lugar central nos cadernos. Nesses três livros, Lenin critica o idealismo e o misticismo de Hegel, e, por outro lado, acentua a importância da dialética hegeliana e a necessidade de a valorar de um ponto de vista materialista.

> Nestes simples cadernos se prolonga, vigorosamente, o pensamento dos fundadores do socialismo científico, Marx e Engels, que — não sendo empiristas — vinculavam a sua estratégia e os seus objetivos políticos a uma concepção de mundo. Através de Hegel, todas as aspirações filosóficas à unidade e à verdade, ao universal e ao concreto, são retomadas e expressas por Lênin com este dom de apreender na abstração o que ela possui de concreto e de atual, dom que foi uma das dimensões do seu gênio (Lefebvre; Guterman, 2011, p. 7).

Para Lênin, a prática política é uma prática consciente, consciente aqui como universalidade e verificação; e prática significa jamais servir ao pragmatismo sem questioná-lo e sem examinar seus fins, dizem Lefebvre e Guterman (2011, p. 8).

Em 1915, alguns dos resumos desses livros são publicados em *O problema da dialética* mostrando a profundidade do pensamento hegeliano para uma dialética materialista. Propõe uma definição da dialética marxista ao elaborar o problema do processo dialético do conhecimento e a tese de que o caminho dialético para conhecer a realidade objetiva consiste na transição da percepção sensível ao pensamento abstrato e deste para a ação humana ou práxis. Seu modelo de dialética se concentra no problema das contradições, a doutrina de que a unidade e a luta dos contrários são o núcleo da dialética, de que a luta dos contrários é a fonte do desenvolvimento. É a ideia do todo e as suas partes (Lefebvre; Guterman, 2011, p. 8).

Outros resumos elaborados por Lênin foram do livro de Lassalle, *A filosofia de Heráclito e o obscuro de Éfeso*, o livro *A metafísica*, de Aristóteles e o livro de Lassalle, *Exposição, análise e crítica da filosofia de Leibniz*. Além disso, examinou a filosofia de Heráclito e Demócrito até Marx e Engels. Fez, também, exame de obras de naturalistas, um deles o biólogo alemão Ernst Haeckel, que escreveu *As maravilhas da vida* e *O enigma do universo* (Lefebvre; Guterman, 2011, p. 8).

Dos livros de ciências naturais Lênin critica as tentativas de reconciliar a explicação científica da natureza com as concepções religiosas de mundo que a levam ao idealismo ou ao mecanicismo. A última parte dos *Cadernos filosóficos* são resumos de livros de Plekanov, Sluliátikov e Deborin e os trata como materialismo vulgar, uma vez que ora aparece o empirismo, ora o inatismo como fonte dos argumentos desses estudos (Lefebvre; Guterman, 2011, p. 8).

Era 1915 e a Primeira Guerra já contava na Europa com uma ideologia nacional fascista que já era exercida por aventureiros políticos e serviçais de baixo nível. Nesse momento, a vida coletiva, como em todo o período nacional fascista, estava sendo manipulada por apelos à emotividade vinculada aos preconceitos e à opressão. Para Lênin a concepção universal do homem e do mundo havia desaparecido. Nesse momento, dois anos antes da Revolução Russa, muitos intelectuais ficaram ao lado do serviço da polícia política dos cérebros. Lênin estava solitário no exílio tentando elaborar uma visão universal, uma concepção lógica da existência que desse base para pensar a revolução e a mudança da sociedade (Lefebvre; Guterman, 2011).

As bases da epistemologia marxista em Lênin

Estudando Hegel, uma das dimensões epistemológicas exposta por Lênin é a origem do conhecimento. As fontes filosóficas apontavam o método externo e o método interno como fonte do conhecimento. Lênin procurou descobrir os pontos precisos do externo e interno em Hegel e explorou os pontos em que esse filósofo Hegel estava aberto ao futuro. Nesse sentido, elaborou o externo-interno (Lefebvre; Guterman, 2011).

Lefebvre e Guterman (2011, p. 10), a essa elaboração dizem: Lênin "não operou com nenhum dos sofismas que viciam o ato de pensar, o ocultar-se a si mesmo e o proclamar-se a si mesmo". O método de Lenin é interno-externo.

Lênin vê o pensamento hegeliano entre o estático e o dinâmico, entre a metafísica e a teoria do movimento, entre a eternidade e o desenvolvimento. Alegra-se toda vez que Hegel atinge, mediante Kant, a raiz de todo idealismo — a coisa em si.

O movimento hegeliano vinha de um otimismo dada a crença no automatismo do mundo, no progresso sem acidentes do desenvolvimento da sociedade e do Estado. Liberal e otimista, dizem Lefebvre e Guterman (2011), para Hegel, o jogo estava ganho, antecipadamente, por Deus, e depois por ele mesmo e pelo rei da Prússia. "Daí, nele, o compromisso entre o dinâmico e o estático" (Lefebvre; Guterman, 2011, p. 12).

Para Lênin o lado idealista de Hegel não era outro senão o próprio filósofo: o homem que se põe à parte do mundo, juiz e testemunha, para "pensá-lo" inteiro. Conforme Lefebvre e Guterman (2011), Lênin faz a inversão de Hegel em uma teoria materialista. Indica que a teoria marxista da divisão do trabalho (separação entre o trabalho manual e o intelectual, entre a prática e a teoria) completaria o hegelianismo (Lefebvre; Guterman, 2011, p. 12).

> O método, para que perca a forma limitada do hegelianismo e se torne uma razão moderna, deve ser objeto de uma nova elaboração. Ele não é como uma caixa de que se pode lançar fora o seu mau conteúdo para nela introduzir um conteúdo melhor. Ele não está para a filosofia de Hegel como peça de uma máquina. A unidade do materialismo e da dialética transforma estes dois termos. A teoria materialista da contradição, por exemplo, só será suficiente na medida em que for rigorosa e em que traduzir precisamente os termos mais obscuros do vocabulário hegeliano (o em-si, a indiferença, a relação com si mesmo, a negatividade etc.) (Lefebvre; Guterman, 2011, p. 13).

A inversão feita por Lênin ao hegelianismo é uma forma superior da especulação e se assenta para toda metafísica. Se para os metafísicos, a alma, ou seja, o espírito, o pensamento, a consciência, existe antecipadamente ao corpo, para Lênin essa metafísica inverte a ordem prática, real do mundo e a tira do mistério das coisas. Inverter a operação do pensamento muda o modo como ocorre a produção das coisas e das ideias sem "perder das descobertas que foram feitas graças ao orgulhoso estratagema dos metafísicos" (Lefebvre; Guterman, 2011, p. 14).

Nos *Cadernos* os resumos de Lênin com numerosas questões. Lefebvre e Guterman (2011, p. 14-15) as listam:

a. Aspectos já elaborados da dialética materialista:

1. Teoria do movimento interno das contradições. Retificação do método hegeliano.

2. Teoria da verdade e do relativismo dialético.

3. Teoria da unidade "sujeito-objeto", "teoria-prática".

b. Problemas sobre os quais os fundadores do marxismo deram indicações precisas, mas que devem ser retomados em função da atualidade filosófica:

1. Teoria da consciência e da representação ideológica.

2. Teoria da superação (aufheben) e do progresso dialético.

3. Teoria do erro e da aparência.

4. Análise da categoria de prática ("práxis").

5. Teoria dos níveis e dos domínios específicos. Metodologia.

6. Relação entre o individual e o social.

c. Problemas em aberto. Perspectivas do desenvolvimento do pensamento dialético:

1. Crítica social das categorias do pensamento.

2. Teoria da "alienação" humana e da integração dos elementos do homem. Ainda uma vez mais: trata-se de aspectos, de momentos de um todo acentuados ou a serem acentuados pela prática, pela história, pela atualidade e pela pesquisa.

Quanto aos problemas do homem expostos no grupo C, Marx deixou numerosas indicações que Lênin trouxe ao centro do seu pensamento. O problema do homem só existe concretamente no curso das transformações da vida real dos homens. As questões do grupo A têm respostas formuladas nos textos de Hegel, Marx, Engels, Lênin, entre outros marxistas, mas sem apresentação sistemática completa. Os problemas do grupo B são os da vida cultural e social e exigem uma análise dos dados dinâmicos em que os

> [...] homens estão vivendo; mas ainda assim apesar da incerteza, a resposta virá à sua hora e terá seu lugar numa linha geral. Os problemas não estão "em aberto" no sentido metafísico: sua solução já é conjecturada em muitos de seus aspectos (Lefebvre; Guterman, 2011, p. 14-15).

Quanto à Teoria da contradição, ela somente será satisfatória, dizem Lefebvre e Guterman (2011), se a práxis humana for retomada. Toda atividade humana e toda consciência sempre foram contraditórias. Isso porque envolvem um choque com a natureza e conflitos entre grupos e classes sociais. A consciência clara da contradição supõe condições importantes tal como a complexidade ideológica, vocabulário apropriado, abolição das formas nebulosas e emotivas do pensamento, tensão extrema das forças humanas, da ação sobre a natureza e do movimento da história. No entanto, essa consciência apenas se constitui pela experiência humana, pela ação humana e de modo lento como Hegel o demonstrou (Lefebvre; Guterman, 2011, p. 15).

Vamos pensar: se A desapareceu pura e simplesmente e apareceu um estado B, algo de A perdura em B; a anulação de A não é absoluta; ainda pensamos em A quando pensamos em B. A consciência comum (o entendimento) satisfaz em afirmar: "B é outro que A". A consciência dialética percebe que esta palavra — "outro" — dissimula relações. A negação é uma relação. O passado perdura em nós e, contudo, ele não existe mais.

Os conhecimentos elementares que obtivemos estão presentes em nossos conhecimentos superiores, mas de um modo singular: não por eles mesmos ou em si mesmos — eles são "negados" e, no entanto, são "elevados" a um nível mais alto.

O hegelianismo afirma que a dialética objetiva explica a dialética na nossa consciência. Não é a história empírica (ideológica) da nossa consciência que explica a percepção do movimento, da relação de anulação. Não é a reminiscência, não é o reconhecimento que explica a concepção dessa relação. A dialética, ao contrário, explica a própria memória. De acordo com o princípio aristotélico, a ordem do ser é inversa à ordem do conhecer — o que é o último no conhecer (a ideia, a consciência dialética) é o primeiro no ser (Lefebvre; Guterman, 2011, p. 16).

Em outras palavras: a contradição dialética só tem valor epistemológico para o nosso pensamento limitado. O objeto não é contraditório. A contradição é apenas ideal: a Ideia suprime, nela mesma, no absoluto, a contradição. Croce, outro comentador idealista, tenta opor a distinção à contradição. Os distintos podem estar em relação, mas têm uma existência autônoma, irredutível a essas relações. A contradição é assim debilitada em oposição e diferença e, em seguida, em simples distinção. "Hegel não fez esta importante discriminação" (Lefebvre; Guterman, 2011, p. 19).

Para Lefebvre e Guterman (2011), a origem de todas as dificuldades parece estar numa confusão entre a contradição e a consciência da contradição. "Hegel distingue-as implicitamente. [...] O empirismo e o racionalismo clássico são assim superados e reunidos numa doutrina mais ampla, numa teoria do desenvolvimento do pensamento e da civilização" (Lefebvre; Guterman, 2011, p. 45).

Quanto ao empirismo e o racionalismo, Lefebvre e Guterman (2011) mostram como esse modo de ver a produção do conhecimento limita nossa concepção de mundo. O empirismo tem razão ao situar a sensação na base do conhecimento. A base do empirismo vem da sensação que é uma relação real do objeto com o homem atuante. O empirismo separava a sensação do objeto, por um lado, e, por outro, do organismo, da prática, da vida social. Assim como produto de relações mentais, a sensação se completa naturalmente ao ligar-se a outras relações ou à noção que as resume — e torna-se, assim, percepção, conceito, ideia. A dialética materialista deve retomar, até o detalhe, a teoria hegeliana do conceito (Lefebvre; Guterman, 2011, p. 45).

Já para o racionalismo, a razão caía do céu, já vinha constituída; era fetichizada; era adorada como ser eficiente. A dialética materialista estabelece conexões racionais entre as realidades que parecem isoladas para uma racionalidade insuficientemente flexível e infundada prática e historicamente — notadamente entre as realidades ideais (Lefebvre; Guterman, 2011, p. 45).

Para Lênin a constituição da razão desvela até mesmo na sua aberração fetichista. Sua elaboração mostra que a causa das mudanças ideológicas não reside na revelação das abstrações metafísicas, mas na prática e na vida: nos processos sociais ou no materialismo histórico e, assim, supera a racionalidade abstrata. Para Lefebvre e Guterman (2011), quando Hegel levou o racionalismo ao absurdo, o comprometeu.

A dialética materialista, de acordo com Lefebvre e Guterman (2011), foi elaborada mediante um lento e delicado trabalho, uma análise complexa cujo avanço acompanhou a transformação revolucionária do mundo moderno. Para praticá-la foram necessárias condições mais adequadas para o trabalho intelectual e uma modificação do clima cultural, uma lucidez dialética aprofundada, fincada na prática e na cultura.

Quanto a Hegel, este já lamentava da estrutura das frases que, para exprimir a reciprocidade, a contradição e o movimento dialético, deviam ser forçadas. Essa dificuldade deveu-se, em parte, ao vocabulário e à gramática configurados por uma tradição de lógica estática, o sujeito, a ideia, o próprio espírito. Os marxistas, e notadamente Lênin, restabeleceram o movimento a essas categorias, introduziram as relações e um vocabulário novo. Para Lefebvre e Guterman (2011) o problema é que ainda operamos com um material verbal e conceitual ultrapassado.

> O racionalismo francês tem sua grandeza. Seu sentido de lucidez e de distinção é um insubstituível elemento da cultura moderna. Contrapartida: sua secura e sua rigidez. A língua de Voltaire não é exatamente dialética. É sempre um esforço tomá-la para exprimir o pensamento dialético. E nela se exprime melhor o que deixou de ser, como unidade e superação, determinações antinômicas do pensamento: empirismo e racionalismo, conceito e sensação, homem e natureza, individual e social, infinito e finito, total e atual, aberto e fechado etc.
> É impossível prever como a dialetização do pensamento penetrará a linguagem, a gramática, a literatura etc. É possível, apenas, indicar que uma crítica progressiva das categorias do pensamento e da expressão é necessária e que esta revisão será um aspecto da vida (Lefebvre; Guterman, 2011, p. 46).

Por fim, a inversão do hegelianismo, ou em outras palavras a inversão, a integração e a superação de todo idealismo, no que concerne à lógica, pode ser assim resumida: quando Hegel vai da abstração, do começo puro à realidade, sua teoria deve ser inteiramente revista e historicizada. Lênin afirma nos *Cadernos* que o momento prático já está incluído na Ideia hegeliana e difere desta elaborando uma noção flexível do movimento, da relação, do limite (Lefebvre; Guterman, 2011).

Quanto à dialética materialista ela é fundamentalmente uma teoria das condições da consciência. A consciência de si não se basta. O ser precede o conhecer. A consciência é condicionada biologicamente, fisiologicamente e socialmente. Já o idealismo é uma curiosa pretensão da consciência de produzir-se a si mesma vindo da pretensão de anular o objeto, de ignorar as relações e das condições de sua própria existência (Lefebvre; Guterman, 2011).

Lefebvre e Guterman (2011) dizem que o marxismo teve que superar dois erros vindos de uma interpretação unilateral e vulgar e não dialética do materialismo. "Primeiro erro: a consciência é exclusivamente consciência da economia. Segundo erro: as relações reais (práticas, socioeconômicas) são completamente independentes da consciência e conduzem fatalmente os homens na direção de fins que desconhecem" (Lefebvre; Guterman, 2011, p. 59).

A consciência social, consciência política, ciência, arte etc., por sua vez, não se desenvolvem igualmente em todos os humanos. Ela é desigual dadas as condições sociais, geográficas, culturais, linguísticas, educacionais, religiosas. Essa ideia é essencial para compreender os objetivos de uma ação revolucionária.

A epistemologia de Piaget e o marxismo

Dongo-Montoya é um dos importantes pesquisadores do Brasil no campo da epistemologia genética. Fez contribuições sérias à epistemologia e à aproximação de Marx e Piaget em relação à epistemologia.

Nos estudos que aproxima a Piaget, Dongo-Montoya (2018) apresenta Lucien Goldmann (1970), sociólogo marxista francês em seu livro *Marxismo e Ciências Humanas*. Goldmann foi um dos estudiosos que soube definir o termo *estruturalismo genético* de Jean Piaget. Em sua primeira obra, de 1950, já assinala aproximações de Piaget aos postulados de Marx.

Dongo-Montoya (2018) destaca ainda Czeslaw Nowinski, para quem o desenvolvimento do pensamento de Piaget acerca da passagem da gênese das primeiras formas de equilíbrio do pensamento para a teoria dialética das estruturas como processos de equilibração e de reequilibração contínuos confirma o método de Karl Marx. Diz Dongo-Montoya (2018, p. 7): "Esse autor escreve que a teoria de Piaget 'se aproxima então da metodologia elaborada por Marx no Capital e que o parentesco dos métodos entre a psicologia genética e a teoria de Marx é por vezes surpreendente'" (Nowinski, 1967, p. 878-880).

Dongo-Montoya (2011) cita também as pesquisas com a temática Piaget e Marx de De la Talle (1992), Freitag (1984), Habermas (1983), Goldmann (1971, 1972, 1979) e Dongo-Montoya (2009, 2012, 2014) para a epistemologia da ação. Ressalta que temos materiais fecundos sobre a temática, mas poucos ainda para uma discussão tão importante. Lembra-nos da importante tarefa de Piaget: a de ter organizado o livro *Estudos sociológicos* (1965/1973), com os resultados de pesquisas epistemológicas e psicológicas concretas. Essas investigações, enfatiza Dongo-Montoya (2011), não foram mera aplicação de conceitos psicológicos ao campo social, mas pensam as questões sociológicas na perspectiva de construção e descoberta de mecanismos comuns entre a sociologia e a psicologia.

Sociologia e psicologia são duas disciplinas diferentes, enfatizou Piaget, porém ambas enfrentam os mesmos problemas dado que são disciplinas que estudam o comportamento humano no nível individual e coletivo em sua adaptação ao ambiente físico e social. Em outras palavras, vemos tanto no comportamento individual quanto nas condutas coletivas que certos problemas são similares como a relação entre o todo e as partes, relação entre ações materiais e as representações, as relações entre estrutura e gênese, o papel dos fenômenos de centração e de descentração na formação das representações individuais e coletivas como nas ciências e ideologia (Dongo-Montoya, 2018).

Para Dongo-Montoya (20218) Piaget quis transpor, no campo da psicologia, a dicotomia secular entre consciência e conduta, assim como Marx quis ultrapassar, no campo da sociologia, a dicotomia entre consciência social e ação material sempre evidenciando que o desenvolvimento das relações sociais e da consciência não é elaborado de modo linear e mecânico.

De modo análogo aos postulados de Marx acerca das relações entre a infraestrutura e superestrutura, Piaget estabeleceu as relações entre a causalidade das condutas coletivas e as representações coletivas. As implicações das representações sociais, sejam pré-lógicas ou quase simbólicas, quer se coordenem logicamente, como nas representações coletivas racionais como no pensamento científico, todas as suas explicações nos remetem às ações humanas (Dongo-Montoya, 2018).

Piaget, com seus estudos sociológicos, quis mostrar as relações ou interações na base da organização social ao invés de recorrer aos predicados individuais e propor uma posição dialética e relacional. Dongo-Montoya (2018) explicita essa posição de Piaget com a sua pesquisa psicogenética entre os anos de 1936-1977 e 1937-1996. Nesse estudo Piaget mostrou que a lógica das ações e as noções práticas do mundo real são realizadas por interações complexas produzidas pela ação material. Para Piaget cada interação social compõe uma totalidade nela mesma, construindo novas condutas como também transtornando a estrutura mental do indivíduo (Dongo-Montoya, 2018).

A noção de totalidade para Piaget, em 1973 e 1965, não é a soma dos indivíduos de uma sociedade como postulou a sociologia de Durkheim e outros. É sempre da interação entre os indivíduos que chegamos à totalidade; a totalidade é sempre o conjunto das relações entre indivíduos de uma mesma sociedade, pois as interações são contínuas e funcionam como um sistema de interações que muda continuadamente as estruturas mentais (Dongo-Montoya, 2018).

Quanto à consciência e às suas várias formas de representações individuais, as pesquisas de Piaget mostram suas raízes nos esquemas sensório-motores. Dongo-Montoya (2018) apresenta a teoria de Piaget quando diz que o conceito constitui o prolongamento do esquematismo sensório-motor à medida que se interioriza e se reorganiza perante novos desafios do meio como novas distâncias espaço-temporais e diante de novas interações sociais que nos obrigam a levar em conta os pontos de vista de outras pessoas.

Dongo-Montoya (2018) para arrematar esse debate mostra que Marx inaugurou uma sociologia concreta efetivada pela ação humana, que podemos ler na frase de Marx: "Não é a consciência do homem que determina sua maneira de ser; é sua maneira de ser social que determina sua consciência".

A mesma visão é a de Piaget quando ele cita: "[...] as relações materiais, diz Marx, mas deve-se entender bem que desde as condutas mais materiais de produção, há troca entre o homem e as coisas, isto é, interação indissociável entre os sujeitos ativos e os objetos" (Piaget *apud* Dongo-Montoya, 2018, p. 13).

Para Piaget é essa atividade do sujeito em interdependência com as reações do objeto que caracteriza essencialmente a posição "dialética", por oposição ao materialismo clássico, diz Dongo-Montoya (2018).

Considerações finais

Lênin e Piaget e os estudiosos que apresentamos aqui como Lefebvre, Guterman, os sociólogos citados por Dongo-Montoya e o próprio Dongo-Montoya trabalharam numa investigação fecunda e difícil.

Fecunda porque apresentaram uma epistemologia calcada nas interações humanas em um contínuo fluxo dos humanos pelo trabalho, pela cultura, pelas artes; na dialética da experiência desde o sensório-motor até a abstração reflexionante. Desse fluxo nascem a consciência e as representações de mundo num movimento que tem o tempo, o espaço, e suas interações para novas mudanças.

Difícil porque me parece que, apesar de décadas de estudos e com o esforço de Lênin nos *Cadernos*, ainda há poucos estudiosos que continuam essa temática nas décadas atuais. Penso que, em termos de uma epistemologia marxista, temos uma obra aberta.

A base desses estudos é a dialética materialista, o movimento, a noção de interação, a interdependência do sujeito com o objeto e suas reações ou mudanças, o processo de centração (quando a criança ou adulto se concentra em um aspecto da situação e negligencia outros) e descentração, que ocorre quando o sujeito pensa em várias situações diante de um objeto ou situação.

Há muito o que fazer ainda.

Agradecimentos

Ao professor Tarso Mazzotti, que me apresentou os *Cadernos filosóficos* de Lênin há algumas décadas.

Ao professor Adriano Ruiz, com o qual participei de pesquisas piagetianas por mais de dez anos na Universidade Estadual de Maringá como também o acompanhei nos trabalhos com crianças em situação de vulnerabilidade intelectual. Com Adriano aprendi matemática. Temos um livrinho de epistemologia matemática na visão piagetiana pela Universidade Estadual de Londrina.

Às professoras Clélia Nogueira e Regina Maria Pavanelo, piagetianas com as quais trabalhei com ensino de matemática e biologia na visão piagetiana e juntas publicamos nossos livrinhos.

Referências

DONGO-MONTOYA, A. O. Marx e Piaget: aproximações teóricas e epistemológicas. *Revista Educação & Realidade*, Porto Alegre, v. 43, n. 1, p. 7-22, jan.-jun. 2018.

LEFEBVRE, H.; GUTERMAN, N. Introdução aos Cadernos Filosóficos de Lênin. *In*: LÊNIN, V. I. *Cadernos sobre a dialética de Hegel*. Tradução de José Paulo Netto. Rio de Janeiro: Editora da UFRJ, 2018.

LÊNIN, V.I. *Cadernos sobre a dialética de Hegel*. Tradução de José Paulo Netto. Rio de Janeiro: Editora da UFRJ, 2018.

LÊNIN, V. I. *Cuadernos Filosoficos*. Buenos Aires: Ediciones Estudio, 1963.

ÉTICA NA PESQUISA COM SERES HUMANOS: REFLEXÕES NO ÂMBITO DA PESQUISA EM EDUCAÇÃO

Maria Raquel Barreto Pinto
Diana Carvalho de Carvalho
Patrícia Laura Torriglia

Introdução

Ao aceitar o convite para discutir a temática desta obra — *Epistemologias divergentes: teorias e práticas contra-hegemônicas* — fomos motivadas a abordar um tema que tem preocupado os pesquisadores na área da Educação nos últimos anos: a participação nos Comitês de Ética em Pesquisa com seres humanos, cujas normas e regulações da pesquisa são oriundas da área biomédica e que se distanciam, na maioria das vezes, dos referenciais teóricos que orientam as pesquisas nas áreas de Ciências Humanas e Sociais. De certa forma, examinar essa questão na pesquisa em Educação permite revisitar um debate filosófico clássico que se coloca sobre o método no campo da pesquisa científica e que nem sempre parece ter sido suficientemente entendido por pesquisadores, que tendem a considerá-lo como mera definição dos procedimentos da investigação.

Segundo Gatti (2002), os estudos mais sistemáticos sobre pesquisa em Educação começam a desenvolver-se no país no final dos anos de 1930, com a criação pelo governo federal do Instituto Nacional de Estudos e Pesquisas Educacionais (Inep) e seu desdobramento no Centro Brasileiro de Pesquisas Educacionais e em Centros Regionais nos estados de São Paulo, Rio Grande do Sul, Bahia e Minas Gerais. Mas foi somente no final da década de 1960, com a implementação dos programas de pós-graduação em Educação nas universidades, que esse campo se desenvolveu e consolidou.

Nos primeiros anos do desenvolvimento das pesquisas educacionais no país, predominou um enfoque psicopedagógico com base experimental e positivista, que abrangia estudos acerca do desenvolvimento de crianças e adolescentes, processos de ensino e instrumentos de medida de aprendizagem (Gouveia, 1971, 1976). Gatti (2002) indica que, em meados da década de 1950, o foco das pesquisas desloca-se para as questões culturais e tendências da sociedade brasileira, com um enfoque sociológico que tinha como horizonte o desenvolvimento econômico. Nos anos de 1960 essa tendência consolida-se, com os estudos de natureza econômica que tomam a educação como investimento e que tematizam a demanda profissional, formação de recursos humanos e ensino profissionalizante. O governo militar que se instalou com o golpe em 1964 redefiniu as perspectivas sociopolíticas do país e, por consequência, redirecionou a política científica e os financiamentos que passaram a ser definidos em um contexto de macroplanejamento, com o predomínio de enfoques tecnicistas, a operacionalização de variáveis e sua mensuração.

Com a ampliação dos programas de pós-graduação e no contexto de luta pela democratização do país, especialmente pelos movimentos sociais que começam a emergir, Gatti (2002) salienta que, na década de 1980, a hegemonia do tratamento das questões educacionais nas teses e dissertações se dá em uma perspectiva crítica, tendo por base teorias de inspiração marxista. Nesse mesmo período, os cientistas promovem a organização das Conferências Brasileiras de Educação, que tiveram um papel político fundamental para repensar a educação no país, bem como a criação da Associação Nacional de Pesquisa e Pós-Graduação em Educação (ANPEd), que passou a realizar reuniões anuais e discutir no âmbito político e científico a produção realizada nos programas de pós-graduação.

É também a partir da década de 1980 que as discussões sobre pesquisa qualitativa e pesquisa participante (Brandão, 1981, 1984) recrudescem na área da Educação, trazendo à cena a urgência em pensar questões éticas e metodológicas na relação com os sujeitos da pesquisa. Nas décadas seguintes são muitos os pesquisadores que publicam artigos com vistas a um balanço crítico sobre aspectos teóricos e metodológicos das pesquisas educacionais, destacando, entre outros temas, o embate entre pesquisas quantitativas e qualitativas (Santos Filho; Gamboa, 2002; Gatti, 2004) e a importância do rigor/qualidade nas análises realizadas (André, 2001; Gatti, 2012).

Neste capítulo apresentamos, em um primeiro momento, o debate sobre ética na pesquisa com seres humanos na área da Educação, com foco na instalação dos comitês de ética. Posteriormente, a modo de fechamento, expomos algumas questões sobre o método e a ética na pesquisa, buscando refletir sobre as diferentes esferas sociais que compõem a produção e a reprodução do conhecimento.

Os comitês de ética na pesquisa envolvendo seres humanos

Ao recuperar a história da ética em pesquisas com seres humanos, Kottow (2008) destaca que, em termos mundiais, até o final da primeira metade do século XX ainda não havia regulamentação suficiente e força jurídica para coibir atos em pesquisas clínicas com relação à participação de pessoas em pesquisas, sem a autorização delas. Segundo o autor, essa doutrina somente encontrou reforço jurídico com a introdução, em 1957, da expressão "consentimento informado" para situações clínicas, o que já havia ocorrido dez anos antes nas pesquisas envolvendo seres humanos. Os estudos com humanos foram praticados com crescente assiduidade, mas os pesquisadores não se sentiam obrigados a realizar uma reflexão ética específica para sua atividade (Kottow, 2008, p. 9).

O aprofundamento das discussões sobre a ética em pesquisa com seres humanos e a elaboração do primeiro código de ética em pesquisa ocorrem a partir de problemas sociais vivenciados durante e após a Segunda Guerra Mundial, mais especificamente dos horrores praticados por médicos nazistas que vieram à tona nos julgamentos de Nuremberg.[12] Foi do conhecimento desses horrores que nasceu o Código de Nuremberg, um documento que não se restringiu apenas àqueles acontecimentos, mas que foi elaborado para guiar a conduta de todos os pesquisadores, com normas éticas gerais e válidas para qualquer tipo de pesquisa. Kottow (2008), no entanto, critica a relevância dada à autonomia individual de cada sujeito de consentir ou não sua participação nas pesquisas e a pouca discussão sobre o fato de que os métodos utilizados pelos pesquisadores podem levar à destruição de outro ser humano. O autor defende que a autonomia individual não pode prevalecer sobre o direito à vida.

As pessoas que elaboraram o Código de Nuremberg, como foi o caso do estadunidense Ivy, que coordenou o processo, estavam imbuídas de uma alta estima pela autonomia individual. Por isso enfatizaram a livre vontade de participar de experimentos, sem que pudessem admitir que a falha ética fundamental das barbáries médicas não havia sido a ausência de consentimento, mas sim a destruição incompreensível de outro ser humano (Kottow, 2008, p. 10).

---

[12] Para mais informações, ver: KOTTOW, M. (2008). História da ética em pesquisa com seres humanos. *Revista Eletrônica De Comunicação, Informação & Inovação Em Saúde*, 2. https://doi.org/10.3395/reciis.v2i0.863. Acesso em: 19 jun. 2023.

Com o avanço das pesquisas no mundo, a necessidade de atualização do Código de Nuremberg foi ficando cada vez mais clara. Assim, as ações estabelecidas pelos grupos de estudos instituídos pela Associação Médica Mundial culminaram na elaboração da Declaração de Helsinque (1964), considerada mais ampla por trazer no seu bojo uma preocupação maior com o consentimento informado dos participantes das pesquisas ou de seus representantes legais. Ao ser atualizada no ano de 1975, reafirma a preocupação com o consentimento livre, institui a criação de comitês de ética em pesquisa e aconselha a não publicação de trabalhos de proveniência ética contestável (Kottow, 2008). Mas essa declaração, embora deixasse clara a necessidade de sobrepor a proteção dos participantes aos interesses da ciência e da sociedade, bem como de proteção das pessoas ditas incapazes de exercer sua vontade, não resolvia os dilemas éticos da pesquisa científica com seres humanos.

Foi buscando aperfeiçoar o que já existia e tentando preencher lacunas e avançar em termos legais que o Relatório Belmont foi elaborado em 1978 e revisado em 2000, introduzindo intencionalmente a linguagem dos princípios éticos, traduzidos em: autonomia, beneficência, não maleficência e justiça (Kottow, 2008).

Esses documentos basilares já mencionavam a necessidade da criação de instituições de controle que pudessem adaptar o que estava sendo proposto, a fim de regular os aspectos bioéticos das pesquisas em seres vivos. Tais instituições foram, ao longo do tempo, desenvolvendo características próprias que hoje as identificam: os comitês de ética em pesquisa (CEPs), a saber:

> [...] – diferem dos comitês de ética hospitalar em sua composição, suas funções e suas normas;
> - não são compostos somente de cientistas naturais, incluindo representantes das disciplinas sociais e da comunidade;
> - a participação de outros profissionais ou membros da comunidade não se rege por um princípio de representatividade, mas sim de idoneidade;
> - seguindo o modelo dos comitês institucionais de revisão ética, prefere-se o comitê de ética local, que conhece sua própria instituição e seus pesquisadores, podendo convocá-los com mais facilidade para levar adiante a pesquisa;
> - os comitês de ética em pesquisa são duplamente obrigatórios: toda pesquisa deve ser revisada por eles, e todo pesquisador deve acatar as correções éticas que o comitê exigir;

- a deliberação do comitê de ética em pesquisa não apenas garante a conformidade com normas gerais como também analisa individualmente cada protocolo;
- os comitês de ética em pesquisa asseguram o consentimento livre e esclarecido, a proporcionalidade dos riscos, os detalhes do método científico que possam incidir em riscos, os aspectos econômicos que velam pela probidade e a utilização pertinente dos resultados;
- os comitês de ética em pesquisa devem funcionar de forma regulamentada e documentada, tanto para fundamentar suas deliberações quanto para criar jurisprudência (Kottow, 2008, p. 14).

No Brasil, a discussão sobre ética na pesquisa se intensificou a partir da promulgação da Resolução n.º 196 de 1996, do Conselho Nacional de Saúde (CNS), aprovando diretrizes e normas reguladoras de pesquisas envolvendo seres humanos. Foi também por meio dessa resolução que foi criada a Comissão Nacional de Ética em Pesquisa (Conep), atrelada ao Conselho Nacional de Saúde (CNS), tendo como principais atribuições avaliar os aspectos éticos das pesquisas que envolvem seres humanos no Brasil, elaborar e atualizar as diretrizes e normas para a proteção dos participantes de pesquisa e coordenar o Sistema CEP/Conep, bem como atuar na formação de pesquisadores. Importante referir que, embora a função educativa seja preconizada, dados apontados em seminário organizado pela Associação Nacional de Pós-Graduação e Pesquisa em Educação (ANPEd) (2016)[13] já indicavam a fragilidade dessa ação e a urgente necessidade de que a questão da ética em pesquisa fosse discutida nas disciplinas dos Programas de Pós-Graduação em Educação (PPGEs) e em outros espaços formativos (grupos de pesquisa, seminários etc.). Antes disso, Jefferson Mainardes, professor da Universidade Estadual de Ponta Grossa (UEPG), já levantava essa problemática a partir de um relatório[14] publicado em 15 de setembro de 2013, em que apresenta os resultados obtidos sobre a situação da ética na pesquisa com base em um questionário on-line enviado aos coordenadores de Programas de Pós-Graduação em Educação (PPGEs). Tais dados visavam subsidiar os convidados da Sessão Especial

---

[13] Seminário Ética e Pesquisa em Educação, realizado nos dias 29 e 30 de setembro de 2016, no Auditório Paulo Freire da UniRio/RJ — Centro de Ciências Humanas (CCH) — Av. Pasteur, 458, Urca, Rio de Janeiro. Disponível em: https://forum.anped.org.br/news/seminario-etica-e-pesquisa-em-educacao-29-e-30-de-setembro. Acesso em: 14 jun. 2024.

[14] Ver: MAINARDES, J. Relatório do levantamento sobre ética na pesquisa — PPGEs (2013). Fórum Nacional de Coordenadores de Programas de Pós-graduação em Educação — FORPRED, 2013. Disponível em: https://anped.org.br/wp-content/uploads/2024/05/RelatrioForpred2013.pdf. Acesso em: 14 jun. 2024.

intitulada *Princípios e procedimentos éticos na pesquisa em Educação*,[15] que foi realizada na 36ª Reunião Nacional da ANPEd, em 2016, na cidade de Goiânia, organizada pelo Fórum de Coordenadores de Programas de Pós-Graduação em Educação (Forpred), na época coordenado por esse mesmo professor. Os dados obtidos apontavam a necessidade urgente de que o tema fosse amplamente debatido e pesquisado, ampliando a produção do conhecimento e de textos sobre ética na pesquisa que pudessem subsidiar os PPGEs e, consequentemente, os pesquisadores da área da educação. Indicava que a questão da ética em pesquisa necessita ser tratada como um dos aspectos da formação dos pesquisadores, extrapolando a questão da sua regulamentação. Além disso, alertava para as dificuldades enfrentadas pelos pesquisadores ao tramitar seus projetos no sistema CEP/Conep, organizado a partir de princípios éticos voltados para a área biomédica.

A Conep atua em conjunto com uma rede de Comitês de Ética em Pesquisa (CEPs) organizados nas instituições onde as pesquisas são desenvolvidas. Na sua origem, Conep e CEPs devem manter composição multidisciplinar com participação de pesquisadores, estudiosos de bioética, juristas, profissionais de saúde, das ciências sociais, humanas e exatas e representantes de usuários, embora nem sempre esse equilíbrio seja garantido.

Foi a partir do ano 2000 que o debate em torno das diferenças dos métodos e técnicas de coleta de dados entre o campo da biomedicina e as pesquisas qualitativas das Ciências Humanas e Sociais (CHS) tomou corpo, se estendendo até os dias de hoje. Pesquisadores dessas áreas vêm questionando o fato de a normalização sobre ética na pesquisa estar atrelada ao Conselho Nacional de Saúde (CNS), posto que a legislação não atende às especificidades da pesquisa na área e retira a autonomia sobre as definições da regulamentação e do seu gerenciamento.

Em 12 de dezembro de 2012 foi aprovada uma nova resolução — Resolução n.º 466 de 2012, do Conselho Nacional de Saúde (CNS) — fixando diretrizes e normas regulamentadoras de pesquisas envolvendo seres humanos no Brasil. Mas essa resolução não modificou a fundamentação biomédica existente na anterior (196/1996), e os problemas das diferenças dos métodos e técnicas de coleta de dados entre o campo da biomedicina e as pesquisas qualitativas das Ciências Humanas e Sociais se manteve. Conforme Sarti (2015), a criação, em junho de 2013, do Fórum de Ciências

---

[15] Disponível em: http://36reuniao.anped.org.br/sessoes-especiais. Acesso em: 26 abr. 2024.

Humanas, Sociais, Sociais Aplicadas, Linguística, Letras e Artes (FCHS-SALLA),[16] proporcionou um alento à luta de pesquisadores e associações científicas em busca de uma regulamentação específica para a área.

O Fórum de CHSSA tem atuado no sentido amplo de se contrapor ao lugar marginal dessas ciências nas políticas e programas de ciência, tecnologia e inovação (CT&I) no país em geral. Entre os resultados do movimento empreendido pelo Fórum está a aprovação pelo Conselho Deliberativo do CNPq da criação de uma Diretoria de Ciências Humanas, Sociais e Sociais Aplicadas no CNPq, que, uma vez implementada, será encarregada de formular políticas e programas de CT&I para essas áreas. Foi criado, ainda, no CNPq (Portaria n.º 360/2014, de 19 de novembro de 2014), um GT composto por representantes das associações científicas das CHSSA, responsável por elaborar um documento, entregue ao CNPq em maio de 2015, no qual se faz um diagnóstico e se propõem caminhos alternativos, enfocando cinco eixos, entre os quais está a Ética (os outros quatro são: Formação, Financiamento, Publicações e Internacionalização), permitindo dimensionar a relevância que a questão assume no cenário acadêmico atual no país (Sarti, 2015, p. 82).

Os coordenadores que compunham o Fórum naquela ocasião tentaram uma aproximação com o Ministério da Ciência e Tecnologia (MCTI), com a intenção de estabelecer outro sistema de regulamentação ética para a área das CHS que não estivesse atrelado ao Ministério da Saúde (MS), mas, embora a proposta tenha sido bem recebida, logo sofreu recuo por intermediação do MS, que reivindicava para si a responsabilidade, via sistema CEP/Conep. Dessa forma, sem vislumbrar outras possibilidades, as associações que compunham o Fórum naquele momento histórico passaram a integrar um Grupo de Trabalho da Conep constituído para a elaboração de uma regulamentação específica para a área das CHS.

O GT foi formado, de um lado, por representantes de 18 associações de pesquisa e pós-graduação nessas áreas e, de outro, pelos "peritos" do sistema CEP/Conep: representantes da Conep, do CNS, e de outras instâncias do MS, como o Departamento de Ciência e Tecnologia (Decit) e a Secretaria de Ciência, Tecnologia e Insumos Estratégicos (SCTIE), composição que evidenciava a disposição da Conep de manter sob seu controle a elaboração do texto (Sarti, 2015, p. 83).

---

[16] Nessa ocasião, esse Fórum ainda era denominado Fórum de Ciências Humanas, Sociais e Sociais Aplicadas — CHSSA. Só mais tarde passou a incluir as áreas da Linguística, Letras e Arte — CHSSALLA.

Assim, a partir de agosto de 2013 passou a ser elaborada pelo GT de Ciências Humanas e Sociais (CHS) da Conep uma Minuta de Resolução de ética em pesquisa em Ciências Humanas e Sociais, com o intuito de estabelecer diretrizes e normas que contemplassem as especificidades da área, mas, ao ser apresentada à Conep, em 30 de outubro de 2014, sofreu críticas profundas e a intenção de apresentação à consulta pública prevista para janeiro de 2015 foi desconsiderada. As críticas feitas pela Conep à minuta apresentada se referiam, principalmente, ao fato de que a criação de norma específica para as CHS enfraqueceria o sistema CEP/Conep, pois criaria um "sistema paralelo", e de que a minuta estaria renegando o princípio do "respeito à dignidade do ser humano participante da pesquisa". Em carta aberta[17] de resposta à "Carta da Conep ao Grupo de Trabalho da Resolução sobre Ética em Pesquisa nas Ciências Humanas e Sociais (CHS)", em 28 de janeiro de 2015, o GT de CHS se posiciona contrário a essas críticas argumentando que a defesa do grupo é na verdade de que o Sistema CEP/Conep abarque as diferenças e especificidades entre todas as ciências, e não a criação de um sistema paralelo, e de que a forma de exercitar os direitos do ser humano participante da pesquisa são múltiplas, dependendo das características de cada pesquisa, e o Sistema CEP/Conep estaria na verdade projetando "ingênua ou maliciosamente" as condições de um tipo de pesquisa, no caso da pesquisa biomédica, para os de outro tipo de pesquisa, como a das CHS.

No rastro dessas discussões, em abril de 2015 a ANPEd criou uma Comissão para fomentar o debate sobre Ética na Pesquisa em Educação com o intuito de discutir e estimular pesquisadores da área a realizar pesquisas e discussões sobre a ética, bem como ampliar as publicações sobre essa temática. Decidiu-se que, antes de ser enviada para consulta pública, o GT deveria efetuar as alterações cabíveis para que a Resolução voltasse a ser discutida na Conep e, posteriormente, submetida à Consulta Pública. Sarti (2015) avalia que a intransigência e dificuldade de diálogo por parte da Conep acabou trazendo de volta à cena o FCHSSALLA como instância de negociação.

Depois de muitas idas e vindas, finalmente foi aprovada pelo Plenário do Conselho Nacional de Saúde a Resolução n.º 510, de 7 de abril de 2016, que dispõe sobre as normas aplicáveis às pesquisas em Ciências

---

[17] Carta Aberta de Resposta à Carta da Conep ao Grupo de Trabalho da Resolução sobre Ética em Pesquisa nas Ciências Humanas e Sociais (CHS), de 28 de janeiro de 2015. Disponível em: https://ced.ufsc.br/files/2015/04/resposta-carta-conep.pdf. Acesso em: 14 jun. 2024.

Humanas e Sociais envolvendo seres humanos. Na ocasião, representantes das associações científicas com assento no GT de Ética em Pesquisa do FCHSSALLA avaliaram que houve avanços após quase três anos de trabalho árduo e de luta contínua e exaustiva contra os preconceitos e vícios da Conep, mas também fizeram alertas importantes para que o pleno sentido da Resolução fosse atingido. Entre os principais ganhos, apontaram:

1. adoção de um sistema de avaliação com gradação da gravidade dos riscos (em quatro níveis), e consequente tramitação diferencial dos projetos no sistema (art. 21);

2. reconhecimento da diferença entre avaliação ética e avaliação teórica e metodológica e consequente restrição da avaliação do sistema apenas às dimensões éticas dos projetos (art. 25);

3. exigência de composição equânime entre os dois grandes grupos de ciências nos colegiados do sistema CEP/Conep: seja na composição da própria Conep, seja na composição dos CEPs que pretenderem avaliar projetos de CHS (art. 26 e 33);

4. exigência de que a relatoria de projetos de CHS nesses CEPs incumba a membros com competência nessa área (art. 26);

5. criação de uma instância dentro da Conep dedicada à implementação da nova sistemática de avaliação nas CHS com a participação das sociedades científicas, incluindo-se aí a elaboração do novo formulário de registro na Plataforma Brasil (art.29);

6. possibilidade de promover a informação sobre a proteção dos participantes por meio de um "processo de esclarecimento" que não passe necessariamente por um "termo" formal (art. 5.º);

7. possibilidade de comprovação do consentimento/assentimento dos participantes por outros meios que não o escrito (arts. 15 a 17);

8. manutenção da possibilidade de realização de "pesquisa encoberta" nos casos justificados ao sistema (art. 14);

9. manutenção da possibilidade de realização de pesquisas sem processo prévio de autorização, nos casos justificados ao sistema (art. 16);

10. afastamento de uma noção reificada de "vulnerabilidade"; e consequente adoção de um critério de situação de vulnerabilidade (arts. 2.º, 3.º e 20);

11. retirada do processo de registro de uma série de tipos de pesquisa (de opinião pública, censitária, decorrente de experiência profissional etc.) (art. 1.º);

12. retirada do processo de registro das "etapas preliminares da pesquisa" (art. 24);
13. eliminação da referência à "relevância social da pesquisa" como critério de avaliação da ética em pesquisa nas CHS;
14. eliminação da referência à bioética como pertinente na avaliação da ética em pesquisa nas CHS (GT/CHS/Conep, 2016).

Entre os alertas dos pesquisadores, cabe destacar que o modelo proposto pelo sistema CEP/Conep não representava as especificidades do campo educacional, posto que esse modelo se centrava principalmente em não causar danos aos participantes, deixando de lado outras questões que dizem respeito à ética na pesquisa. Além disso, apontavam a necessidade de se equilibrar a participação de pesquisadores da área biomédica com pesquisadores das áreas de Ciências Humanas e Sociais na composição da Conep e CEPs distribuídos pelo Brasil e da implantação de políticas de apoio à pesquisa, publicações e realização de eventos e debates sobre a ética em educação. Apontavam, também, que o sistema CEP/Conep era um sistema excessivamente vasto e centralizado, com riscos muito altos de burocratização. Assim, defendiam que o pleno sentido dessa resolução só seria atingido quando fosse aprovada a resolução específica sobre gradação e avaliação dos riscos, que vinha sendo negociada dentro do âmbito da Conep com os representantes das ciências biomédicas, bem como a aprovação de um novo formulário de inscrição na Plataforma Brasil, que permitiria um encaminhamento mais claro e ágil das propostas.

A partir dessas discussões e negociações, o Conselho Nacional de Saúde homologou, em 6 de maio de 2022, a Resolução CNS n.º 674, que dispõe sobre a tipificação da pesquisa e a tramitação dos protocolos de pesquisa no Sistema CEP/Conep. Ao estabelecer a tramitação dos protocolos de pesquisa científica envolvendo seres humanos, define o tipo de pesquisa segundo o delineamento do estudo, dividindo-as em dois grupos:

I – Estudos que visam descrever ou compreender fenômenos que aconteceram ou acontecem no cotidiano do participante de pesquisa;
II – Estudos que visam verificar o efeito de produto ou técnica em investigação, deliberadamente aplicado no participante em virtude da pesquisa, de forma prospectiva, com grupo-controle ou não (Resolução n.º 674, de 6 de maio de 2022).

Também tipifica a pesquisa conforme o seu procedimento, dividindo-a em dois tipos: *estudos que envolvem intervenção no corpo humano* e *estudos que não envolvem intervenção no corpo humano*, classificando-as ainda em A, B e C, com seus subtipos (A1, A2, B1 etc.). As do tipo A "visam descrever ou compreender fenômenos que aconteceram ou acontecem no cotidiano, não havendo intervenção no corpo humano". As do tipo B "visam descrever ou compreender fenômenos que acontecem no cotidiano, havendo intervenção física no corpo humano". E as do tipo C "visam verificar o efeito de produto ou técnica em investigação, deliberadamente aplicado no participante em virtude da pesquisa, de forma prospectiva, com grupo-controle ou não" (Resolução n.º 674, de 6 de maio de 2022).

Além de definir fatores de modulação que vão modificar a forma de tramitação do protocolo de pesquisa (características do processo de consentimento e confidencialidade e características dos métodos da pesquisa), a Resolução define quatro modalidades de tramitação dos protocolos no Sistema CEP/Conep: expressa, simplificada, colegiada e colegiada especial.

> §1º As tramitações previstas para os tipos de protocolos de pesquisa são:
> a) tramitação expressa: tipos A1 e A2;
> b) tramitação simplificada: tipos A3, A4 e B1;
> c) tramitação colegiada: tipos B2 e C1;
> d) tramitação colegiada especial: tipo C2 (Resolução n.º 674/2022).

E tomando como referência essa definição, é estabelecido o prazo para checagem documental e emissão do parecer:

> Art. 21 O prazo para checagem documental é de até 7 (sete) dias.
> Art. 22 O prazo para emissão do parecer, após a checagem documental, é de até 15 (quinze) dias para a tramitação expressa; até 21 (vinte e um) dias para a tramitação simplificada; até 30 (trinta) dias para a tramitação colegiada; e até 45 (quarenta e cinco) dias para a tramitação colegiada especial (Resolução n.º 674/2022).

Conforme a Comissão de Ética da ANPEd, essa Resolução parece ter trazido contribuições para a área das CHS no que diz respeito ao tempo de tramitação de pesquisas envolvendo seres humanos no Sistema CEP/Conep, uma vez que, por serem investigações que não envolvem intervenção no corpo humano, classificadas como do tipo A, esse tempo acaba sendo mais curto do que o das pesquisas da área biomédica. Mas essa mesma Comissão alerta, em nota emitida em 21 de maio de 2022 — portanto logo depois da homologação da Resolução n.º 674 — que a avaliação ética das pesquisas via sistema CEP/Conep continua sendo inadequada para a área da Educação e as demais áreas das CHS e reafirma a posição de que seja criado um outro sistema que atenda às especificidades dessas áreas.

Assim, no primeiro semestre de 2023 o FCHSSALLA novamente entra em cena, por meio do Grupo de Trabalho de Ética em Pesquisa, elaborando o documento intitulado "Diretrizes para a Ética na Pesquisa e a Integridade Científica,[18] que contém uma proposta de um sistema próprio de avaliação com diretrizes específicas para as áreas das humanidades. A discussão e elaboração do documento ocorreu no ano de 2022 e envolveu 56 entidades ligadas ao campo acadêmico/científico brasileiro para, em seguida, ser disponibilizado para consulta pública e considerações de grupos de pesquisa, pesquisadores, conselhos e programas. Conforme a Comissão de Ética na Pesquisa da ANPEd, o conteúdo desse documento reflete o acúmulo de debates que vêm sendo realizados desde 2013, bem como o resultado de um diagnóstico realizado por pesquisadores e um levantamento junto às associações que compõem o FCHSSALLA, assim como da literatura existente. Reafirma a crítica sobre o atual sistema de avaliação ética das pesquisas da área, que continua enquadrado em um modelo biomédico, e procura definir diretrizes éticas visando atender às peculiaridades das áreas das CHSSALLA. Esse documento tem por objetivo servir de base para as negociações com o governo federal e o parlamento, de modo a viabilizar um sistema de avaliação próprio para as investigações na área das humanidades, que têm características muito diferentes das investigações na área biomédica.

Como podemos perceber, o debate em torno das diferenças dos métodos e técnicas de coleta de dados entre o campo da biomedicina e as pesquisas qualitativas das CHSSALLA continua acirrado e a luta para que o modelo de revisão ética seja adequado às necessidades das CHSSALLA, com medidas e avaliações distintas, continua. Cabe destacar que tais diferenças também expressam disputas que se colocam entre as áreas de conhecimento no âmbito da avaliação e financiamento dentro do Comitê Técnico Científico (CTC) desde a implementação do modelo de avaliação

---

[18] Disponível em: file:///C:/Users/user/Downloads/Diretrizes%20C3%A9tica%20e%20integridade%20CHSSALLA%20Consulta%20P%C3%BAblica%20(2).pdf . Acesso em: 22 maio 2023.

da pós-graduação introduzido pela Coordenação de Aperfeiçoamento de Pessoal de Nível Superior (Capes), em 1998, conforme evidencia o dossiê organizado por Moraes e Bianchetti (2006) na revista *Perspectiva*. Nessa publicação, pesquisadores analisam a avaliação na pós-graduação por diferentes ângulos, entre os quais destacamos alguns: a indagação de Sguissardi (2006) de que seria possível conciliar avaliação educativa com processos de regulação e controle do Estado; uma análise crítica das condições nas quais ocorre a formação da intelectualidade da educação brasileira nestes tempos de desvalorização do conhecimento (Duarte, 2006); as manifestações dos coordenadores de programas de pós-graduação em Educação, à época, questionando o caráter homogeneizador do modelo, tais como a exacerbação do quantitativismo e produtivismo e ausência de indicadores do alcance social das atividades dos Programas (Horta, 2006).

Por fim, no item a seguir apresentamos algumas reflexões teóricas sobre o método e a ética na pesquisa.

Algumas considerações sobre o método e a ética na pesquisa

Vimos, na seção anterior, um processo de debate não só normativo, senão político. É possível o normativo estar separado da esfera política? Talvez, essa resposta, complexa, inicie por uma reflexão negativa ao respeito. Pois, embora sejam complexos autônomos — jurídico e político — ambos se articulam levando em conta seus processos e características específicas. Mas talvez a pergunta pudesse ser formulada da seguinte forma: O que se coloca detrás da norma? Quais são os aspectos de um projeto político determinado que não se transparenta a partir de suas premissas e se resguarda em "normas" e "procedimentos"?

Se a produção e reprodução de conhecimento não é em si mesma senão um ato de compromisso com o social, com as relações sociais e a possibilidade de um futuro aberto (negado por um presentismo atroz ao serviço do capital), como podemos pensar, ou melhor dizendo, qual o papel da ética na relação com a política e a norma?

Não entendemos que o problema se coloque, somente, na diferenciação das áreas. Em especial se consideramos que o método, a partir de nossa concepção materialista dialética, considera a dimensão histórica da sociedade. E aqui ponderamos que a dicotomia colocada entre a área das Ciências Humanas e Sociais e as Ciências da Natureza é uma expressão de uma concepção de ciência, de método e de mundo objetivo.

Observamos nas Resoluções mencionadas, surgidas depois de muitos debates, uma expressiva centralidade da ciência da saúde assinalando uma hierarquia de normativas e procedimentos que insiste em generalizar as especificidades de outros campos. Pesquisa com seres humanos nos processos de conhecimento nas ciências sociais e na educação implicam outras dimensões que não são regidas — embora o positivismo se aferre às regularidades —, nem poderiam, por especificidades realizadas em laboratórios e ou em contextos artificiais. Ainda mais, essas pesquisas poderão ser diferentes, e o são, mas não deixam de ser estudos cujos processos e resultados são sociais, impactam as relações sociais. Aqui temos uma dimensão da ética que são as consequências.

Cada pesquisador e pesquisadora assume uma posição teórica e prática na compreensão dos fenômenos e dos acontecimentos. O conjunto e a matriz de compreensão sobre o mundo objetivo delineiam premissas e comportamentos ético-políticos que se desdobram em decisões e escolhas dentro de cada área de estudo, seja para reformar, acentuar o *status quo* ou transformar a realidade em direção a outra organização da sociabilidade. Nesse sentido, sempre há uma posição ontológica frente ao mundo social. Frente ao existente. A produção e reprodução do conhecimento assenta-se na práxis social, nas contradições que, na atualidade, ela apresenta. Por isso, as normas e as regulações da pesquisa têm como antecedente a posição — na constante interlocução entre os diferentes complexos sociais —, a concepção de sociedade, de sujeito, de prática, de teoria etc. O método não está separado dessa concepção e engloba tudo isso e, a partir dele, se desdobram os procedimentos e os instrumentos que permitirão operacionalizar os estudos, sejam aplicados, de campo ou teóricos. Nessa perspectiva, o conhecimento parte da análise da objetividade social, daquilo que existe na realidade que é concreta. Dessa forma, para Lukács, "o método do conhecimento é, pois, determinado pela constituição objetiva (ontológica, categorial) de seu objeto (Lukács, 2010, p. 327)" (Torriglia, 2023, p. 13). Assumir uma posição política e gnosiológica é uma questão ética.

Desse modo, na ética, *grosso modo*, Lukács explica que há duas correntes que são decisivas: a primeira considera "relevante e exclusivamente o ato em si da decisão ética, do comportamento" (2009, p. 203-204). No curso do desenvolvimento de nossa moralidade, essa concepção, do "ato em si da decisão", assumiu expressões tão diversas que se pode encontrá-la como posição fundamental seja nos estoicos em Epicuro, seja em Kant e no existencialismo (Lukács, 2009, p. 205).

Sem podermos aprofundar essas questões tão importantes, o autor destaca que o elemento comum dessa posição, ao longo da história, consiste em situar o ato da decisão ética, da adoção de um comportamento eticamente relevante "como algo independente do desenvolvimento causal da realidade histórico-social, assim põe-se como fundamento da ética a completa independência entre os dois 'mundos', o do ser e o do dever ser" (Lukács, 2009, p. 205). Assim, a fratura entre o ser e o dever-ser atravessa a personalidade que atua em sua ação. Lukács (2009) esclarece que mesmo aquela ética orientada para o ato individual é obrigada a transcender seu ponto de partida; o próprio ser humano, como ser social, sua relação com seu próximo e a sociabilidade devem estar no centro do sistema (Cruz Martins; Torriglia, 2016, p. 3).

Por outro lado, Lukács indica que a unidade ética se manifesta quando seu ponto de partida é o seu oposto: a predominância nas consequências, mas que esta não contém aplicabilidade nem mesmo em nível jurídico. Cruz Martins e Torriglia (2016, p. 4) acrescentam que:

> Em meio às relações recíprocas entre os homens — no movimento constante dos pores teleológicos singulares —, toda a ação autonomiza-se, daquele que a executa e adquire seu próprio desenvolvimento. Contudo, a dialética da ação não suprime a autoria do sujeito, sua intenção e convicção [...].

O que interessa destacar é que a ação individual, como indicado, não suprime o sujeito (bem diferente se pensarmos em um mero subjetivismo abstrato e isolado), e que a "[...] universalidade eticamente profícua e esclarecedora da responsabilidade só pode ser encontrada se considerarmos a ação individual como momento dinâmico de atuação histórico-social na sua totalidade e continuidade concretas igualmente dinâmicas" (Lukács, 2009, p. 200-210). Nessa direção, a universalização de uma decisão em uma decisão ética, "[...] tem seu passado histórico-social e um futuro que surge do próprio processo" (Lukács, 2009, p. 210). Em síntese, a intenção individual objetivamente imanente embasa a ação individual e não é necessariamente idêntica à intenção consciente da ação em questão, sendo importante saber quais são as relações, conexões e as dimensões que a intenção envolve em um momento determinado. Quando isso acontece, e que é de suma importância, para Lukács, pode se manifestar "uma clara universalidade concreta, capaz de impor uma obrigação ética" (Lukács, 2009, p. 210). Intenção e consequências, num processo dinâmico e dialético, encontram um patamar de qualidade.

A pesquisa nas Ciências Humanas e Sociais, e em especial na Educação, trabalham num campo muito amplo de dimensões e com diversos objetos impactados pelas diversas ciências que configuram o *ser* educacional. Não há imutabilidade nas relações sociais. E essa configuração está inserida e permeada pelo movimento do real, por um "aqui" e "agora" histórico e uma sociabilidade que expõe uma constante desvalorização do humano enquanto elemento fundamental da vida. Interessa-nos, a partir de uma concepção materialista e dialética, o desenvolvimento histórico-social da humanidade, baseado nas sínteses das ações humanas, de um agir comprometido com a emancipação real, não abstrata. E a pesquisa, a produção e a reprodução do conhecimento, em todas as áreas, têm que assumir uma relação constante entre conhecimento e consciência, entre ser humano singular com sua personalidade e a genericidade.

Diante desse fato, como podemos pensar propostas que possam orientar, no caso de ser necessário, as pesquisas em educação que tratam e inserem outras áreas, psicologia, sociologia, direito, filosofia, questões de gênero, estética, economia, biologia, entre outras? Qual seria a diferença entre uma avaliação ética e metodológica? Como se entende essa relação se coloco como prioritária a posição ética e política e, assim, a transparência da intenção e das consequências? Será que interessa desvelar um mundo fantasmagórico e mistificado? Enfim, que tipo de ciência defendemos quando se produz uma inversão ontológica e os procedimentos e as normativas levam a dianteira para "orientar" as pesquisas?

Acreditamos que essas perguntas nos fazem pensar na complexidade do tema da ética. Pensamos ela como um fio que unifica as atividades e articula o indivíduo ao gênero humano, à sua genericidade, em um processo de superação de sua própria singularidade e particularidades. Nas palavras de Lessa (*apud* Lukács, 2005, p. 50),

> [...] do ponto vista do conteúdo dos valores éticos, estes apenas podem expressar a genericidade hoje existente se forem expressão da totalidade do ser humano, de suas necessidades e possibilidades como um todo. Toda, de qualquer ordem, redução do ser humano a uma sua particularidade significa, *in limine*, a incapacitação do valor para expressar o humano-genérico dos nossos dias.

Assim, ir além da mera fixação individual que apaga o genérico e reduz a ética à moral é um compromisso do *ser* da ciência configurada pelas constantes objetivações realizadas pelos sujeitos singulares, conhecimentos que se incorporam no fluxo da história, lugar privilegiado para o reconhecimento do genérico, no qual as particularidades de cada um se diluem nas necessidades de todos. Nesse patamar, as propostas e os procedimentos que orientam a pesquisa em Ciências Humanas e Sociais e na Educação adquirem a essencialidade das especificidades, com todas as suas contradições e movimentos, que são parte do agir e das escolhas dos seres sociais.

Referências

ANDRÉ, M. Pesquisa em educação: buscando rigor e qualidade. *Cadernos de Pesquisa*, n. 113, p. 51-64, jul. 2001.

BRANDÃO, C. R. (org.). *Pesquisa participante*. São Paulo: Brasiliense, 1981.

BRANDÃO, C. R. (org.). *Repensando a pesquisa participante*. São Paulo: Brasiliense, 1984.

BRASIL. *Resolução n.º 196 de 2012*. Aprova diretrizes e normas regulamentadoras de pesquisas envolvendo seres humanos. Brasília: Ministério da Saúde. Conselho Nacional de Saúde, 1996. Disponível em: http://bvsms.saude.gov.br/bvs/saudelegis/cns/1996/res0196_10_10_1996.html. Acesso em: 30 mar. 2021.

BRASIL. *Resolução n.º 466, de 12 de dezembro de 2012*. Aprova diretrizes e normas regulamentadoras de pesquisas envolvendo seres humanos. Brasília: Ministério da Saúde. Conselho Nacional de Saúde, 2012. Disponível em: https://bvsms.saude.gov.br/bvs/saudelegis/cns/2013/res0466_12_12_2012.html. Acesso em: 30 mar. 2021.

BRASIL. *Resolução n.º 510, de 7 de abril de 2016*. Dispõe sobre as normas aplicáveis a pesquisas em Ciências Humanas e Sociais cujos procedimentos metodológicos envolvam a utilização de dados diretamente obtidos com os participantes ou de informações identificáveis ou que possam acarretar riscos maiores do que os existentes na vida cotidiana. Brasília: Ministério da Saúde. Conselho Nacional de Saúde, 2016. Disponível em: http://conselho.saude.gov.br/resolucoes/2016/Reso510.pdf. Acesso em: 30 mar. 2021.

BRASIL. *Resolução n.º 674, de 6 de maio de 2022*. Dispõe sobre a tipificação da pesquisa e a tramitação dos protocolos de pesquisa no Sistema CEP/Conep. Brasília: Ministério da Saúde, Conselho Nacional de Saúde, 2022. Disponível em: https://conselho.saude.gov.br/resolucoes-cns/2469-resolucao-n-674-de-06-de-maio-de#:~:text=-

DAS%20DISPOSI%C3%87%C3%95ES%20PRELIMINARES-,Art.,forma%20definida%20por%20esta%20Resolu%C3%A7%C3%A3o. Acesso em: 7 jun. 2021.

CRUZ MARTINS, J.; TORRIGLIA, P. L. O comprometimento social e político do pesquisador diante da reprodução social. *Germinal*: Marxismo e Educação em Debate, Salvador, v. 8. n. 1, p.136-146, jun. 2016.

DUARTE, N. A pesquisa e a formação de intelectuais críticos na pós-graduação em Educação. *Perspectiva*, Florianópolis, v. 24, n. 1, p. 89-110, jan./jun. 2006.

GATTI, B. A. *A construção da pesquisa em Educação no Brasil*. Brasília: Plano Editora, 2002.

GATTI, B. A. Estudos quantitativos em educação. *Educação e Pesquisa*, São Paulo, v. 30, n. 1, p. 11-30, jan./abr. 2004.

GATTI, B. A construção metodológica da pesquisa em educação: desafios. *RBPAE*, v. 28, n. 1, p. 13-34, jan./abr. 2012. Disponível em: https://seer.ufrgs.br/index.php/rbpae/article/view/36066. Acesso em: 09 de maio de 2024.

GOUVEIA, A. J. A pesquisa educacional no Brasil. *Cadernos de Pesquisa*, São Paulo, n. 1, p. 11-47, jul. 1971.

GOUVEIA, A. J. A pesquisa sobre educação no Brasil: de 1970 para cá. *Cadernos de Pesquisa*, São Paulo, n. 19, p. 77-79, dez. 1976.

HORTA, J. S. B. Avaliação da pós-graduação: com a palavra os coordenadores de programas. *Perspectiva*, Florianópolis, v. 24, n. 1, p. 19-47, jan./jun. 2006.

KOTTOW, M. (2008). História da ética em pesquisa com seres humanos. Revista Eletrônica de Comunicação, Informação & Inovação em Saúde, 2. https://doi.org/10.3395/reciis.v2i0.863 Acesso em: 19 de junho de 2023.

LUKÁCS, G. *O jovem Marx e outros escritos de filosofia*. 2. ed. Rio de Janeiro: Editora da UFRJ, 2009.

LUKÁCS, G. *Prolegômenos para uma ontologia do ser social*: questões de princípios para uma ontologia hoje tornada possível. Tradução de Lya Luft e Rodnei Nascimento. São Paulo: Boitempo, 2010. 414 p.

LUKÁCS, G. *Notas para uma Ética*. Edição bilingue. Tradução e apresentação de Sergio Lessa. São Paulo: Instituto Lukács, 2015. 360 p.

MAINARDES, J. Relatório do levantamento sobre ética na pesquisa — PPGEs (2013). Fórum Nacional de Coordenadores de Programas de Pós-Graduação em Educação — FORPRED, 2013. Disponível em: https://anped.org.br/wp-content/uploads/2024/05/RelatrioForpred2013.pdf. Acesso em: 07 de junho de 2023.

MORAES, M. C. M.; BIANCHETTI, L. Pós-graduação em educação: temas e controvérsias. *Perspectiva*, Florianópolis, v. 24, n. 1, p. 11-17, jan./jun. 2006.

SANTOS FILHO, J. C.; GAMBOA, S. S. *Pesquisa educacional*: qualidade-quantidade. 5. ed. São Paulo: Cortez, 2002.

SARTI, C. A ética em pesquisa transfigurada em campo de poder: notas sobre o sistema CEP/CONEP. *Revista Brasileira de Sociologia*, v. 3, n. 5, jan./jun. 2015. Disponível em: https://rbs.sbsociologia.com.br/index.php/rbs/article/view/151/70. Acesso em: 30 mar. 2022.

SGUISSARDI, V. A avaliação defensiva no "modelo CAPES de avaliação": é possível conciliar avaliação educativa com processos de regulação e controle do Estado? *Perspectiva*, Florianópolis, v. 24, n. 1, p. 49-88, jan./jun. 2006.

TORRIGLIA, P. L. Produção do Conhecimento, Estética e Ética na Formação Humana: indivíduo, genericidade e complexo educacional. Relatório de Pesquisa, 2023.

UM SABER SE INVENTA: SOBRE A INVENÇÃO E A ARTE DE DIZER NO CAMPO PSICANALÍTICO[19]

Ana Lúcia Mandelli de Marsillac

[...] para todo saber é preciso que haja invenção [...]
(Jacques Lacan, 2016, p. 147)

Notas introdutórias

O significante: *invenção* é crucial para as relações humanas e para todos os campos de conhecimento. Neste texto, buscarei refletir sobre os processos de invenção de si e de invenção no campo psicanalítico. Para tanto, percorrerei textos de Sigmund Freud, Jacques Lacan e de psicanalistas contemporâneos que abordam a dimensão de invenção na clínica psicanalítica, articulando essas reflexões a elementos clínicos, que colocam à prova os conceitos psicanalíticos e nos inspiram a recolher os vestígios de invenção presentes no dizer, mas também nos sonhos, nas fantasias e sintomas.

Sobre a invenção do saber psicanalítico

No que envolve a psicanálise, poderíamos começar indicando que ela foi inventada por Sigmund Freud. Sim, há um salto em relação a outros saberes que circulavam ao final do século XIX, uma vez que Freud dá estatuto de sistema ao Inconsciente, retirando-o de uma posição exclusivamente adjetiva. Mas foi uma mulher, Bertha Pappenheim, denominada Ana O., o caso zero da psicanálise, caso inaugural, que a certo ponto não aceitou se submeter à técnica da hipnose e solicita que Breuer a escute. Sob esse prisma, é ela que faz a diferença crucial, colocando a ênfase no discurso, e não nos fenômenos do corpo, a possibilidade de cura de seus sintomas.

A técnica da associação livre, que desse ato decorre, busca que a censura seja suspensa, para que o sujeito fale livremente, sem emprestar valor ou julgamento ao que lhe ocorre. Objetiva-se, com ela, desqualificar

---

[19] Este artigo foi publicado em língua inglesa: MARSILLAC, A. L. M. Knowledge Is Invented: Addressing Invention and the Art of Saying in the Psychoanalytic Field. *Philosophy Study*, v. 14, p. 97-105, 2024. Disponível em: https://www.davidpublisher.com/Public/uploads/Contribute/667cd0a01eefa.pdf. Acesso em: 28 jan. 2025.

a fala: fale, sem emprestar qualidades, valores, significações, ao que vier dizendo. Com isso, paradoxalmente, qualifica-se o sujeito do Inconsciente (Elia, 2007) e se dá valor à fala do analisante, tendo a palavra como principal fonte de acesso ao inconsciente.

A associação livre tem estreita relação com a escuta flutuante, a transferência, o *a posteriori* e a análise das contingências, e são elas os fundamentos do método psicanalítico. Faz-se uma aposta de que colocar em análise a singularidade pode produzir deslocamentos ao aspecto mortífero do sintoma e do gozo, que lhe é subjacente. Uma análise, nesse sentido, aposta em uma cura, ainda que esta seja uma dimensão utópica e inalcançável. Mas é possível reinventar-se com os seus sintomas, deixar algo cair e algo a desejar, perder algo do gozo, para que seja possível uma vida menos sofrida, menos pautada na repetição mortífera do mais além do princípio do prazer.

Ao focar sua escuta no dizer dos sujeitos, o analista institui um sujeito suposto saber, que inicialmente se encarna nele, mas que gradativamente se coloca no próprio analisante: sujeito supor saber sobre si, sujeito suposto a ficcionalizar, a recordar e a elaborar partes da sua história, dos saberes ancestrais. "Luta-se pela verdade [...]", como bem nos ensina Lacan, em seu *Seminário XVII: o avesso da psicanálise* (1992, p. 197), entretanto sabendo que ela só pode ser "meio dita", pois é da ordem do impossível.

Seguindo nessa via, poderíamos pensar que o desejo de saber nos levaria a conquistarmos mais saber. Mas não é disso que se trata em uma análise. O saber em psicanálise não é da ordem do conhecimento ou da representação, pois não é certo que um saber se saiba, saber insabido da ordem inconsciente que nos habita e que se manifesta nos sonhos, nos atos falhos, nos lapsos, nos chistes e nos sintomas.

Entre corpo, discurso e sujeito

Se, para Freud, a anatomia é o destino; para Lacan, o discurso faz o destino (Soler, 2019). Ainda que o corpo em que nascemos seja da ordem do impossível, da não escolha do sujeito, do desejo e, em sua maioria, da relação sexual dos pais, sendo, dessa forma, fruto das contingências que o propiciaram e o tornam realidade; é o discurso que faz do corpo algo para além da carne.

Colette Soler, no seu livro *O em-corpo do sujeito* (2019), busca dar destaque a esse corpo afetado pela linguagem e à relação do sujeito com seu corpo, entendendo que não se é um corpo, mas se tem um corpo e apenas um. Esse corpo, segundo a psicanálise, não é instintivo, justamente por ser habitado pela linguagem. Sendo assim, é um corpo atravessado pela relação com os outros e com fragmentos da cultura. A pulsão é o mecanismo que indica esse atravessamento e essa desnaturalização do corpo.

Mas essa dimensão desnaturalizada também nos coloca na via sintomática que habita o corpo, efeito e demarcação fragmentária da cultura no corpo, da parcialidade das pulsões. Assim, ele se inventa com o discurso, torna-se um, não por sua borda física, mas pelo significante que o marca.

> O organismo libidinal não tem a mesma dimensão, e cada um fabrica para si seu próprio território com sua libido. É preciso dizer que, em geral, seu perímetro também é limitado. É nesse perímetro que se alojam, para cada um, os objetos que contam, quer sejam os objetos do amor, do sexo ou do trabalho (Soler, 2019, p. 70).

O território do corpo, marcado pelo significante e recortado pelos orifícios pulsionais, produz libido, energia psíquica por excelência de cunho sexual, justamente por demarcar a desnaturalização do corpo. Ainda assim, essa libido, como bem analisa a psicanalista Collete Soler, tem um perímetro muito singular, constituída e inventada um a um, em estreita articulação com elementos históricos e estruturais do sujeito. Essa singularidade demarca objetos de desejo, percursos e também formas de sofrer.

Quando nos referimos ao sujeito em psicanálise, é do sujeito do inconsciente que se trata, logo marcado pela falta a ser, pelo atravessamento da linguagem no corpo. A palavra por si só já denota a morte da coisa, algo se diz para representar o que não está. Lacan (1998) sublinha nesse sentido que o túmulo seria o primeiro signo. É desse encontro com a morte, com o sexual, e com o corpo, considerados a dimensão Real da experiência subjetiva, justamente pelo excesso e impossível que colocam em cena, que nos colocamos a falar, a imaginar e a produzir.

Então, esse sujeito para a psicanálise não é sinônimo de indivíduo, uno e sem divisão. O inconsciente surge da fenda, da divisão entre o que acontece e o que se sente, entre o que se diz e o que se entende, entre o que se espera e o que se realiza, entre mundo interno e externo, entre a experiência e o que resta. O sujeito, assim, está intimamente articulado a uma dimensão coletiva, pois o que lhe é intrínseco, interno, próprio e privado passa necessariamente pela relação com o outro (semelhante) e pelo Outro (abstração da cultura, tesouro dos significantes).

A ficção como verdade

Dessa forma, cabe destacar a ficção de si, que se coloca em cena na vida, mas com especial ênfase, nos processos de análise, não se refere a uma mentira, pelo contrário, trata-se de uma invenção da verdade. Como bem analisa a psicanalista brasileira Ana Costa: "A ficção diz respeito principalmente à necessidade de circulação" (1998, p. 119). Poder-se-ia acrescentar, necessidade de circulação da palavra, que como téssera, passa de mão em mão. Mas ao que a experiência analítica dá destaque é à função de sujeito suposto saber na relação transferencial, que sublinha a dimensão de testemunho e interpretação vindo de um outro, ali representante do Outro, que confere o peso da verdade ao que é dito e compartilhado.

Quando Ana O. solicita que Breuer a escute, ela demanda reconhecimento do que padece seu corpo. Ana O., aos vinte e um anos, inicia seus sintomas, enquanto cuidava do pai, que veio a falecer posteriormente. Tratava-se de uma jovem extremamente controlada pelos pais, que era impedida de dançar, de escrever e que passa a desenvolver uma série de sintomas (Dunker, 2017).[20] Sua doença começa com uma tosse intensa, que se desdobra em outros sintomas físicos, como distúrbios de visão, audição e fala. Apresentava impossibilidade de ingerir líquidos, de falar a língua materna, o alemão, no caso, e passa a falar inglês, apresenta paralisia de extremidades, lapsos de consciência e alucinações. Foi diagnosticada com histeria conversiva. Por vezes, parecia uma jovem normal, por outras, uma criança birrenta.

Freud e Breuer escrevem sobre esse caso, ainda que divergissem sobre a causalidade dos sintomas, uma vez que Breuer sublinhava o caráter retentivo da histeria, enquanto Freud destacava a dimensão sexual das cenas trazidas pela analisante. Inicialmente tratada com o método da hipnose, deslocava os sintomas, entretanto apareciam outros. Mas a possibilidade de falar é denominada por ela mesma como limpeza da chaminé, *talking cure*, cura pela palavra. As fantasias e ao amor que desenvolve por Breuer, Freud irá denominar como transferência. Berta, após sua análise, ocupa-se da escrita, chegando a publicar um livro de contos, e cria uma instituição para acolher jovens grávidas abandonadas. Esse caso revela que os sintomas são reversíveis, que se relacionam com

---

[20] Ver em: https://youtu.be/sY07tx52ySY?si=rCPE82O17IiPq30p. Acesso em: 28 jan. 2025.

cenas originárias, onde as reações e afetos não podem ser expressos, e, além disso, apresenta a dimensão ficcional da subjetividade e do valor da transferência nesse processo.

Em seu livro: *A invenção da histeria: Charcot e a iconografia da Salpêtriére* (2015), Georges Didi-Huberman analisa os registros imagéticos e escritos da Salpetriêre, na virada do século XIX para o século XX. Nele, temos elementos para pensar a clínica psiquiátrica desenvolvida na época, mas também dimensões imaginárias, fragmentos da cultura, crenças, modos de manifestação do mal-estar, relações de poder, perspectivas do que se entende como verdadeiro ou falso, bem como lógicas discursivas que transversalizam essa época.

A histeria era o sintoma dominante que acometia sobretudo mulheres. Até o avanço do método catártico e da associação livre, o método de contato com a realidade subjetiva era através da hipnose, tendo como objetivo primário melhor diagnosticar, para então tratar dos sintomas que questionavam os saberes da época. A histeria colocava em cena uma série de manifestações. Aquelas (na sua ampla maioria, mulheres) portadoras desse diagnóstico, quando hipnotizadas, eram extremamente sensibilizadas pela sugestão realizada pelo médico. Apresentavam sintomas no corpo que desapareciam, quando hipnotizadas, fazendo os médicos acentuarem o caráter de invenção, teatralização dos sintomas. O que Didi-Huberman destaca é o quanto aquilo que se dava a ver, fascinava e convocava o olhar dos médicos dispostos a registrar para melhor diagnosticar. Entretanto, em um movimento circular entre mostrar e registrar, de fato, não apaziguava os sintomas.

> Os gritos das histéricas parecem nunca ter deixado de ser suspeitos. Suspeitos de serem apenas volteios, justamente, porém no sentido do tropos (uma retórica, portanto), no sentido das piruetas (uma farsa), e, por fim, no sentido dos simulacros (uma mentira) (Didi-Huberman, 2015, p. 367).

As cenas produzidas pela histeria tomadas como teatro ficcional tendiam a ser escutadas e vistas como uma farsa. Nesse sentido, havia um curto-circuito, que só mantinha a repetição sintomática, sem possibilitar a construção de um saber sobre si, tampouco implicar um testemunho da verdade que as habitava em sua realidade psíquica radicalmente singular. Entretanto, a hipótese do inconsciente; a qual implica que algo da experiência, algo ante a cena traumática (excessiva por sua complexidade, faltante por sua dimensão linguareira e pulsional) nos habite e se repita, visando à elaboração; sublinha a verdade que pulsa no sujeito em sua construção ficcional.

Já em 1897, Freud, em uma carta a Fliess, seu interlocutor por excelência, dá ênfase à produção de cenas nas manifestações histéricas, que se articulam a fantasias de lembranças, que só posteriormente serão compreendidas. Alerta, ainda assim, que todo esse material é verdadeiro, uma vez que seriam formas de embelezar os fatos e produzir alívio para algo mais devastador. Destaco o caráter subversivo e paradoxal dessa reflexão freudiana, inaugurando a concepção dos sintomas enquanto aglutinação entre prazer e dor, verdade e ficção e que necessitam de alguém que possa escutá-los, testemunhá-los, em uma aposta de que algo se desloque e se reinvente. "[...] o inconsciente é um saber com o qual o sujeito pode se decifrar" (Lacan, 2016, p. 12).

Lacan nos auxilia a refletir sobre essa distinção entre saber e verdade, indicando que através do trabalho analítico, ao atingir-se um sentido para a sua singularidade, para os seus sintomas, há algo que se torce. Há um sentido originário que insiste em uma via mortífera que se transmuta. Ainda assim, cabe ressaltar que há uma temporalidade em jogo nessa reinvenção de si, um trilhamento do inconsciente, que requer que se dê muitas voltas, que se revisite muitas vezes as cenas traumáticas e as estratégias inventivas.

A partir do ensino de Lacan, articula-se que a experiência subjetiva se dá por três dimensões, três dimensões do espaço habitado pelo ser falante: uma Real, que envolve aquilo que acontece, o excessivo, o que ultrapassa a nossa capacidade de compreensão; uma Simbólica, que envolve a relação com as palavras, com a cultura, com as leis; e uma Imaginária, que envolve o fantasiar, as imagens e os sonhos.

Sendo assim, o percurso analítico ocupa-se do sujeito na sua relação com a cultura, com o laço social, mas também com as contingências do viver, daquilo que acontece em determinado tempo e espaço, daquilo que não foi escolha do sujeito, mas também de tudo aquilo que se fantasia, que fica no plano do ideal e de um paradoxo entre prazer e desprazer. Os sintomas mostram essa vertente de forma enigmática, aquilo pelo qual se sofre, que insiste, que mesmo percebendo que não é isso que o sujeito quer ser, lhe ultrapassa, como se o dominasse.

Freud introduz em sua segunda tópica a análise de um *Além do princípio do prazer*. Percebe que o traumático tem uma dimensão ficcional, que não se assenta exclusivamente na realidade material, mas em um sentido que se desdobra dos fatos, articulados com os traços de memória e as fantasias. Nessa via, reorganiza esses lugares do aparelho psíquico, destacando que há uma dimensão inconsciente que habita o próprio Eu, e não apenas o Isso. Os sonhos dos combatentes de guerra desfiavam o princípio do prazer e do sonho como realização de desejo, colocando o sujeito de volta no *front*. Que estranho desejo é esse de voltar para esse lugar mortífero? O que movimenta esse caráter heroico nos soldados e, digamos, esse ideal do herói que habita o mais íntimo em cada um de nós?

> Esse horror é o trauma propriamente dito, enquanto desordem, ausência de forma, experiência originária referida à idéia de corpo fragmentado, pois o indomável fluxo contínuo pulsional não tem ancoragem em um campo de objetividade ou em um campo representacional (França, 1997, p. 43).

Paradoxos entre pulsão de vida e de morte. Enquanto o princípio do prazer, associado à pulsão de vida, busca a redução do desprazer ao nível mais baixo possível, apaziguando as formas, produzindo composições; a pulsão de morte, calcada no mais além do princípio do prazer, manifesta-se pela compulsão à repetição, naquilo que visa apaziguar, mas que, por sempre reencontrarmos algo diferente do esperado, desfaz a forma, produz quebra e queda. Duas faces de uma mesma banda, lógica moebiana em que um se torce e se segue no outro e vice-versa.

O desamparo, a angústia primordial, que tende a fazer os sujeitos buscarem uma análise, clama por algum lugar, uma escuta, leitura, olhar para que algo possa se deslocar. Nesse sentido, uma análise ao trilhar os restos significantes possibilita fazer ressoar seus sentidos, descongelar a cena de horror, que tende a insistir. Ampliam-se recursos, analisa-se a sua posição ante o outro e ao Outro, suas identificações, medos, fantasias, para poder dizer melhor, para poder inventar uma ficção de si.

A invenção de um saber

Nessa trama entre os registros da experiência: Real, Simbólico e Imaginário tece-se o desejo, repete-se, desloca-se, produzindo uma dimensão estética muito singular. Na tentativa de apaziguar as formas, na busca pelo fechamento da incompletude do ser (no amor total, no dar conta de tudo, p.ex.), opera-se, paradoxalmente, uma confrontação com a destruição do ser, com o sem sentido (França, 1997). O Real insiste em sua dimensão de impossível, de buraco, que segue sempre aberto, ou de caroço indestrutível, por mais que se teçam no seu entorno palavras e imagens.

> O Real [...] é sempre um pedaço, um caroço. É, com certeza, um caroço em torno do qual o pensamento diverga, mas seu estigma, o do Real como tal, consiste em não se ligar a nada [...] (Lacan, 2007, p. 118).

O saber psicanalítico, advertido do Real, do impossível, do furo, do caroço, sabe-se não todo. Nesse sentido, aproxima-se da arte, em seu método de fazer, que parte dos enigmas do viver na construção de uma linguagem. Um método, que ao contemplar a singularidade radical dos encontros se tece fazendo, articulando as três instâncias da experiência subjetiva. Do sem sentido apresentado pelo corpo das histéricas, cria-se um saber que interroga a própria completude idealizada no discurso científico. O discurso do analista, por sua vez, não é protocolar, é uma posição ética que se debruça sobre o sujeito, dispondo-se à escuta ao pé da letra, à relação transferencial e ao colocar em análise. Constrói-se, assim, um saber artesanal, que lida com os restos, dispondo-se a inventar mosaicos, tessituras singulares, que fazem borda ao impossível.

Apresento um fragmento clínico que toca na invenção de um saber sobre si:

> *Tem dias que tenho uma angústia, aflição que não sei do que se trata... Sempre vou ao aniversário de uma prima, que mora em outra cidade. Foi no último final de semana, mas esse ano, decidi não ir. Essa é aquela prima que disse ao meu tio que meu pai teria abusado dela.... Minha hipótese pelo suicídio do meu pai é de que ele seria gay, tímido, oprimido pelos padrões morais da sua época... Mas isso que a minha prima diz, eu não lembro de ter presenciado nada...*
> *— Isso te interroga, abre um enigma ante ao que você supunha sobre o seu pai...*
> *Já na saída, um pouco antes da analista abrir a porta, o analisante diz: Agora eu já sei o que estava me angustiando...*

Um saber se inventa ante o Real, o impossível, da morte, do corpo e do sexual que insistem em nos interrogar. Evidentemente, essa é uma volta à cena traumática do suicídio do pai e sobre os mistérios que o rondam, não é em uma sessão que tudo se explicita, é pouco a pouco, é no que retorna pela associação livre, no lento tempo de compreender.

A direção do tratamento permite incluir singularidades, enigmas, investigações, dinâmicas, mas também pressupõe e comporta que sempre haverá restos. A travessia da fantasia, que percorre uma análise, permite uma série de invenções de si, de descobertas de um saber insabido, que insiste em se manifestar, mas também em se fantasiar.

> A fantasia não se reduz ao imaginário nem à imaginação, apesar de usar cenas recordadas ou inventadas. Ela é uma imagem que tem uma determinação significante, ou seja, uma cena imaginária construída sobre uma frase que, como tal, tem a estrutura da linguagem. Por ser inconsciente, a fantasia é estruturada como uma linguagem da pulsão (Quinet, 2002, p. 170).

A travessia da fantasia, sendo assim, envolve um percurso entre os diferentes registros da experiência. Ante o excessivo que o Real coloca em cena, a fantasia surge como resposta, articulação entre imagens e significantes que indicam a posição do sujeito ante o desejo. Ela fabrica uma ilusão de completude do sujeito com o objeto causa de desejo, e ao mesmo tempo a suposição de completude do Outro. Paradoxalmente, ela se torna uma defesa, proteção do sujeito, mas também álibi do desejo, na relação do sujeito com o Outro, tornando-se assim uma espécie de utopia do desejo (Quinet, 2002).

Uma utopia é uma interrogação do presente e um aceno de futuro construído desde as tramas do passado. O amor de transferência articulado às repetições sintomáticas permite que essa utopia do desejo se revele, se invente, em uma aparência de descoberta. A transferência, sendo assim, não é um meio, mas algo que sustenta a palavra como meio de buscar um *saber que ex-siste na linguagem*" (Lacan, 2016, p. 59). O saber em psicanálise, nesse sentido, é consequência de que há um outro que faz função de téssera, que testemunha e interpreta a invenção/reinvenção de uma ficção de si, ficção essa que sustenta e ultrapassa o sujeito.

É como se a verdade estivesse sempre ali, mas só aos poucos se conseguisse se aproximar dela. Entretanto, é ao debruçar-se sobre o sintoma, a fantasia e o gozo, que lhe sustentam, que se torna possível inventar um saber sobre a verdade inconsciente, uma ficção de si, um saber, ainda assim, inconsistente.

Àquilo que insiste na repetição, que não cessa de se escrever, que é percebido como necessário, é preciso se debruçar, na aposta de que a cada aparição sublime o mal-estar que habita o sujeito. Quais são as contingências dessas cenas que insistem? O que se contradiz, mas também o que se reforça?

Ante o excesso do primeiro encontro com o sexual, algo se inventa. O traumático, nesse sentido, tal como Freud sublinha, em sua segunda tópica, diz dessa dimensão ficcional que se ativa ante esse encontro com o impossível, segundo Freud; ou com o Real, nos termos de Lacan.

> [...] o saber ali onde o apreendemos pela primeira vez, [é] manejável. [...] Mas todos nós sabemos porque todos nós inventamos um negócio para preencher o buraco do Real! Ali onde não há relação sexual, isso faz um *troumatismo* (*troumatisme* — jogo de palavras que articula traumatismo com *trou*: buraco): inventa-se! A gente inventa o que pode, é claro! (Lacan, 2016, p. 143).

Ante o *troumatico* busca-se sentido, mas esse sentido nunca se estabiliza, sentido sem sentido, que fracassa sempre, mas paradoxalmente nos impele a seguir inventando, a ir em busca da verdade. Uma análise, segundo Lacan (2016), tem como efeito um odor de verdade através da palavra, onde é o saber inconsciente que trabalha, enquanto um conjunto aberto.

> O sintoma é justamente aquilo que não cessa de se escrever do Real. Como resposta do inconsciente ao Real, é uma escrita que delimita o Real a um pedaço (Leylac, 2023, p. 51).

As fixações do trauma insistem em se repetir, entretanto essa repetição é sempre falha, pois não se liga a uma lembrança, produzindo uma compulsão à repetição, uma ligação sem palavras. O conceito de gozo, no campo lacaniano, vem a conceituar essa relação de entrega do sujeito ao Outro, que o domina como algo da ordem do necessário. Como bem aborda Lacan, em seu *Seminário XX*, o superego faz imperar o gozo, ele força o sujeito a gozar, por isso indica-se como o gozo do Outro. Do tesouro da linguagem, da abstração do social que habita a cada um de nós, impele-se um ordenamento, cuja paradoxal repetição faz encontrar-se, a cada vez, com o horror.

Apresento agora um fragmento clínico muito exemplar desse (re)encontro, desse achado de um gozo na ordem da repetição do Real, *tiché*:

> *Ariel lembra claramente da cena de abuso que sofreu por volta dos seus 3 anos. Uma vizinha, cerca de 12 anos mais velha propõe-lhe um jogo sexual, que a coloca diante de uma falsa escolha, na qual se vê objeto do outro/Outro e ao mesmo tempo abandonada pelo outro/Outro. Na vida adulta, o sexual tende a envolver situações em que se sente a cada vez violentada e deixada. Repete essa lembrança constantemente até o dia em que ao falar sobre o pai, sobre suas relações amorosas e sobre o encontro com a mãe, refere que sempre se enamorava por vizinhas.*
> *Vizinha, que estranha repetição...*
> *A analisanda se escuta, ecoando o significante. A partir dali, parece que algo pode cair dessa experiência e é possível trazer outras palavras.*

O conceito de gozo indica que algo se satisfaz, algo busca se realizar nesse desprazer. Há uma posição do sujeito em relação ao gozo que precisa ser sublinhada pelo analista, ali quando no próprio discurso do analisante já se está chegando em sua própria interpretação. "A fixação, razão da aderência ao gozo, é o que faz da tarefa analítica um caminho com sucessivas voltas" (Leylack, 2023, p. 47).

Testemunhar, recolher, mas também poder cortar algo que retorna nessas sucessivas voltas, permite resgatar o sujeito disso que se repete como se fosse trabalho do destino, no qual o sujeito fica à margem. Enquanto passivo a essa força que o domina, carrega uma mensagem à revelia do desejo. A leitura e intervenção analítica abre espaço para que se possa ler algo sobre a linguagem do inconsciente, para que se possa ouvir e refletir sobre "[...] essas marcas vivas do gozo do Outro, que também se fazem ouvir no supereu e se mostram nas impulsões [...]" (Leylack, 2023, p. 54), constituindo uma arte de bem dizer.

Enquanto o Real do sexual, do corpo e da morte não cessa de não se escrever, a análise vai no contrafluxo, buscando que algo se escreva. Nesse sentido, parte-se do sintoma, em busca do sinthome, na especificidade de cada sujeito, nos traços e temporalidades singulares. Faz aparecer o Outro não todo, a castração do Outro, em uma aposta na direção do tratamento, possibilitando que o sujeito de desejo se reescreva.

Ao final de uma análise, é esperado que o sujeito esteja advertido do seu sintoma, daquilo que identifica no processo como sintomático, que faz sofrer, mas que comporta um gozo, uma entrega, um domínio. Não se trata de identificar-se com o sintoma, mas de identificar de forma mais complexa e íntima o sintoma.

Freud, nas primeiras cartas a Flies, já indicava as aproximações entre as fantasias, os sintomas e os delírios, ao brincar e ao poetizar. O conceito de sublimação, que aqui podemos aproximar ao de invenção, ao poetizar, ao criar, vem a indicar um dos possíveis destinos da pulsão, que articula o inconsciente ao laço social. O brincar seria o primeiro exercício subjetivo de contorno do Real e de esvaziamento do gozo. A sublimação, como decorrência, indica um saber fazer com o sintoma, que não tampona o furo, faz borda, não encontra a completude. A sublimação, tal como nos indica a psicanalista argentina Patrícia Leylac, é "[...] qualquer atividade que esvazie o gozo, que ponha em jogo o desejo e faça laço com os outros" (Leylack, 2023, p. 165).

Entre o sintoma e o sinthome teríamos um processo de sublimação, um saber fazer com o sintoma, uma perda de gozo. Em seu movimento pulsional, a sublimação faz borda; ao mesmo tempo, consegue sublinhar o desejo. Entre o sintoma e o *sinthome* inscreve-se a invenção, que aparece como um achado. Experiência que aparentemente esteve sempre ali, naturalizada, mas que no processo de análise vai sendo revisitada, tecida e ficcionalizada, indicando o verdadeiro que tem estrutura de ficção.

Dessa perda de gozo, também se faz luto, se entristece por algo que cai, por mais que se perceba o quão mortífero era. As tessituras de ficção e invenção de si são testemunhadas em transferência. Um processo talhado por temporalidades, encontros, cortes e perdas; direcionado pelo amor e pela ética do sujeito.

Tal como nos revela o músico e compositor brasileiro Vinicius de Moraes, na canção *Samba da Bênção*, para inventar algo, é preciso um bocado de tristeza, na esperança de um dia não ser mais triste, não, pois "a vida é arte do encontro, embora haja tanto desencontro pela vida".

> É melhor ser alegre que ser triste
> Alegria é a melhor coisa que existe
> É assim como a luz no coração
>
> Mas pra fazer um samba com beleza
> É preciso um bocado de tristeza
> É preciso um bocado de tristeza
> Senão, não se faz um samba não
> [...]
>
> Fazer samba não é contar piada
> E quem faz samba assim não é de nada
> O bom samba é uma forma de oração
> [...]
>
> Porque o samba é a tristeza que balança
> E a tristeza tem sempre uma esperança
> A tristeza tem sempre uma esperança
> De um dia não ser mais triste não
>
> [...]
> A vida é arte do encontro
> Embora haja tanto desencontro pela vida
> [...]
> Ponha um pouco de amor numa cadência
> E vai ver que ninguém no mundo vence
> A beleza que tem um samba, não

> Porque o samba nasceu lá na Bahia
> E se hoje ele é branco na poesia
> Se hoje ele é branco na poesia
> Ele é negro demais no coração (Vinicius de Moraes)[21]

Referências

COSTA, A. *A ficção do si mesmo*: interpretação e ato em psicanálise. Rio de Janeiro: Companhia das Letras, 1998.

COSTA, A. *Litorais da psicanálise*. São Paulo: Ed. Escuta, 2015.

DIDI-HUBERMAN, G. *Invenção da histeria*: Charcot e a iconografia fotográfica da Salpêtrière. Rio de Janeiro: Contraponto, 2015.

ELIA, L. *O conceito de sujeito*. Rio de Janeiro: Zahar, 2007.

FRANÇA, M. I. *Psicanálise, estética e ética do desejo*. São Paulo: Perspectiva, 1997.

FREUD, S. *Arte, literatura e os artistas*. Belo Horizonte: Autêntica Editora, 2015.

LACAN, J. "*Os não-tolo vagueiam*" (1973-1974). Salvador: Espaço Moebius Psicanálise, 2016.

LACAN, J. *O Seminário livro 23: o sinthoma* (1975-1976). Rio de Janeiro: Zahar, 2007.

LACAN, J. *O Seminário livro 17: o avesso da psicanálise*. Rio de Janeiro: Zahar, 1992.

LACAN, J. Função e campo da fala e da linguagem em psicanálise. *In: Escritos*. Rio de Janeiro: Zahar, 1998.

LEYLACK, P. *Escritas em psicanálise*. Londrina: Editora Sinthoma, 2023.

MORAES, V. *Samba da bênção*. Disponível em: https://www.letras.mus.br/vinicius-de-moraes/86496/. Acesso em: 28 jan. 2025.

QUINET, A. *Um olhar a mais*: ver e ser visto na psicanálise. Rio de Janeiro: Jorge Zahar, 2002.

SOLER, C. *O em-corpo do sujeito*: seminário 2001-2002. Salvador: Agalma, 2019.

---

[21] Ver em: https://www.letras.mus.br/vinicius-de-moraes/86496/. Acesso em: 28 jan. 2025.

O SUJEITO DA POLÍTICA PÚBLICA DE ASSISTÊNCIA SOCIAL: LEITURAS A PARTIR DA DESCONSTRUÇÃO

Mônica Machado Cunha e Mello
David Tiago Cardoso
Joseane de Oliveira Luz
Lucas de Oliveira Alves
Mériti de Souza

Introdução

De modo a refletirmos sobre as políticas do Sistema Único de Assistência Social (Suas), precisamos salientar que um dos principais desafios do Brasil é enfrentar a desigualdade social, dirimindo seus efeitos sobre a população. A desigualdade social é um problema intrínseco ao capitalismo, fazendo-se necessária sua compreensão no plano histórico, político e social. O autor Jessé de Souza comenta que existe no Brasil "[...] uma hierarquia valorativa, que se traveste de universal e neutra, com a produção de uma desigualdade social que tende a se naturalizar tanto no centro quanto na periferia do sistema" (Souza, 2003, p. 16).

No Brasil, há uma naturalização da desigualdade que, segundo Souza (2003), ocorre pela construção de um sistema capitalista na história brasileira, apoiado na suposta neutralidade do seu modo de operar, o que leva a maioria das pessoas a acreditarem que sua condição econômica e social se vincula a condições intrínsecas da vida nacional.

Compreender as questões envoltas nos mecanismos de produção de desigualdades apresenta-se como uma tarefa incontornável para aqueles que visam construir políticas públicas que possam oferecer atendimento à população atingida por esse problema. Acreditar nas políticas públicas não significa entender que elas possam solucionar o problema da desigualdade social, mas implica compreender que elas podem operar oferecendo atendimento nas áreas da saúde e da educação a parcelas da população mais atingidas por ela, diminuindo, assim, seus efeitos psicossociais.

Nessa perspectiva, reconhecemos o Suas como espaço institucional capaz de prover o reconhecimento do problema estrutural da desigualdade, podendo, em alguma medida, ser combatido com auxílio do Estado e da sociedade civil. Compreendemos, ainda, que esse combate inclui as(os) psicólogas(os), apontando a necessidade de maior aproximação destes/as profissionais com a realidade da população mais vulnerável e, nesse vértice, com os discursos que determinam e dão inteligibilidade ao, assim denominado, "sujeito vulnerável".

Peter Spink (2018) afirma que a política pública é uma linguagem construída em determinado contexto histórico-cultural, transformada, atualmente, em uma ferramenta discursiva utilizada para tecer diálogos sobre o que determinado governo faz, diz fazer e afirma mudar e, *mutatis mutandis*, o que não faz e diz não fazer. É por meio da compreensão das políticas públicas do Suas como constituídas a partir de algumas discursividades regulares e definidoras de um sujeito que desenvolveremos um ensaio crítico, visando desconstruir alguns pressupostos que definem o sujeito apriorístico, alvo dessas políticas.

Com a Constituição de 1988, o Brasil fez crescer a implementação de legislações no âmbito da proteção social e, entre elas, as que constituíram o Sistema Único de Assistência Social (Suas) em todo o território nacional, com destaque para a Lei Orgânica da Assistência Social (Loas) (Brasil, 1993) e a Política Nacional de Assistência Social (Pnas) (Brasil, 2004). O Suas é, portanto, a materialização, em termos de política pública, dos direitos sociais previstos na Constituição. Ele prevê a organização de ações, programas e serviços da Política de Assistência Social em dois tipos de Proteção Social: Proteção Social Básica, que tem como objetivo prevenir riscos sociais e pessoais, além de fomentar o fortalecimento de vínculos familiares, por meio da oferta de programas, projetos, serviços e benefícios aos indivíduos e famílias em situação de vulnerabilidade social; Proteção Social Especial, que se divide em média e alta complexidade, destinada às famílias e indivíduos que tiveram seus direitos violados por ocorrência de abandono, maus-tratos, abuso sexual, uso de drogas, entre outros fatores.

A Resolução n.º 109/2009 do Conselho Nacional de Assistência Social (Brasil, 2009), conhecida como Tipificação Nacional dos Serviços Socioassistenciais, no que se refere às proteções sociais, estabelece que os serviços da proteção social básica serão ofertados no Centro de Referência de Assistência Social (Cras) e os serviços da proteção social especial de média complexidade serão acessados por meio do Centro de Referência Especializado de Assistência Social (Creas). Há, ainda, os serviços da proteção social especial de alta complexidade, que compreendem, principalmente, os serviços de acolhimento institucional.

Esse breve retrospecto delineia o cenário onde encenamos nosso trabalho, explicitando nosso interesse em problematizar a concepção de sujeito moderno determinado como referência na Política Nacional da Assistência Social. Compreendemos que o sujeito moderno pressupõe a concepção da subjetividade como restrita à consciência, sendo esta concebida como transparente e unitária, pressuposta em atributos como a cognoscência e a moral. Sustentando essa concepção, encontram-se os pressupostos da identidade, não contradição, lógica formal, substância, linearidade — pressupostos que atribuem ao sujeito a plena capacidade de conhecer a realidade, transformá-la e caminhar no sentido do bem comum (Peters, 2000; Chaui, 1994, 1996).

Por seu turno, o movimento pós-estruturalista foca sua crítica no sujeito constituído pelos pressupostos apresentados pela Modernidade, e recorre aos pressupostos do devir, contradição, descontínuo, inconsciente, pressupostos advindos de diferentes áreas como a psicanálise, a física, a matemática e a lógica, sobretudo em seus desdobramentos científicos ocorridos no século XX.E

Em nossa perspectiva, esses pressupostos merecem ser escutados e considerados, pois eles implicam alterações na elaboração de políticas públicas. Optar por trabalhar com esses pressupostos demanda o resgate de referências teóricas e metodológicas de autores que situam o entrelaçamento do universal com o singular, bem como a problematização dos pressupostos modernos sobre a concepção do sujeito.

Ressaltados esses aspectos preliminares, este capítulo tem como objetivos: analisar a concepção de sujeito moderno a partir da perspectiva pós-estruturalista da desconstrução; refletir, a partir da referida perspectiva, sobre a concepção de sujeito que sustenta a política pública do Suas.

Para dar sequência a esses objetivos, primeiramente apresentamos a desconstrução como associada ao movimento epistemológico pós-estruturalista. Em seguida, situamos o conceito de políticas públicas e como esse conceito sustenta o Suas, apresentando nossa leitura do sujeito preconizado pelo Suas a partir da ótica da *différance* de Jacques Derrida.

Partindo da compreensão de que os documentos que orientam as políticas do Suas estão sobremaneira alicerçados na concepção de um sujeito universal moderno, utilizamos ferramentas epistemológicas reflexivas que nos auxiliam a problematizar a concepção de sujeito existente nessa política, perspectivando, desta feita, possibilidades para o trabalho nesse campo que incluam as contribuições das reflexões desconstrutivas do pós-estruturalismo e das demais áreas do saber que o constituem.

Estratégia de Produção de Conhecimento

Para atingir nossos objetivos, trabalhamos com alguns dos documentos públicos elaborados pelo Ministério do Desenvolvimento Social (Brasil, 2004) que orientam as práticas dos profissionais, em especial: Plano Nacional de Assistência Social; Caderno de Orientações Técnicas sobre o Paif — Volume 1 (Brasil, 2012a); Caderno de Orientação do Serviço de Proteção e Atendimento Integral à Família — Volume 2 (Brasil, 2012b). São esses documentos que norteiam a prática dos profissionais no cotidiano, sobretudo nos Cras. Esses documentos são problematizados por meio da estratégia da desconstrução, conforme proposta por Derrida.

Para chegar a um entendimento sobre a desconstrução, é necessário compreender, ainda que brevemente, o pós-estruturalismo, terminologia que se refere a uma forma de escrita, pensar e filosofar crítica ao estruturalismo e à tradição hegemônica ocidental moderna associada ao *fonologocentrismo* e à metafísica da presença.

O autor denominará de *fonologocentrismo* o movimento dominante na sociedade ocidental que entroniza os atributos da fala — *phoné* — e da razão — *logos* — como centros da constituição subjetiva e do conhecimento, entendendo tais atributos como doadores últimos do sentido e da identidade à realidade e ao sujeito. A desconstrução propõe o trabalho desde o interior da referência moderna. A desconstrução, por um lado, reconhece a tradição hegemônica moderna e, por outro, opera a crítica a partir dos próprios textos que endossam essa tradição (Derrida, 1991).

Derrida aponta que a metafísica da presença trata da tradição do conhecer e do subjetivar dominante no Ocidente, estabelecendo um fundamento para as modalidades do sujeito cognoscente e do objeto cognoscível. Nessa tradição, o tempo e o espaço são compreendidos como lineares, contínuos, substantivados, universais, o que resulta na compreensão do sujeito como identidade e razão autorreflexiva, capaz de conhecer de forma totalizante a si, ao outro e ao entorno que o rodeia. Imputa-se também a tal sujeito a capacidade de exercer a ética a partir do conhecimento e caminhar no sentido da liberdade e autonomia plenas (Derrida, 1991).

A releitura da obra de Friedrich Nietzsche realizada por Martin Heidegger traz esse primeiro autor à discussão de uma nova forma de pensar, e esse movimento impulsiona autores como Derrida, Deleuze, Foucault, entre outros, que emergem no pensamento conhecido como pós-estruturalista. A diferença é trabalhada nas propostas desses autores para além do que se repete como idêntico. É questionada a concepção de que a repetição redunda no idêntico, o que significa que a concepção de representação é problematizada.

Derrida não nomeia a desconstrução como método, optando por nomeá-la como estratégia de produção de conhecimento. A desconstrução opera com dois movimentos contínuos: a inversão e o deslocamento. O primeiro movimento tem como objetivo explicitar e desconstruir relações cristalizadas e hierárquicas entre pares de opostos binários, tais como: interior e exterior; masculino e feminino; simbólico e concreto. Esse movimento parte do pressuposto de que a dissociação e o estabelecimento de uma hierarquia entre, por exemplo, natureza e cultura, biológico e simbólico é ressonância de um modo hegemônico de conceber a realidade e de construir linguagem. O movimento de inversão objetiva explicitar a operação de construção da linguagem e de atribuição de sentidos últimos à realidade (Derrida, 1991, 2001).

O segundo movimento atua no sentido de deslocar os sentidos incrustados nas palavras, afirmando a concepção de que cada sujeito estabelece uma relação com a experiência e com as palavras a ela associadas. Esse movimento sinaliza o deslizamento dos sentidos e localiza a diferença e o singular na relação que cada pessoa estabelece com esses sentidos. Desconstruir é trabalhar com os textos explicitando esse movimento de enclausuramento realizado pela tradição moderna, e apontar o movimento da diferença que opera na vida das pessoas a partir do que Derrida nomeia como *différance* (Derrida, 1991, 2001).

O sujeito é concebido na metafísica como idêntico a si, o que também envolve a representação sobre si e sobre a realidade. Para problematizar essa concepção, Derrida produz o neologismo da palavra francesa *dif-*

férance. A palavra *différance* acompanha uma alteração de letra na palavra francesa différence, que tem como objetivo alterar algo que opera com a mesma *phoné* (som). Isso acontece porque foneticamente as duas palavras continuam a ser lidas, sem a possibilidade de identificação da diferença na *phoné*, porém esse traço de diferença se faz presente na grafia (Rodrigues, 2008). No exemplo, Derrida recorre a esse estratagema para explicitar o exercício da *différance* que ele localiza como um princípio que opera a partir do rastro. Os pressupostos da Modernidade sustentam a concepção de que o signo carrega um sentido último que o define. Em contrapartida, Derrida refere que o signo se remete sempre a outro signo, e os sentidos deslizam nesse contínuo movimento de remetimento. O que localizamos é apenas o rastro desse movimento.

> [...] différance é o que faz com que o movimento da significação não seja possível a não ser que cada elemento dito 'presente', que aparece sobre a cena da presença, se relacione com outra coisa que não ele mesmo, guardando em si a marca do elemento passado e deixando-se já moldar pela marca da sua relação com o elemento futuro (Derrida, 1991, p. 44).

A *différance* opera como um princípio ao explicitar que nenhum movimento de cauterização e presentificação do sentido se enclausura no signo, o que dependeria de uma presentificação e estabilização do tempo e do espaço. O devir, o vir a ser, o deslizamento do sentido no encadeamento das palavras acompanha o espaçamento, a temporalização dos sentidos na relação com o presente. Na esteira dessa concepção derridiana, a subjetividade não acompanha exclusivamente uma consciência e razão plena, secundadas por uma intencionalidade, liberdade e autonomia plenas, posto que é constituída, também, pelo inconsciente, a alteridade e o descontínuo (Derrida, 1973, 1991, 2001).

Derrida procura desconstruir os grandes pressupostos que sustentam a metafísica ocidental. Com o conceito de *différance*, o autor propõe uma crítica à idealização da presença e da temporalização, afirmando que nenhuma entidade metafísica preside a origem, a substantivação, o sujeito e a identidade. Assim, a agência não teria sua origem no sujeito, na consciência, no preceito normativo e na linguagem. Por seu turno, a diferença operaria acompanhando o vir a ser, o espaçamento e a alteridade.

A desconstrução faz um questionamento dessa metafísica ocidental e aponta as incongruências presentes na estrutura que se mostra homogênea e solidificada. O processo de desconstrução reside no exercício de fazer borrar uma percepção nítida, o que pode provocar o deslocamento de lugares, hierarquias e convocar ao pensar. Esse exercício não se trata, portanto, de uma destruição, mas do problematizar de algo, visando a novas construções.

Associado ao conceito de *différance*, está o conceito de indecidível. Os indecidíveis aparecem na obra de Derrida por meio da lógica matemática de Kurt Gödel. O matemático Gödel apresentou o teorema da incompletude para demonstrar que existem proposições que podem se apresentar nem como falsas, nem como verdadeiras. Assim, Derrida trabalha com jogos de palavras nem/nem. Apontar nem para um lado nem para outro permite ao novo tomar forma. Nesse jogo de concomitância da contradição e da não contradição, Derrida visa deixar suspensos raciocínios e ideias provenientes da metafísica, ensejando críticas às suas concepções hegemônicas (Rodrigues, 2008).

Podemos articular esse pensamento com a concepção de sujeito que permeia as bases das políticas públicas estabelecidas. A noção de que é possível apreender o sujeito em sua verdade, universalidade e necessidade está comumente presente nos documentos que orientam a política pública, desconsiderando o indecidível, o singular e o devir, ou seja, concepções para além da referência moderna do sujeito. A partir desse entendimento, a desconstrução vem como uma estratégia de produção de conhecimento e um modo de apreensão do sujeito, que não objetiva fechar um conceito e uma verdade postos *a priori*.

Considerando as leituras apresentadas anteriormente, entendemos que as concepções de sujeito partilhadas na Psicologia e na Política Nacional de Assistência Social, não raro, associam-se à noção fixa essencialista, segundo a qual é possível apreender integralmente o sujeito e, portanto, compreendê-lo de forma plena e universal.

Isso posto, utilizamos a proposta da desconstrução para analisar alguns documentos elaborados pelo Ministério do Desenvolvimento Social (Brasil, 2004) que orientam as práticas dos profissionais, em especial, no caso: Plano Nacional de Assistência Social; Caderno de Orientações Técnicas sobre o Paif — Volume 1; Caderno de Orientação do Serviço de Proteção e Atendimento Integral à Família — Volume 2. Recorremos às estratégias da inversão e do deslocamento para questionar a adoção nesses documentos de uma específica concepção de sujeito e de linguagem, que reiteram a leitura moderna e identitária sobre a subjetividade.

Nessa perspectiva, acompanhando o princípio da *différance*, o trabalho da(o) psicóloga(o) ou de qualquer profissional demanda o exercício da desconstrução da concepção moderna e tradicional do sujeito e do signo, o que implica problematizar as concepções sobre sujeito postas nas políticas públicas e suas relações com as práticas dos(as) profissionais nela envolvidos. Nesse sentido, buscamos problematizar a legitimidade do sujeito universal que prescinde do singular.

Considerações desconstrutivas sobre os sujeitos do Suas

É fato que no planejamento de qualquer política pública dois aspectos devem ser observados: a demanda e o público atendidos por ela, o que Camargo Junior (2005) chama de construção social da demanda. Em outras palavras, não apenas o poder público, na representação de seus atores/atrizes sociais, incide sobre as ações da política pública, mas também o sujeito que acessa os serviços.

Na Assistência Social, o sujeito da política pública é denominado pelos documentos como usuário, ou seja, aquele que usa da Assistência Social. A Assistência Social é descrita como: "[...] direito do cidadão e dever do Estado, é Política de Seguridade Social não contributiva, que provê os mínimos sociais, realizada através de um conjunto integrado de ações de iniciativa pública e da sociedade, para garantir o atendimento às necessidades básicas" (Brasil, 1993). A partir dessa descrição, cabe-nos perguntar: Quem é este sujeito da política não contributiva a quem se garante o atendimento às necessidades básicas?

Ainda que os documentos técnicos sejam o foco da desconstrução, compreendemos que a Constituição Federal, a Lei Orgânica de Assistência Social e a Política Nacional de Assistência Social dão sustentação à organização de um sujeito para a política pública em questão. A proposta da carta magna brasileira assevera que a assistência social: "[...] será prestada a quem dela necessitar, independentemente de contribuição à seguridade social" (Brasil, 1988). Tal afirmativa sinaliza o caráter universal do Suas, haja vista que cabe ao sujeito, independentemente de qualquer predicativo, identificar a necessidade do atendimento socioassistencial, e por este ser contemplado. Contudo, é nos incisos que seguem esse artigo que o processo de produzir identidades se inicia, afirmando quem são os que necessitam de proteção social: família, mães, crianças, adolescentes, idosos, pessoas com deficiência e trabalhadores (Brasil, 1988).

A delimitação das identidades, atribuída aos profissionais do Suas, foca a ação deste em realizar uma tentativa de reconhecimento de uma família, mãe, adolescente etc. A partir disso, podemos nos perguntar o que é uma família? São as pessoas que residem na mesma casa? Ou são pessoas que mantêm um laço biológico? Podemos considerar família pessoas que residem na mesma casa, mas que não têm laços biológicos? No mesmo sentido, questionamos quem são os adolescentes? Pessoas acima de 12 anos? O que delimita esses 12 anos? Perguntas como essas denunciam a fragilidade das identidades criadas para trabalhar com essa vulnerabilidade que será apontada adiante como o sujeito foco do Suas.

Na Lei Orgânica de Assistência Social, mencionada anteriormente, o processo de produção de identidades atendíveis pelo Suas é ratificado e estabilizado com a aprovação da Política Nacional de Assistência Social em 2004. Conforme endossa a Pnas: "Constitui o público usuário da Política de Assistência Social cidadãos e grupos que se encontram em situações de vulnerabilidade e riscos [...]" (Brasil, 2004, p. 33). Tal afirmativa carrega consigo a constituição do sujeito do Suas como aquele vulnerável ou vulnerabilizado.

É por meio dessa constituição, desse assujeitamento, de uma identidade vulnerável/vulnerabilizada que os documentos técnicos produzirão práticas discursivas com o objetivo de trabalhar a proteção social por meio da garantia de algumas seguranças: da acolhida, da convivência familiar e comunitária, e do desenvolvimento da autonomia. Por conta do nosso objetivo, optamos por focar a última segurança proposta, ainda que transitemos margeando as outras duas.

A política que opera o sujeito na Assistência Social denota uma compreensão associada aos pressupostos da Modernidade, dirigida àquele que merece ou carece de proteção social. Em outras palavras, a vulnerabilidade deixa de ser uma condição e passa a ser a própria substância do sujeito: sua identidade. O sujeito em sua substância, aquilo que é seu atributo principal, existe em si e por si próprio e (sobre)vive a partir do corpo, do intelecto/vontade e do infinito (Chaui, 2000). Dessa forma, a vulnerabilidade está no corpo, no intelecto e na vontade, e se liga ao infinito, precisando de algo externo, que não é próprio dessa substância, de sua identidade, que a corrija ou, de certa forma, a controle: trabalhadoras/es e seus métodos técnico-operativos.

A construção da identidade do sujeito vulnerável, construído pela Assistência Social, permite-nos deduzir que a solução dessa vulnerabilidade está na proposta do desenvolvimento da autonomia. O Serviço de

Proteção Integral à Família (Paif) se caracteriza como eixo basilar para a política de assistência social no dever do Estado e no direito de cidadania (Brasil, 2012a). É o caderno de Orientações Técnicas do Paif — Volume 2 (Brasil, 2012b) que afirma, por meio das diretrizes teórico-metodológicas, a necessidade de conectar a autonomia do sujeito ao exercício da cidadania. Parece-nos evidente na seguinte diretriz: "Adotar um referencial teórico-político de defesa e promoção de direitos, com vistas à autonomia e cidadania das famílias" (Brasil, 2012b, p. 105). Mas que autonomia seria essa? O exercício do direito de ir, vir e estar?

Parece-nos que há ecos kantianos nessa proposta. Para Kant, a autonomia está como propriedade da vontade de ser uma lei para si mesma, em um exercício independente das propriedades dos objetos de volição. Tal concepção precisa estar conectada à moral, ou seja, "somos livres para escolher o que é moral, e a autonomia nos garante o agir moralmente correto" (Rodrigues, 2013, p. 53). Assim, identificamos um convite da Assistência Social ao usuário para exercer a escolha do que é moral para si, agindo corretamente nessa moral. Mas quantas moralidades são possíveis para o sujeito da Assistência Social? Como essa escolha é possível?

Para que isso aconteça, outro conceito da Modernidade é colocado em uso: a causalidade, traduzida nos cadernos de orientação como "plano de acompanhamento familiar". Para que o acompanhamento seja possível, é necessário que um conjunto de intervenções aconteçam de forma continuada por meio de compromissos acordados entre usuárias(os) e profissionais. Essas intervenções devem ser efetivadas na construção de um plano com objetivos, buscando a superação gradual das vulnerabilidades e o desenvolvimento da autonomia. Opera nessa proposta a lógica do profissional como o agente ativo, o qual produzirá efeitos no usuário passivo. Essa proposta se guia por um efeito do cálculo, no sentido de que a premissa da lógica formal e linear supõe que a causalidade que segue essa premissa tanto é capaz de estabelecer nexos causais quanto de antecipar seus efeitos. Em outras palavras, é um exercício de previsibilidade, onde o cumprimento de determinada ação reduzirá a vulnerabilidade e ampliará a autonomia.

Chaui (2000) disserta que, para a Modernidade: "Conhecer é conhecer a causa da essência, da existência e das ações e reações de um ser. Um conhecimento será verdadeiro apenas e somente quando oferecer essas causas". Assim, no trabalho com os sujeitos, cumpre às trabalhadoras e aos trabalhadores o exame da verdade, ou seja, delimitar as causas que levaram ao desenvolvimento da vulnerabilidade e os efeitos provocados. Nesse contexto, conforme vemos, predomina a lógica causal e linear que estabelece ações e reações entre um sujeito ativo e intencional e o objeto passivo que sofrerá os efeitos dessa ação. Considerando as limitações de se calcular os efeitos que uma ação pode realizar, nos deparamos com a dificuldade que o profissional do Suas enfrenta ao tentar colocar na prática esse discurso.

Em muitos casos, imbuídos nas concepções da autonomia e causalidade plenas, o profissional do Suas busca executar ações que desconsideram a singularidade do sujeito, impossibilitando, assim, a identificação de alguns elementos-chave para mobilizar o processo. Um exemplo é a tentativa de identificar e enquadrar a família do sujeito que ali se apresenta. Comumente, o profissional se depara com um empoderamento impossível de ser realizado em sua plenitude, ou seja, há uma impossibilidade de fazer com que um sujeito seja autônomo a partir de ações calculadas previamente. Para resolver esse impasse, retomamos a ideia de estabelecer acordos necessários com o outro — usuários e usuárias — para atingir esse sujeito que estamos a apreender, alvo do trabalho do profissional da Assistência Social. Desse modo, o profissional identifica e estabelece, em conjunto com o sujeito, qual é a sua família, em detrimento de fazer esse diagnóstico por conta própria.

Ao estabelecer conceitos em conjunto com o sujeito, o profissional passa a considerá-lo na sua singularidade, ao invés de buscar encaixá-lo a partir do reconhecimento de uma identidade estabelecida *a priori*. Esse movimento problematiza a linearidade, a verdade e a lógica formal. Dessa forma, temos o reconhecimento na concepção do sujeito do espaçamento, do entre que habita a singularidade de cada pessoa, e que desliza nos sentidos atribuídos a cada conceito direcionado ao/à usuário/a. Temos aqui a desconstrução do sujeito moderno da política de Assistência Social, que passa da identidade exclusivamente universal, fixa e imutável, para a *différance*, a qual reconhece o universal, mas associa-o ao singular e ao devir de cada sujeito. A desconstrução, ao apontar para o jogo do nem/nem e deslocar os sentidos fixados, reconhece a *différance*, um modo de produzir diferença que busca manter o indecidível, o singular e o devir. Uma diferença: "portadora de negatividade, mas também de uma alteridade que escaparia incessantemente ao mesmo e ao idêntico" (Derrida; Roudinesco, 2004, p. 33).

Nos exemplos trabalhados anteriormente, localizamos no caderno de Orientações Técnicas do Paif — Volume 2 (Brasil, 2012b) a atribuição de um sentido último aos signos: sujeito, identidade, autonomia, vulnerabilidade, ou seja, a concepção de que esses signos carregam de forma universal um sentido único definido *a priori*. Outrossim, quando se constata a prescrição de uma prática que visa à produção da autonomia dos usuários, localizamos a adoção da concepção da lógica formal causal e linear. Compreendemos que essa prescrição compreende de forma exclusivamente universal os efeitos das práticas, pois defende que seriam os mesmos em todos os usuários e usuárias, adotando a concepção do cálculo do efeito estabelecido inicialmente.

A partir da *différance*, podemos pensar a alteridade e o singular, permitindo-nos desconstruir um universal homogêneo e fixo. Em nossa leitura, postular um sujeito exclusivamente universal a partir de uma noção da identidade vulnerável apaga o singular e distancia o profissional que, ao se deparar com o sujeito que se apresenta no serviço público, não consegue localizar essa fixidez identitária.

O Caderno de Orientações Paif 2 traz essa problemática no capítulo 5 e aponta a dificuldade dos profissionais sobre o manejo clínico dessas pessoas que chegam para atendimento. Numa tentativa de estabelecer uma matriz metodológica para os profissionais, o Caderno apresenta dois métodos para reconhecer e trabalhar com o sujeito que busca o serviço do Suas. As metodologias apresentadas são: a pedagogia problematizadora e a pesquisa-ação.

Entre essas metodologias, destacam-se as seguintes passagens. "A autonomia vai se constituindo na experiência de várias, inúmeras decisões que vão sendo tomadas ao longo da vida. Da mesma forma que ninguém ensina ninguém — ninguém é sujeito da autonomia de ninguém" (Brasil, 2012a, p. 100). Aqui, há um apontamento do singular em relação à autonomia de cada sujeito. A passagem indica que há algo impossível de ser capturado pelo profissional no âmbito da autonomia do sujeito. Essa impossibilidade é apontada mais à frente, quando há a seguinte afirmação:

> Por fim, ressalta-se que a adoção da perspectiva da Pedagogia Problematizadora para o desenvolvimento do trabalho social com famílias exige dos técnicos um constante movimento de reflexão e crítica sobre a forma e o conteúdo do trabalho. Ademais, exige o exercício, nem sempre fácil,

de reconhecimento das famílias usuárias do PAIF como portadoras de saberes anteriormente adquiridos e como protagonistas de sua própria história (Brasil, 2012a, p. 100).

Apontar a necessidade de realizar uma reflexão constante e reconhecer a dificuldade dessa prática sinaliza a tendência à universalização quando o profissional se dirige ao sujeito. Logo adiante, apresenta-se a metodologia pesquisa-ação, nome que, *a priori*, remete a uma noção de causalidade. Embora a noção apresentada da pesquisa-ação seja de realizar uma intervenção em conjunto e uma construção coletiva, inicialmente parecendo considerar o singular, seu resultado final é da ordem exclusiva do universal construído por um coletivo. Para além dessas questões, o indecidível, aquilo que não se sabe ou que está no entre, não está considerado quando se afirma que esse método:

> [...] consiste em um método de coleta de informações e de geração de conhecimento que pressupõe o desenvolvimento de uma ação, com a finalidade de intervenção e modificação do que está sendo pesquisado. Nessa direção, pode ser entendida também como uma metodologia de intervenção social com vista à mudança social (Brasil, 2012a, p. 102).

A partir da descrição desse método, perguntamo-nos: será que é possível calcular a transformação social e, concomitante, a mudança subjetiva? Entendemos que podemos desejar e traçar estratégias para tentar alcançar mudanças sociais e subjetivas, contudo a pergunta se insere na lógica do cálculo, ou seja, na lógica de que é possível estabelecer, *a priori*, certezas sobre os procedimentos e seus efeitos. Dessa forma, podemos desdobrar como questão: Como a singularidade está sendo considerada nas diretrizes do Suas? Questionar os pressupostos da Modernidade que erigem a ideia de um sujeito universal é uma maneira de destacar o singular em sua articulação com o universal, de forma que o acolhimento proposto pelo Suas se construa a cada sujeito, a cada caso.

Souza (2008), ao problematizar o singular e o universal na prática dos profissionais da saúde mental, seja em instituições ou em clínicas particulares, extrapola as noções de saber e sujeito da concepção moderna, convidando-nos a pensar sobre as(os) profissionais do Suas. Trazendo uma leitura pós-estruturalista, pautada no pressuposto do inconsciente e do indecidível, a autora apresenta a possibilidade de apreender o sujeito, sem recair na noção de um sujeito baseado unicamente em pressupostos universais. Para isso, remete à disciplinarização a que são submetidos os profissionais ao conceber os sujeitos como atravessados por matrizes identitárias. Acompanhamos a autora e aprofundamos essa concepção problematizando os documentos postos na política pública e, de forma específica, o sujeito vulnerável. Construir a identidade do sujeito vulnerável pressupõe um saber, pelo lado do profissional, que em algum momento necessita reconhecer essa identidade através dos pressupostos da Modernidade.

Em diálogo com Butler (2015), podemos refletir sobre as condições que a política pública do Suas produz, para que determinados sujeitos sejam passíveis de acolhimento. Essas condições constituem matrizes de inteligibilidade pelas quais o sujeito é enquadrado, propiciando a construção de determinadas práticas. Além de definir quem será contemplado pelo atendimento, compreendemos que essas matrizes também definem quais sujeitos ficarão de fora do acolhimento. O usuário que chega para um atendimento só é acolhido quando reproduz uma matriz de inteligibilidade. A inteligibilidade construída para os usuários do Suas é a do sujeito vulnerável. Assim, o acolhimento explicita o atendimento a pessoas associadas ao universal de um sujeito privado da sua potencialidade. Reconhecer o sujeito universal atendido pelo Suas como vulnerável implica privá-lo de sua singularidade, bem como atribuir-lhe uma posição subjetiva que oblitera sua relação com o entorno social, político e cultural (Prins; Meijer, 2002).

Butler (1998), ajuda-nos a resolver essa problemática ao afirmar que é necessário o universal estar permanentemente aberto, contestado e contingente, para que reivindicações futuras, de outras singularidades, não sejam impedidas de participar. Nessa proposta, o singular e o universal se articulam quando operam para tal, permitindo o desenvolvimento de práticas profissionais entrelaçadas tanto ao contexto social quanto às experiências singulares constitutivas desses sujeitos (Souza, 2008).

Considerações finais

Por meio do princípio da *différance*, este artigo buscou descentrar os princípios da Assistência Social que têm como proposta orientar as(os) psicólogas(os) em seus cotidianos de trabalho. Compreendemos que os atendimentos prestados por esses profissionais são fundamentalmente orientados por teorias e estratégias que definem o sujeito a partir de pressupostos racionais, universais e identitários que, via de regra, acabam tendo como efeito a obnubilação do singular e da diferença.

Sabemos que negligenciar a singularidade não é prática exclusiva do Suas, mas uma tradição do modo de conhecer e de subjetivar moderno. Esse modo de funcionar diz respeito à maioria das políticas públicas associados ao Estado moderno. Por isso, a questão que trazemos acerca das políticas públicas, considerando sua importância e defendendo sua permanência, necessitam serem reorganizadas de modo a oferecerem escuta ao universal articulado ao singular do sujeito.

Convidamos as(os) profissionais da Psicologia a construir práticas por meio das propostas que problematizam a exclusividade da concepção universal e da autonomia, subsidiárias das políticas públicas. Faz-se mister reconhecer que autonomia também é heteronomia, pois o sujeito é atravessado tanto pela cognoscência quanto pelo inconsciente. Sua singularidade se encontra entremeada pelo outro, a alteridade que o constitui (Rodrigues, 2013). O usuário depende do outro (entre eles, o profissional da política pública) para existir e ser reconhecido, mas a(o) própria(o) profissional também precisa da leitura desse usuário sobre si.

Compreendemos que a desnaturalização de alguns dos pressupostos aqui apresentados e problematizados pode ensejar uma leitura mais crítica sobre a sociedade, levando profissionais e usuários inseridos na rede de políticas públicas nacionais a terem uma visão complexa sobre seu contexto histórico e sociopolítico, bem como sobre as dinâmicas socioeconômicas que os vulnerabilizam no laço social, como, por exemplo, aquelas gestadas a partir da estreita relação entre capitalismo e desigualdade social.

Referências

BRASIL. *Constituição da República Federativa do Brasil de 1988*. Disponível em: http://www.planalto.gov.br/ccivil_03/Constituicao/Constituicao.htm. Acesso em: 19 set. 2023.

BRASIL. *Lei n. 8.742, de 7 de dezembro de 1993*. Dispõe sobre a organização da Assistência Social e dá outras providências. Disponível em: http://www.planalto.gov.br/ccivil_03/leis/L8742compilado.htm. Acesso em: 20 jun. 2023.

BRASIL. Ministério do Desenvolvimento Social e Combate à Fome. *Política Nacional de Assistência Social — PNAS*. Brasília, DF. 2004. Disponível em: https://www.mds.gov.br/webarquivos/publicacao/assistencia_social/Normativas/PNAS2004.pdf. Acesso em: 19 jul. 2023.

BRASIL. Ministério do Desenvolvimento Social e Combate à Fome. *Sistema Único de Assistência Social — SUAS*. Brasília, DF. 2009 Disponível em: https://www.mds.gov.br/webarquivos/publicacao/assistencia_social/Cadernos/Consolidacao_Suas.pdf. Acesso em: 19 set. 2023.

BRASIL. Ministério do Desenvolvimento Social e Combate à Fome. *Orientações técnicas sobre o PAIF*: Trabalho Social com famílias de Proteção e Atendimento Integral à Família — Volume 1. Brasília, DF. 2012a Disponível em: http://www.mds.gov.br/webarquivos/publicacao/assistencia_social/Cadernos/Orientacoes_PAIF_2.pdf. Acesso em: 10 maio 2023.

BRASIL. Ministério do Desenvolvimento Social e Combate à Fome. *Orientações técnicas sobre o PAIF:* Trabalho Social com famílias de Proteção e Atendimento Integral à Família — Volume 2. Brasília, DF. 2012b. Disponível em: http://www.mds.gov.br/webarquivos/publicacao/assistencia_social/Cadernos/Orientacoes_PAIF_2.pdf. Acesso em: 10 maio 2023.

BUTLER, J. *Quadros de guerra*: quando a vida é passível de luto? Rio de Janeiro: Civilização Brasileira, 2015.

BUTLER, J. Fundamentos Contingentes: O feminismo e a questão do "pós-modernismo". 1988. *Cadernos Pagu*, São Paulo, n. 11, p. 11-42, 1988. Disponível em: http://www.ieg.ufsc.br/admin/downloads/artigos/Pagu/1998%2811%29/Butler.pdf. Acesso em: 16 mar. 2023.

CAMARGO JUNIOR, K. R. de. Das necessidades de saúde à demanda socialmente constituída. *In*: PINHEIRO, R.; MATTOS, R. A. *Construção social da demanda*: direito à saúde, trabalho em equipe, participação e espaços públicos. Rio de Janeiro: Cepesc & Fiocruz, 2005. p. 91-101.

CHAUI, M. *Convite à filosofia*. São Paulo: Ática, 2000.

CHAUI, M. Filosofia moderna. *In*: CHAUI, M. *Primeira filosofia*: aspectos da história da filosofia. São Paulo: Brasiliense, 1996. p. 60-108.

DERRIDA, J. *Gramatologia*. São Paulo: Perspectiva, 1973.

DERRIDA, J. *Margens da filosofia*. Campinas: Papirus, 1991.

DERRIDA, J. *Posições*. Belo Horizonte: Autêntica Editora, 2001.

DERRIDA, J.; ROUDINESCO, E. *De que amanhã...*: diálogo. Rio de Janeiro: Jorge Zahar, 2004.

PETERS, M. *Pós-Estruturalismo e a filosofia da diferença*: uma introdução. Belo Horizonte: Autêntica, 2000.

PRINS, B.; MEIJER, I. C. Como os corpos se tornam matéria: entrevista com Judith Butler. *Revista Estudos Feministas*, v. 10, n. 1, p. 155-167, 2002. Disponível em: http://www.scielo.br/scielo.php?script=sci_arttext&pid=S0104-026X2002000100009. Acesso em: 16 mar. 2023.

RODRIGUES, C. *O sonho dos incalculáveis*: coreografias do feminino e do feminismo a partir de Jacques Derrida. Dissertação (Mestrado em Filosofia) — Programa de Pós-graduação em Filosofia, Pontifícia Universidade Católica do Rio de Janeiro, Rio de Janeiro, 2008.

RODRIGUES, Carla. Paixões da literatura: ética e alteridade em Derrida. *Sapere Aude*, Belo Horizonte, v. 4, n. 7, p. 47-59, 2013. Disponível em: http://periodicos.pucminas.br/index.php/SapereAude/article/view/5473. Acesso em: 21 abr. 2023.

SPINK, P. K. Psicologia e políticas públicas. *In*: CORDEIRO, M. P.; SVARTMAN, B.; SOUZA, L. V. (org.). *Psicologia na Assistência Social*: um campo de saberes e práticas. São Paulo: Instituto de Psicologia, 2018. p. 13-31.

SOUZA, J. *A construção social da subcidadania*: para uma Sociologia Política da modernidade periférica. Belo Horizonte: Editora da UFMG, 2003.

SOUZA, M. Do terapêutico e da cidadania: leituras sobre discursos e práticas. *Revista Latinoamericana de Psicopatologia Fundamental*, v. 11, n. 3, p. 437-448, 2008. Disponível em: https://www.scielo.br/j/rlpf/a/PgFgY8BjFtgtHsXhTsjDz-3F/?format=pdf&lang=pt. Acesso em: 19 mar. 2023.

SOBRE OS AUTORES

Alexandre Busko Valim

Professor associado do Departamento de História da Universidade Federal de Santa Catarina, Florianópolis, Brasil. Doutor em História Social pela Universidade Federal Fluminense (2006), Niterói, Brasil. Suas áreas de especialização de pesquisa incluem História Social, Segunda Guerra Mundial, relações Brasil/EUA, História da Propaganda e História do Cinema. Pós-doutor pela School of Journalism and Communication da Carleton University, Ottawa, Canadá (2008-2009). Professor visitante no College of Arts & Science da New York University, New York, Estados Unidos (2015-2016), e na Harvard University (2020-2021).

Orcid: 0000-0001-8321-4351

Ana Lúcia Mandelli de Marsillac

Psicanalista. Membra da Associação Psicanalítica de Porto Alegre (Appoa). Professora do Departamento e do Programa de Pós-Graduação em Psicologia da Universidade Federal de Santa Catarina (UFSC). Pós-doutora pela Universidade Nova de Lisboa. Pesquisadora Pq do CNPq. Coordenadora do Laboratório de Psicanálise, Processos Criativos e Interações Políticas (Lapcip). Desenvolve projetos de pesquisa e extensão e produções articuladas aos campos da psicanálise, clínica psicanalítica, artes visuais e saúde mental coletiva.

Orcid: 0000-0002-2716-510X

Andrieli Barbosa Gomes

Graduada em Serviço Social pela Universidade Federal de Santa Catarina. Mestra em Psicologia pela Universidade Federal de Santa Catarina. Realizou formação em psicanálise pelo Instituto Clínico de Psicanálise de Orientação Lacaniana de Santa Catarina (Icpol/SC), ligada à Escola Brasileira de Psicanálise, Seção Sul (EPB-SS). Posiciona-se como mulher negra, no exercício da clínica psicanalítica.

Orcid: 0000-0002-6024-9903

David Tiago Cardoso

Graduado em Psicologia pela Universidade do Vale do Itajaí (Univali), mestre em Psicologia pela Universidade Federal de Santa Catarina (UFSC), na área de Psicologia Social e Cultura, pesquisador no grupo de pesquisa Margens: modos de vida, família e relações de gênero. Psicólogo trabalhador no Sistema Único de Assistência Social da Prefeitura Municipal de Balneário Camboriú, SC. Professor na Universidade do Vale do Itajaí no curso de Psicologia. Consultor na área de Políticas Públicas Sociais. Editor júnior da revista *Nova Perspectiva Sistêmica*, editada pelo Instituto Noos (SP).

Orcid: 0000-0001-8246-4885

Diana Carvalho de Carvalho

Graduada em Psicologia (1982) e mestra em Educação (1992) pela Universidade Federal do Rio Grande do Sul, doutora em Educação: História, Política e Sociedade pela Pontifícia Universidade Católica de São Paulo (2000) e pós-doutora em Educação pela Universidade Federal de São Paulo (2014). Professora titular da Universidade Federal de Santa Catarina, Departamento de Metodologia do Ensino, credenciada no Programa de Pós-Graduação em Educação. Coordena o Grupo de Estudos e Pesquisas sobre Infância, Educação e Escola (Gepiee). Atua nos seguintes temas de pesquisa: educação, infância, psicologia da educação e formação de professores para os anos iniciais da escolarização.

Orcid: 0000-0002-6924-2214

Fernanda Albrecht

Psicanalista. Doutoranda e mestra em Psicologia pela Universidade Federal de Santa Catarina (UFSC). Psicóloga pelo Centro Universitário de Brusque (Unifebe), com ênfase em Prevenção e Promoção da Saúde. Tem experiência e afinidade na área de Artes/Escrita. Linhas de pesquisa: psicanálise, desconstrução, vínculo social, alteridade, diferença, escrita.

Orcid: 0000-0003-3325-1773

Gustavo Angeli

Psicanalista. Doutor em Psicologia pela Universidade Federal de Santa Catarina, na área de concentração Psicologia Social e Cultura e linha de pesquisa Processos de Subjetivação, Gênero e Diversidades, mestre em Psicologia pela Universidade Estadual de Maringá, psicólogo pela Universidade Regional de Blumenau. Docente do curso de Psicologia no Centro Universitário de Brusque (Unifebe).

Orcid: 0000-0003-1732-1081

Jaquelina Maria Imbrizi

Professora associada IV na Universidade Federal de São Paulo — Campus Baixada Santista, desenvolvendo atividades na graduação e nos Programas de Pós-Graduação Stricto Sensu Ensino em Ciências da Saúde (modalidade profissional) e Interdisciplinar em Ciências da Saúde (mestrado e doutorado acadêmicos). É uma das coordenadoras do Laboratório Inter Campi de Psicanálise, Política, Arte e Sociedade da Unifesp cadastrado no Diretório de pesquisa do CNPq. É membra do Laboratório de Psicanálise, Sociedade e Política (Psopol-USP) e do Coletivo Internacional Amarrações — Psicanálise e Políticas com Juventudes. Coordena o projeto de extensão: Arte e Sonho: a Psicanálise nas Políticas de Cuidado; vice-coordenadora da ação de extensão "Clínicas Sociais, Psicanálise e Filosofia"; coordena o projeto de estágio "Clínica Aberta do Comum — Convênio Unifesp/Instituto ProComum".

Orcid: 0000-0003-0950-6174

Joseane de Oliveira Luz

Graduada em Psicologia pela Universidade do Planalto Catarinense (Uniplac), pós-graduada em Avaliação Psicológica pela mesma universidade. Mestra em Psicologia, na área de Psicologia Social e Cultura, pela Universidade Federal de Santa Catarina. Professora do Curso de Psicologia da Uniplac. Psicóloga (CRP 12/10914), trabalhadora do Sistema Único de Assistência Social (Suas) de Lages, SC. Pesquisadora do Núcleo de Estudos da Deficiência (NED-UFSC). Estuda psicologia, políticas públicas e deficiência com foco na atuação e formação profissional. Conselheira vice-presidente do Conselho Regional de Psicologia de Santa Catarina — CRP-12 (Gestão 2022-2025).

Orcid: 0000-0002-4633-8942

Julia Gonçalves

Doutora em Psicologia pela UFSC em Psicologia das Organizações e do Trabalho, com sanduíche no Departamento de Psicologia Social da UAB/Espanha. Mestra em Psicologia — Psicologia da Saúde pela UFSM.

Especialista em Psicoterapia Cognitivo Comportamental (Faccat) e em Gestão de Pessoas e Marketing (UFN). Graduada em Psicologia (UFN). É coordenadora do Programa de Pós-Graduação em Psicologia (desde 2022), docente do mesmo PPGP e da Graduação em Psicologia na ATITUS Educação (Passo Fundo/RS). Coordenadora do Grupo de Estudos e Pesquisas em Processos Psicossociais nas Organizações e no Trabalho e Pesquisadora do Núcleo de Estudos de Processos Psicossociais e de Saúde nas Organizações e no Trabalho/UFSC. Membra do GT Trabalho e Saúde (Anpepp). Membro da diretoria da SBPOT (Gestão 2022-2024).

Orcid: 0000-0002-2804-1045

Lucas de Oliveira Alves

Psicólogo; psicanalista; mestre em Psicologia (UFSC); doutorando em Psicologia (UFSC). Estágio de formação no Sapsir (Service d'aide psychologique spécialisée aux immigrants et réfugiés). Pesquisador convidado no Ediq (Équipe de recherche en partenariat sur la diversité culturelle et l'immigration dans la région de Québec) — Université Laval (Québec/Canadá). Professor na Viver Mais Psicologia — Pós-Graduação em Psicanálise. Pesquisa intersecções entre psicanálise, arte e política, psicologia das migrações, teorias críticas e pós-coloniais, etnopsicanálise e clínica das psicoses.

Orcid: 0000-0002-7226-9960

Mara Coelho de Souza Lago

Professora emérita da Universidade Federal de Santa Catarina; mestra em Antropologia Social (UFSC) e doutora em Psicologia da Educação (Unicamp). É professora titular aposentada do Departamento de Psicologia da UFSC. Desenvolve pesquisas nos temas de gênero, gerações, subjetividades, diversidades. Participa do Conselho Consultivo do Instituto de Estudos de Gênero (IEG-UFSC) e da Coordenação Editorial da *Revista Estudos Feministas*.

Orcid: 0000-0001-5111-8699

Marta Bellini

Professora aposentada da Universidade Estadual de Maringá. Graduada em Biologia pela USP/Ribeirão Preto; mestra em Educação pela Universidade Federal de São Carlos, doutora em Psicologia Social pela USP/SP. Docente da área de Epistemologia/História das Ciências/Metodologia de Pesquisa. Faz parte do Grupo de Pesquisa Science Studies da Universidade Estadual de Maringá sob a coordenação da professora doutora Cristina Amorim Machado. Atuou na diretoria do sindicato docente/Andes da mesma universidade até 2016. Escreve para jornais sobre educação e temas ambientais.

Orcid: 0000-0003-3256-5164

Maria Raquel Barreto Pinto

Graduada em Pedagogia pela Universidade Federal de Santa Catarina (UFSC) (1999) e mestra em Educação pela UFSC (2003), na linha Educação e Infância. É doutoranda no Programa de Pós-Graduação em Educação da UFSC e professora efetiva do Núcleo de Desenvolvimento Infantil (NDI-CED-UFSC), atuando em atividades de ensino, pesquisa e extensão. Participa do Grupo de Estudos e Pesquisa sobre Infância, Educação e Escola (Gepiee-PPGE-UFSC). Tem experiência na área de Educação, com ênfase em Ensino Fundamental e Educação Infantil, atuando principalmente nos seguintes temas: educação, infância e escola.

Orcid: 0009-0007-6264-3924

Mériti de Souza

Pós-doutora no Centro de Estudos Sociais (CES) pela Universidade de Coimbra. Doutora em Psicologia Clínica pela Pontifícia Universidade Católica de São Paulo (PUC-SP). Mestra em Educação pela Unicamp. Graduada em Psicologia pela Unesp. Professora na graduação e na pós-graduação da Universidade Federal de Santa Catarina (UFSC) (2006 a 2019) e na Universidade Estadual Paulista (Unesp) (1985 a 2005). Atualmente é professora permanente no Programa de Pós-Graduação em Psicologia na UFSC. Membra do Grupo de Pesquisa Lapcip na UFSC. Coordenadora do GT da Anpepp — Processos de subjetivação, clínica ampliada e sofrimento psíquico (2009 a 2013). Membra da Associação Universitária de Pesquisa em Psicopatologia Fundamental (2004 a 2016).

Orcid: 0000-0002-8157-7615

Mônica Machado Cunha e Mello

Graduada em Psicologia pela Universidade Federal de Santa Catarina (UFSC). Mestra em Saúde Coletiva pelo PPGSC-UFSC. Doutora no PPGSC-UFSC em Saúde Coletiva na UFSC. Pesquisadora no grupo de pesquisa Epicenes. Professora na Universidade para o Desenvolvimento do Alto Vale do Itajaí (Unidavi). Atua em consultório clínico. Pesquisa teoria queer, saúde coletiva, políticas públicas em saúde, pós-estruturalismo e psicanálise lacaniana.

Orcid: 0000-0001-8034-349X

Naiara Leonardo Araújo

Servidora do Instituto Federal de Santa Catarina (IFSC). Doutoranda em História Global pela Universidade Federal de Santa Catarina (UFSC). Tem como área de pesquisa e interesse Cinema e História, História do Cinema Brasileiro, Cinema de temática indígena e usos do Cinema na sala de aula. Atualmente, é coordenadora adjunta do Projeto de Extensão Cine Revoada (IFSC-Urupema/2024.2), membra do corpo editorial do Boletim Estratos (PPGH-UFSC) e colunista no jornal *A Praça* (Iguatu-CE).

Orcid: 0000-0001-7289-3344

Patrícia Laura Torriglia

Graduada em Ciencias de La Educación pela Universidad Nacional de Córdoba, Argentina (1992), mestra em Educação (1999) e doutora em Educação pela Universidade Federal de Santa Catarina (2004). Pós-doutora pelo Instituto de História Contemporânea da Faculdade de Ciências Humanas e Sociais da Universidade Nova de Lisboa, Portugal (2015) e pela Faculdade de Educação/PPG-Educação, UFF (2016). Professora titular no Departamento de Estudos Especializados em Educação (EED) e do Programa de Pós-Graduação em Educação (PPGE) do CED da Universidade Federal de Santa Catarina. Coordenadora do Grupos de Estudos e Pesquisa em Ontologia Crítica (Gepoc-UFSC) e membra do Grupo de Investigação: História Global do Trabalho e dos Conflitos Sociais (Portugal/UNL) e do Observatório para as Condições de Trabalho e Vida (Portugal/OCTV).

Orcid: 0000-0002-4567-6616

Pedro Valentim Eccher

Psicólogo clínico e educador popular. Mestre em Psicologia pela Universidade Federal de Santa Catarina (UFSC), na área de Psicologia Social e Cultura e na linha de Processos de Subjetivação, Gênero e Diversidades. Doutorando em Psicologia pela UFSC, na área de Psicologia Social e Cultura e na linha de pesquisa Psicanálise, Política e Cultura. Produção de pesquisas sobre psicanálise, gênero e práticas clínicas contemporâneas.

Orcid: 0000-0002-8449-9464

Suzana da Rosa Tolfo

Professora titular do Departamento de Psicologia da UFSC. Graduada em Psicologia/UFSC. Mestra em Administração pela UFSC e doutora em Administração — Organizações e Gestão de Pessoas pela UFRGS. Docente do Programa de Pós-Graduação em Psicologia da UFSC. Pesquisadora do Núcleo de Estudos de Processos Psicossociais e de Saúde nas Organizações e no Trabalho (UFSC). Membra do GT Trabalho e Saúde (Anpepp).

Orcid: 0000-0002-6321-6496

Thiago Soares Nunes

Professor do Programa de Doutorado e Mestrado em Administração da Universidade Fumec. Pós-doutor em Administração pela Universidade Estadual de Maringá (UEM). Doutor em Administração pela Universidade Federal de Santa Catarina (UFSC), com período sanduíche no Departamento de Psicologia Social da Universidade Autônoma de Barcelona (UAB/Espanha). Mestre em Administração pela UFSC, especialista em Gestão de Pessoas nas Organizações pela UFSC e graduado em Administração pela UFSC. Pesquisador do Núcleo de Estudos de Processos Psicossociais e de Saúde nas Organizações e no Trabalho (Neppot/UFSC).

Orcid: 0000-0002-1323-8160

ÍNDICE REMISSIVO

A

Assédio 67-71, 73-80, 83-89
Assédio Moral 67-71, 73-77, 79-80, 83-89
Assistência Social 187-190, 193-197, 200-203

C

Cinema 17, 117-137
Clínica 20-21, 23, 41, 43, 45-47, 49-50, 56-57, 60-63, 68-69, 73, 82-83, 91-95, 97-98, 100-105, 107, 113-114, 116, 173, 177
Clínica Psicanalítica 43, 46, 62-63, 97, 173
Comitês de Ética em pesquisa 153, 156-158
Conhecimento 34, 50, 55, 57, 67, 72-73, 81, 91-96, 98-100, 104-108, 113, 118, 139, 142-143, 147, 154-155, 158, 164-166, 168, 171, 173-174, 190-191, 193, 196, 199
Cor 44, 58, 62
Corpo 18-20, 24, 36, 44-46, 50, 56, 58-60, 62-64, 75, 101, 105, 126, 144, 158, 163-164, 173-177, 179-180, 183, 195

D

Desconstrução 106-107, 111-112, 187, 189-194, 197
Devir 189, 192-193, 197
Diferença 32, 38, 48, 59, 101, 104, 112-114, 130, 146, 161, 168, 173, 191-192, 197, 200, 203
Direção do Tratamento 180, 183
Dispositivo 18, 28-30, 37
Divergente 121, 135

E

Empatia 17, 19-20, 35-36, 38, 41
Empirismo 141, 143, 146-148

Entrevista 46, 52-54, 56-57, 60-61, 91, 93, 102, 104, 107-108, 110, 114, 116, 203
Epistemologia 44, 72, 111, 119, 121, 129, 135, 139-140, 143, 149, 151-152
Epistemologia marxista 139, 143, 151
Escuta Clínica 45-46, 50, 56-57, 60-62
Estratégia 20, 24, 36, 69, 76, 92, 100-102, 106-108, 112, 142, 190-191, 193
Ética na pesquisa 153-155, 157-158, 160, 162, 164-165, 171
Ética na pesquisa com seres humanos 153-154
Experiência 24-25, 27-28, 36-37, 40, 57-58, 82, 94, 98-99, 114, 117, 120, 124-126, 130, 134, 146, 151, 161, 175-182, 184, 191, 198

F

Ferenczi 17, 20-23, 37, 39-41
Ficção 51, 53, 58, 116, 176, 178-179, 181, 184-185
Futuro 17, 119-130, 132-133, 135-136, 143, 165, 167, 181, 192

G

Grupo 18, 24, 29-30, 32-33, 35, 37-39, 57, 68, 72, 74, 145, 159-160, 164

H

Hipótese 29, 32, 61, 91-93, 95, 100, 102, 106-107, 109, 112-113, 177, 180

I

Imagem 20, 24, 31, 58-59, 70, 77, 123, 131-132, 135, 181
Imaginação 95, 121, 131, 133, 181
Inatismo 143
Inconsciente 26, 49, 56, 91-93, 95, 97, 100, 102, 106-109, 111-113, 173-175, 177-179, 181-183, 189, 192, 199, 201
Interatividade 130, 136
Invenção 42, 173, 176-177, 179-181, 183-185

J

Jogo 21, 23, 37-38, 92, 131, 134, 144, 178, 182-183, 193, 197

L

Linguagem 20, 47, 54-55, 58, 61-62, 91-92, 95, 106-112, 114, 148, 156, 174-175, 180-183, 185, 188, 191-193

M

Marxismo 145, 148-149, 170

Método na pesquisa 116

Modernidade 117, 118, 135, 189, 192, 195, 196, 199, 200, 203

Moderno 28, 140, 147, 189, 190, 197, 201

N

Novo cinema 128, 132

P

Pesquisa 43, 44, 51, 69, 91-101, 103-109, 114-116, 132, 136, 139, 145, 150, 153-166, 168-171

Pesquisa em Ciências Humanas e Sociais 160, 169

Pesquisa em Educação 153, 157, 158, 160, 169, 170

Política Pública 187-189, 193, 194, 200, 201

Pós-estruturalismo 190, 203

Psicanálise 17, 18, 20, 21, 29, 30, 37, 40-49, 55-57, 59-65, 72, 85, 91-97, 99-103, 105-109, 112-116, 173-175, 181, 185, 189

Psicologia 30, 43, 61, 64, 78, 79, 81-83, 85-87, 89, 91, 95-97, 100, 113-116, 149, 150, 168, 193, 201, 203

R

Racismo 43, 45-57, 59-65

Resolução n.º 510, de 7 de abril de 2016, do Conselho Nacional de Saúde

S

Saber 31, 44, 45, 47, 50-52, 55-57, 65, 70, 93, 94, 98, 99, 133, 156, 167, 173, 174, 176-184, 190, 199, 200

Singularidade 23, 37, 46, 50, 72, 95, 103, 168, 174, 175, 178, 180, 197, 199-201

Sinthoma 185

Sistema CEP/Conep 157-164, 169, 171
Sonho 21, 22, 25-27, 30-35, 37-39, 41, 109, 130, 179, 203
Subjetividades 43, 47-49, 53, 54, 62, 83, 101, 106
Sujeito 21-24, 28, 37, 38, 57-59, 71, 72, 81-83, 92-94, 99, 102, 103, 106, 108, 110-112, 147, 151, 152, 155, 166, 167, 173-176, 178-185, 187-201
Supervisão 37, 91, 95-100, 114, 115

T
Teoria 20, 21, 24, 29, 37, 44, 46, 47, 51, 63, 64, 72, 79, 88, 94, 96-100, 102, 115, 118, 140-145, 147-149, 151, 166
Testemunho 19, 25, 27, 39, 176, 177
Trabalho 18, 19, 22, 35-37, 43-47, 50, 51, 55, 58, 61-63, 67-71, 73-89, 93, 94, 98, 99, 101, 106, 110-112, 141, 144, 147, 151, 159-161, 164, 175, 178, 183, 189, 190, 194, 196-198, 200, 202
Transferência 50, 61, 70, 93, 96-99, 101, 102, 104, 108, 113, 114, 174, 176, 177, 181, 184
Trauma 21, 22, 37, 39, 40, 97, 179, 182

V
Virtual 118, 128-130, 134-136
Vulnerabilidade 17, 20, 23, 29, 72, 82, 83, 85, 152, 161, 188, 195-198